财政部规划教材

应用型教育数智化财经类教材

农村集体经济三资管理

中国职业技术教育学会智慧财经专业委员会　组　编
万依云　祁海艳　主　编
陈　莹　崔　琳　胡竞男　副主编

中国财经出版传媒集团
中国财政经济出版社

图书在版编目（CIP）数据

农村集体经济三资管理 / 万依云，祁海艳主编；陈莹，崔琳，胡竟男副主编. -- 北京：中国财政经济出版社，2023.1

财政部规划教材　应用型教育数智化财经类教材

ISBN 978 -7 -5223 -1796 -0

Ⅰ.①农…　Ⅱ.①万…　②祁…　③陈…　④崔…　⑤胡…　Ⅲ.①农村经济－集体资产管理－中国－职业教育－教材　Ⅳ.①F321.32

中国版本图书馆 CIP 数据核字（2022）第 234525 号

责任编辑：王佳欣　　　　通　　读：卓文娟

封面设计：卜建辰　　　　责任校对：徐艳丽

农村集体经济三资管理

NONGCUN JITI JINGJI SANZI GUANLI

中国财政经济出版社 出版

URL: http: //www. cfeph. cn

E - mail: cfeph@ cfeph. cn

社址：北京市海淀区阜成路甲 28 号　邮政编码：100142

营销中心电话：010 - 88191522

天猫网店：中国财政经济出版社旗舰店

网址：https: //zgczjjcbs. tmall. com

北京富生印刷厂印刷　各地新华书店经销

成品尺寸：185mm×260mm　16 开　17.75 印张　421 000 字

2023 年 2 月第 1 版　2023 年 2 月北京第 1 次印刷

定价：49.80 元

ISBN 978 -7 -5223 -1796 -0

（图书出现印装问题，本社负责调换，电话：010 - 88190548）

本社质量投诉电话：010 - 88190744

打击盗版举报热线：010 - 88191661　QQ：2242791300

序　言

党中央、国务院高度重视农业农村工作。进入新时代以来，习近平总书记多次对做好“三农”工作作出重要指示。2018年国家在行政机关设置中组建农业农村部，不再保留农业部，坚持农业农村优先发展，统筹实施乡村振兴战略。“十四五”规划和2035年远景目标纲要提出，加快发展智慧农业，构建面向农业农村的综合信息服务体系。2020年，习近平总书记在中央农村工作会议上向全党全社会发出明确信号：“‘三农’工作在新征程上仍然极端重要，须臾不可放松，务必抓紧抓实。”2021年《数字乡村建设指南1.0》公开发布，我国数字乡村建设全面铺开。2022年召开的党的二十大，明确了全面建成社会主义现代化强国，中国要强大，各领域各方面都要强起来，农业是极其重要的一环。同年的中央农村工作会议上习近平总书记指出：“强国必先强农，农强方能国强！”

在实施乡村振兴战略的过程中，“三资”管理是最基础、最重要的工作。通过科技创新和社会化服务合理地管理农村集体经济中的“三资”，并科学利用农村“三资”促进农村经济发展，是实现乡村振兴的重要路径之一。党中央要求加强农村基层治理，坚持县乡村联动，推动社会治理和服务重心向基层下移，把更多资源下沉到乡镇和村，提高乡村治理效能，同时指出，“三资”代理管理（“智慧三资管理生态”）可作为长效机制。“三资”代理管理是农村管理的有益探索，是农村提质增效、推进脱贫成果巩固和衔接乡村振兴战略的核心基础性工作，是乡村振兴的基石，不仅能够满足上述要求，还能提供财政资金管理、农村资产管理、产权管理等政府管理工具及专业化落地服务，并为下一步乡村振兴、组织振兴制定方案提供第一手的信息。

然而，“三资”服务及监督任务重，人员配置已不适应新形势。据《中国统计年鉴2020》数据，中国有2 846个县，38 755个乡镇，691 510个行政村，261.7万个自然村。随着乡村振兴重大战略的实施，不难预见，未来将需要更多农村“三资”管理从业人员，有关专业人才的巨大缺口显而易见。农村“三资”的业务升级、平台升级、从业人员能力升级是乡村振兴的重要支点，适应新形势的农村集体“三资”管理岗位人员成为产业迫切的需要。

中联企业管理集团（以下简称“中联集团”）是全国领军的财会专业服务集团，利用自身近30年专业积淀和服务优势，深刻理解财政管理思路、精准解决农村三资管理难题，推出互联网云化的农村“智慧三资管理生态”。“智慧三资管理生态”的实施方案可概括为“一二三四”，具体而言：“一个目标”：提供专业规范化的“三资”代理管理，为稳固基层政权、助力组织振兴服务。“两个端线”：线上平台和线下服务：充分利用科技力量，建设互联网云化的农村“三资”管理代理服务平台，辅以线下“高品质—零距离”专业化、规范化的财务管理服务。“三个结合”：代理服务与内控监督有机结合；“三资”管理与农村治理现代化有机结合；简政惠民与村民自治有机结合。“四个统一”：统一代理记账、统一审查审核、统一票据管理、统一资产、资源处置的程序。基于“智慧三资管理生态”理念，中联集团长期跟踪研究农村“三资”管理问题，精心设计并开发的“农村三资”平台已在山西、贵州等全国部分区域落地实施，积累了大量的一手资源与真实业务，能真正把中联产业资源优势转化为教学资源优势，从而打造出具有产业背景支撑的教育平台，成为院校培养农村“三资”管理人才、参与农村“三资”社会服务的重要保障。

教材作为理论知识与实操技能的载体，是培养农村“三资”管理专业人才至关重要的保障。“智慧三资管理生态”的实践经验，为教材开发提供了高水平的理念指导和一手资料，促使教材开发跃上一个新的台阶。《农村集体经济三资管理》教材与传统教材相比有“三新”：一是内容新，教材反映新形势下“三资”管理的业务流程和分工组织形式，对标农村“三资”管理工作领域和岗位群，是利用互联网、大数据、智能化、云计算等现代信息技术赋能基层农村经济治理领域、支撑乡村振兴战略的一体化教材。二是案例新，教材案例与时俱进，具有前瞻性。案例以新实务为出发点进行设计，适合提升学生就业竞争力、专业能力及其与业务的融合度，使学生深入了解实践中的农村真实业务过程和决策，成为高素质、复合型的“三资”管理人才。三是配套新，教材配套资源包、实训包等多种立体化资源、实践操作平台以及数字化课程，能适应线上线下混合式教学的需要。

诚然，乡村振兴的伟大战略正处于实施中，中联集团愿集全员之力不断探索广阔的农村“三资”管理生态，培养农村“三资”管理先进人才，以专业来担当时代赋予的使命。本教材只是探索中的阶段性成果，希望广大读者提出宝贵意见，我们定当继续努力，止于至善！

中联企业管理集团
2023 年 2 月

编写 说明

本书是财政部规划教材，是应用型教育数智化财经类教材，是为贯彻落实新修订的《中华人民共和国职业教育法》，推进新版职业教育专业目录（2021 年）的实施，按照财政部发布的《村集体经济组织会计制度》，依据教育部发布的高职专科大数据与会计、大数据与财务管理、会计信息管理等专业教学标准，为满足其专业课程“农村集体三资管理”的教学需要，而编写的通用教材。

《农村集体经济三资管理》的编写是为了适应“乡村振兴”大背景下迅猛发展的信息技术的应用，以培养学生农村集体经济组织“三资”核算及综合管理能力与良好的服务意识为目标，以农村集体资金、资产管理为基础，以数据跨平台应用为特征，借助农村三资共享服务平台构建管理环境，引入农村集体经济组织代表性真实工作任务、规范的业务流程、科学的管理制度，引导学生了解农村三资共享服务的发展现状及趋势，理解其适用的工作场景及原理，掌握从事农村三资共享服务基础、核算和综合管理的应用技能。

本教材主要内容包括认知农村集体经济组织、农村集体经济组织日常资金管理和会计核算、农村集体经济组织专项资金管理与资金清理、农村集体经济组织资产管理、农村集体经济组织资产清理、农村集体经济组织资源管理、资源发包、流转及招投标业务处理以及综合管理八个单元，每个单元由一系列连续的学习任务组成。力求体系完整、框架清晰、层次分明，内容由浅入深、由易到难、循序渐进。

本教材贯彻党的二十大精神，坚持为党育人、为国育才。在培养学生农村三资管理能力的同时，要求做到坚持准则、勇于创新、与时俱进、提高技能。在各单元的学习过程中具体融入培养学生乡土情怀、服务数字乡村建设，爱护农村集体财产、保障农村资产安全、明晰农村产权归属、秉承客观公正、发扬工匠精神，强化责任意识，树立辩证思维、坚持守正创新、增强法治观念、坚持廉洁自律等素养和品质。

本教材力求突出以下主要特点：

深化职业教育改革，体现三资岗位特征。本教材适应新技术、新业态、新制度的要求，紧跟农村财务数字化、智能化转型发展新趋势，精准对接农村三资管理能力需求，以乡村财务会计、管理会计、审计监管等基础工作岗位群、核算工作岗位群和管理工作岗位群的新实务为出发点，聚焦农村三资管理智能化、数字化、共享化、代理服务化和乡村基层财务职能转变以及智能化数字化升级。

符合课程教学需要，突出应用型教育特色。本教材的编写团队来自于国内中职、高职和职业本科、本科院校长期从事财会类信息化教学的教师。教材的设计以“三资”管理为主线，以完成实际工作任务为目标，以完成任务的典型项目来驱动，依照基本工作过程和程序以及岗位需求，通过视频、实际案例、情境模拟等多种手段，贯穿以案例剖析和模拟平台，每个阶段的工作任务均包括任务目标、任务情境、任务准备、任务评价、任务拓展等内容。

配备丰富数字资源，实现线上线下融合互动。本教材采用纸质教材与在线开放课程一体化建设的方式开发，教材可与“农村集体三资管理”在线开放课程配套使用，教学资源包括情境动画、工作任务、相关知识讲解、操作演示视频、学习评价表等，能够满足线上线下混合式教学的需求，能够实现“教”与“学”有机结合、“线上”与“线下”融合互动、“纸媒”和“数媒”无缝切换。

本教材由中国职业技术教育学会智慧财经专业委员会组编。中国职业技术教育学会智慧财经专业委员会紧跟数字经济发展步伐，致力于专业目录财经商贸大类的研制和落地、数字财经教育研究、财经专业教师培训等方面，在推进财经职业教育高质量发展，服务数字化转型、智能化升级、绿色化发展，培养适应数字经济时代的高素质财经类知识技术技能人才等方面发挥重要作用。

本教材由中国职业技术教育学会智慧财经专业委员会智慧三资研究平台首席专家琼台师范学院的万依云，以及哈尔滨市第一职业高级中学校祁海艳担任主编，由海南省农业学校陈莹，海南科技职业大学崔琳、胡竟男担任副主编；参编人员包括哈尔滨市第一职业高级中学校的李威、李微、孔秋菊，宾县职业技术教育中心学校的陈宏伟，海南省商业学校的曹小红，北京资金集中收付管理中心的姚永富，北京商贸学校的张丽娟。其具体编写分工为：万依云和陈莹编写单元一，祁海艳、陈莹和万依云编写单元二，李威和曹小红编写单元三，孔秋菊、祁海艳、陈宏伟编写单元四，李微、祁海艳编写单元五，胡竟男和崔琳编写单元六，崔琳和万依云编写单元七，胡竟男、陈莹、姚永富、张丽娟编写单元八。

本教材适用于中、高等职业教育专科、应用型本科、普通本科的财务会计和财政税务类有关专业的教学，并可作为农村三资管理工作领域和岗位群和财政等政府相关部门、社会专业服务机构、农村集体经济组织和农村经济研究机构和其他农村三资管理人员学习和研究参考用书，还可作为财务数智化等技能大赛参考用书。

限于作者的水平、实践经验和时间有限，书中难免存在疏漏和不足之处，敬请广大读者批评指正，以使本书日臻完善。

本教材为用书学校任课老师提供了教学课件、参考答案以及教学平台使用方法，请以电子邮件形式向中国财政经济出版社索取（请注明：学校、全书名、版次），E-mail：caijingjiaocai@163.com，亦可登录如下网址下载：http://jiaocai.cfeph.cn。

编　者

2023年2月

目录

单元一 1 认知农村集体经济组织

职业能力目标:

1. 知识目标

（1）熟悉农村集体经济组织的管理方法。

（2）了解相关法规的有关内容，能够在实际业务中应用。

（3）了解有关农村集体经济组织资金、资产、资源的政策和财务管理制度。

2. 技能目标

（1）掌握农村集体经济组织资金管理要求。

（2）掌握农村集体经济组织资产管理要求。

（3）掌握农村集体经济组织资源管理要求。

（4）掌握农村集体经济组织财务管理制度要求。

3. 素养目标

（1）以德立人，把核心价值观、村规民约与民主社会法治的教育有机融合。

（2）通过财务制度讲解，直观感受新中国成立以来和改革开放以来我国财务制度的变化，增强对我国制度自信和道路自信。

任务一　认知农村集体经济组织资金管理

一、农村集体经济组织资金的含义

农村集体资金，特指农村集体经济组织以现金或银行存款形式存在的货币资金。其来源主要包括：原有积累，财政补助收入，土地等生产资料发包收入，农村集体第一、第

二、第三产业直接经营收入，资产和设施租赁收入，对内和对外投资的利润，国家征用土地的补偿收入，变卖集体财产收入，一事一议筹资筹劳收入，国家有关单位或个人支持拨入的资金，借入资金，外来投资，其他收入。

农村集体经济组织的含义——多种解释

二、农村集体经济组织资金的内容

（一）现金

（1）现金亦称库存现金，指存放于农村集体经济组织财会部门，由出纳人员经管的货币。

（2）现金是日常经济活动中一种最重要的支付手段，可以随时购买产品物资，支付费用，偿还债务，存入银行等，具有流动性强、收付频繁两个特点。

（3）现金的两个特点，决定了现金在保管和使用过程中容易出现差错，比如计算错误或者丢失，甚至被挪用、贪污、腐败等。因此，农村集体经济组织必须严格遵守国家有关现金管理制度，加强现金的管理和核算，监督现金使用的合法性和合理性。

（4）现金使用范围。根据国家《现金管理条例》（以下简称《条例》）规定，农村集体经济组织可在《条例》范围内使用现金。

（二）银行存款

（1）银行存款是指农村集体经济组织存放在银行或信用社或其他金融机构的货币资金。

（2）银行账户的管理。农村集体经济组织在其所在地银行（信用社）开设结算账户时，必须凭中国人民银行当地分支机构核发的开户许可证，带好农村集体经济组织财务公章、财务负责人和出纳员印章等印鉴，到当地银行（信用社）开立账户。

三、农村集体经济组织资金管理

（一）货币资金管理

货币资金包括库存现金和银行存款，是农村集体经济组织资产的重要组成部分，在农村集体经济组织资产中具有高度的流动性。农村集体经济组织的经营、发包、租赁、投资、资产处置等集体收入，上级转移支付资金以及补助、补偿资金，社会捐赠资金，一事一议资金，集体建设用地收益等，应当及时入账核算，做到应收尽收。严禁公款私存、私设小金库。要加强票据管理，杜绝“白条”抵库。要定期与开户银行核对账目，定期盘点库存现金，做到日清月结，账款相符，账实相符。

资金日常开支按规定程序审批，重大事项开支应当履行民主程序。财务开支事项发生时，经手人必须取得合法的原始凭证，注明用途并签字（盖章），报经主管财务的负责人审批同意并签字（盖章），定期交村务监督委员会集体审核。审核同意后，由村务监督委员会负责人签字（盖章），由会计人员审核记账。财务流程完成后，要按照财务公开程序进行公开，接受全体成员监督。

资金管理岗要明确各财务管理岗位的职责、权限，实行账、款分管，支票、财务印鉴分别保管。要按照会计核算主体分设账户（簿），应当尊重农村集体经济组织的资产所有权和财产管理自主权，不得改变集体资金的性质。

农村集体经济组织应当将财务活动情况及有关账目，定期逐笔逐项向农村集体经济组织全体成员公布，接受群众监督。年初公布财务收支计划，每月或每季度公布各项收入、支出情况，年末公布各项财产、债权债务、收益分配等情况。

（二）收入管理

农村集体经济组织的收入包括经济收入、发包及上交收入、补助收入、其他收入和投资收益等。

（1）经营收入，是指农村集体经济组织进行各项生产、服务等取得的收入。

（2）发包及上交收入，是指承包人因承包集体耕地、林地、果园、鱼塘等上交的承包金及村办企业上交的利润。

（3）补助收入，是指农村集体经济组织获得的财政部门的转移支付资金和政府及其他部门、社会团体对农村集体经济组织的补助资金。

（4）其他收入，是指农村集体经济组织获得的除经营收入、发包及上交收入、补助收入以外的收入。

（5）投资收益，是指农村集体经济组织对外投资获取的利息、股利以及其他收益。

农村集体经济组织资金统一纳入镇（街道）设置的“三资”统管账户，实行分户核算管理。村级所有资金收入必须在收款后 3 日内，由村报账员交存或直接划拨到“三资”中心村级专户。相关部门或其他社会组织、个人，调拨或捐赠的物资、有价证券等，须出具收入票据并建立台账。村级所有收入均由报账员负责办理收款手续，其他人员一律不得开票收款、经手现金和票据。严禁村级另行设置出纳员。

（三）支出管理

农村集体经济组织的支出项目包括经营支出、管理费用和其他支出。

（1）经营支出，是指农村集体经济组织因销售商品、农产品、对外提供劳务等活动而发生的实际支出，包括销售商品或农产品的成本、销售牲畜或林木的成本、对外提供劳务的成本、维修费、运输费、保险费、产役畜的饲养费用及其成本摊销、经济林木投产后的管护费用及其成本摊销等。

（2）管理费用，是指农村集体经济组织管理活动发生的各项支出，包括管理人员工资、办公费、差旅费、管理用固定资产折旧费和维修费等。

（3）其他支出，是指农村集体经济组织与经营管理活动无直接关系的支出。

财务开支事项发生时，经手人必须取得合法的原始凭证且注明用途并签字，经村“两委”2/3 人以上会审、签字后，无异议者由村务监督委员会主任签字（盖章），由村主任签批，进行正常开支。支出需按村级预决算年初计划执行。报账员对支出的原始凭证进行完整性、真实性审核整理后，向“三资”中心报账；“三资”中心主管会计依照财会制度，对原始凭证进行合规性、完整性审核；乡镇政府（街道办事处）分管领导应对原始凭证的合法性进行审核。由村级直接发放的涉农惠农补贴款、民政优抚款、农村拆迁补偿款、村干部工资等涉及个人款项的，应由“三资”中心按照有关规定直达个人账户。各乡镇（街道）“三资”中心要根据业务量及区域远近，合理确定各村报账时间，每村每月至少报账一次。农村集体支出原则上必须使用税务部门正规发票；严禁不合理的支出和白条入账。村级大项类大额支出（年初预算已列项目除外），应当经过村“两委”会议研究，并经过村民大会或村民代表大会讨论决定后，连同“四议两公开”工作程序、合同、预决算报告、验收报告、税控发票等，由村“两委”2/3 人以上会审、签字后，经村务监督委员会审核、村支书与村主任联签后方可入账。

“四议两公开”工作流程图

任务二　认知农村集体经济组织资产管理

一、农村集体经济组织资产的含义

农村集体经济组织资产是指拥有使用期限在一年以上的房屋建筑物、农业机械、机电设备、电力设施、交通通信工具、各项农田水利等生产性设施和公益性设施、硬化道路、村办企业、集体牲畜、农村集体接受捐赠、资助、奖励等形成的资产，以及依法属于农村集体所有的其他资产。

二、农村集体经济组织资产的内容

（1）农村集体投资以及国家支持农村集体投资形成的房屋、建筑物、机器、设备以及农田水利等农业基本建设设施和教育、科技、文化、卫生、体育、供水供电、交通通信等公益性设施。

（2）农村集体兴办的企业股权及其权益，以及通过兼并、分立、有偿转让等方式形成的股权。

（3）农村集体在联营企业、股份制企业、股份合作制企业、中外合资、合作经营企业和集资建设的项目中投资入股，按照投资份额拥有的资产股权及其权益。

（4）农村集体所有的牲畜（禽）、林水等生物资产。

（5）农村集体接受捐赠、资助等形成的资产。

（6）农村集体所有的固定资产、库存物资等有形资产。

（7）农村集体拥有的专利权、商标、商誉等无形资产。

（8）依法属于农村集体所有的其他资产。

三、农村集体经济组织资产管理

（一）日常管理

（1）农村集体资产可以按照所有权和经营权分离的原则，采取多种经营形式，实行有偿使用。资产所有权的取得、变更或终止，经营方式的确定和变更，资产的购（处）置和其他涉及资产管理工作的重要事项，必须经村“两委会”研究、村务监督委员会审核、村民会议或村民代表会议讨论通过，经代理中心审核后，报乡镇（街道）管理监督委员会审批实施。

（2）属农村集体所有的各类资产，凡单位价值在1 000元以上，使用年限在一年以上的列为固定资产，分类建立资产登记台账；为群众生产生活服务的公益性资产（如村组道路、桥梁、水利渠道等），具有固定资产性质的，按固定资产管理对待，列入固定资产登记簿管理；建立健全资产的登记、保管、使用和清查制度，明确专人管理，及时记录资产增减变动情况，每年开展一次资产清查，确保账实相符；如实填报资产统计报表，及时向村民公布。

（3）农村集体购置固定资产、兴办工程建设项目，必须经村“两委会”研究提出方案、村务监督委员会审核、村民会议或村民代表会议讨论通过后，报乡镇（街道）管理监督委员会批准。固定资产购置及兴办项目工程建设一律按集中采购或公开招投标程序进行。

（4）村级工程项目建设监管、验收应有村民代表、村务监督委员会成员和乡镇（街道）产权交易中心人员参加。

（二）资产处置

村级资产处置应按照以下程序：

（1）资产评估。

（2）公开招标。

（3）集体讨论。按照“四议两公开”程序进行，并符合国家对资产处置的相关法律法规。由村召开“两委”会议全体成员会议集体研究，应2/3参会人员同意后方可通过。

（4）村务监督委员会审议。召开村务监督委员会全体成员及相关村民代表参加的会议进行专题审议，2/3以上参会人员同意后方可报乡镇政府（街道办事处）审核。

（5）乡镇政府（街道办事处）审核。

（6）农村集体资产发包、租赁要每三年至少调整一次，期限最长不超过5年。

（7）村务公开。农村集体经济组织对资产处置结果，5日内在村组显要位置予以公开，公开时间不低于一周。

村级资产处置所得要及时足额缴入“三资”中心专户，并进行财务核算、登录资产登记簿。

（三）资产评估

农村集体资产有下列情形之一的，应当按照国家有关规定进行资产评估。

（1）承包、租赁集体资产的。

（2）以集体资产进行参股、联营、合资和合作经营的。

（3）以拍卖、转让、出售等方式变更集体资产产权的。

（4）农村集体企业出现兼并、分立、破产清算情形的。

（5）在农村集体资产设立抵押权及其他担保物权的。

（6）其他需要进行资产评估的。

农村集体资产评估由乡镇（街道）管理监督委员会组织实施。邀请村民代表、村务监督委员会成员、乡镇（街道）产权交易中心及相关专业单位或人员参加，也可委托具有合法资质的中介组织机构进行评估，评价结果应按权属关系经农村集体成员会议或成员代表会议确认。

任务三　认知农村集体经济组织资源管理

一、农村集体经济组织资源的含义

农村集体经济组织资源主要包括：法律规定属于集体所有的土地、林地、荒地、沟、路、渠、滩涂、水面、闲散宅基等自然性资源。

二、农村集体经济组织资源的内容

自然性资源特指土地、林地、山岭、果园、苗圃、草地、水面、建设用地、矿藏及四荒（荒地、荒水、荒丘、荒滩）等，属于农村集体经济组织成员共同所有。

三、农村集体经济组织资源管理

（一）日常管理

（1）农村集体应对所有的资源进行逐项登记，建立台账，主要内容包括：资源的名称、类别、坐落、四至、面积等；实行承包、租赁经营的集体资源还应登记承包、租赁单位或个人的名称、地址、用途、承包（租赁）金、期限和起止日期等；农村集体建设用地以及发生农村集体建设用地使用权出让事项等要重点记录。

（2）农村集体有权依法决定资源的经营方式，可由农村集体直接经营或实行承包经营、租赁经营，也可以采取集体资产参股、联营和股份合作经营方式，以保证集体资源的保值增值。

（3）农村集体建设用地收益归农村集体所有，主要用于发展集体生产经营、兴办公益事业等，其分配方案应由村民会议或村民代表会议讨论通过，并报乡镇（街道）管理监督委员会批准。

（4）农村集体资源是以家庭承包经营方式承包到户（法律法规有明确规定的），要维护其承包经营权，保持其承包关系的稳定；不宜采取家庭承包经营方式的，具体经营方式和承包方案由村“两委会”研究提出，经村民会议或村民代表会议讨论决定，由乡镇（街道）产权交易中心审核后，报乡镇（街道）管理监督委员会批准实施。

家庭承包和其他方式承包的区别

（二）土地流转

村民委员会内部农户之间土地自行流转的，要按下列程序办理：

（1）通过转包、出租、互换或者其他流转方式流转的，经村民委员会同意，由双方当事人签订书面合同，并报村民委员会备案。

（2）采取转让方式流转的，承包方应当向村民委员会提出书面申请和流转方案，经村民委员会批准后，受让双方签订合同，并报村民委员会备案。

（三）土地承包

村民委员会将农村集体土地对本村成员承包的，按以下程序进行：

（1）由村民代表会议选举产生承包工作小组，承包小组拟订承包方案，形成会议记录；

（2）由2/3以上村民代表讨论通过承包方案，形成会议记录；

（3）村民委员会与承包人签订合同并存档。

集体土地对村民委员会以外的单位或者个人承包的，村民委员会必须填写“土地承包预审表”，报镇农经管理办公室预批后，经村“两委”班子、村民代表讨论履行审批手续。

在除履行村民委员会将农村集体土地对本村成员承包的程序外，还要履行下列程序：由村民委员会向镇政府递交对外承包的书面请示，同时递交承包工作小组名单和承包方案、村民代表会议记录、（承包、拍卖、租赁等）草拟合同、承包方案四至界限图等材料，经镇农经管理领导小组审核批准。

用于非农建设的，经镇农经管理领导小组审核把关后，报区土地规划部门核准同意。村民委员会与开发人签订合同，并报镇政府备案。

任务四　认知农村集体经济组织财务管理制度

一、农村集体经济组织财务管理制度的含义

农村集体经济组织财务管理制度，是指农村集体经济组织为了提高效益，对直接归属农村集体经济组织所有、支配、管理的各种资产所发生的一切收入及其使用、分配等财务活动

进行核算、计划、监督与控制的办法。

农村集体经济组织应当建立健全财务管理制度，如实反映农村集体经济组织的财务状况。根据财政部、农业农村部关于印发《农村集体经济组织财务制度》的通知（财农【2021】121号）文件精神，农村集体经济组织财务活动应当遵循以下原则：

（1）民主管理。保障农村集体经济组织成员对财务活动和财务成果的知情权、参与权、表达权、监督权，实行民主管理和民主监督。

（2）公开透明。财务活动情况及其有关账目，重大经济事项等应当向全体成员公开。

（3）成员受益。保障全体成员享受农村集体经济发展成果。

（4）支持公益。农村集体经济发展成果应当用于村级组织运转保障、农村公益事业。

农村集体经济组织的财务活动应当依法依规接受乡镇人民政府（包括街道办事处，下同）和农业农村部门、财政部门的监督指导，接受审计等相关部门的监督。建立健全农村集体经济组织负责人任期和离任审计制度，将新增债务作为重点审计内容。

二、农村集体经济组织财务管理制度的内容

（一）财务管理主体及职责

（1）农村集体经济组织财务管理工作应当在农村基层党组织领导下，由成员（代表）大会、理事会、监事会和会计人员等按规定履行职责。农村集体经济组织应当依法依规配备专（兼）职会计人员，也可以根据实际需要实行委托代理记账。

村级会计委托代理制

重大财务事项决策参照“四议两公开”机制执行，并报乡镇党委、政府或农业农村部门审核或备案。

（2）成员（代表）大会的财务管理职责主要包括：

①审议、决定本集体经济组织内部财务管理制度、年度财务计划、重大财务收支事项、年度收益分配方案等；

②审议、决定本集体经济组织资金筹集、资产资源发包租赁、对外投资、资产处置等事项；

③审议、决定本集体经济组织主要经营管理人员薪酬，并对其实施监督和考核；

④对理事会和监事会年度财务管理、监督工作提出质询和改进意见；

⑤其他需要成员（代表）大会决定的重大财务事项。

（3）理事会的财务管理职责主要包括：

①起草、执行本集体经济组织内部财务管理制度、年度财务计划、年度收益分配方案等；

②实施本集体经济组织资金筹集、资产资源发包租赁、对外投资、资产处置等经营活动，签订经济合同并督促合同履行；

③提出本集体经济组织主要经营管理人员薪酬的建议，决定其他工作人员薪酬；

④向成员（代表）大会报告年度财务执行情况；

⑤执行本集体经济组织章程规定及成员（代表）大会决定的其他财务事项。

（4）监事会的财务管理职责主要包括：

①监督农村集体经济组织财务活动，组织开展民主理财；

②监督理事会、主要经营管理人员和会计人员履职行为，对损害本集体经济组织利益，违反法律、法规、行政规章、组织章程或者成员（代表）大会决议的财务行为提出质询和改进建议，对理事、主要经营管理人员和会计人员提出罢免或解聘建议；

③协助地方政府及有关部门做好对农村集体经济组织的审计监督工作；

④向成员（代表）大会报告年度财务监督情况；

⑤执行本集体经济组织章程规定及成员（代表）大会决定的其他财务监督事项。

（5）会计人员的财务管理职责主要包括：

①会计主管人员负责组织本集体经济组织的会计工作，审核本集体经济组织的财务会计报告，在财务会计报告上签名并盖章；

②会计人员负责本集体经济组织会计凭证审核及填制、会计账簿登记及核算、财务会计报告编制及报送、稽核、会计档案保管、财务公开等日常工作。配合开展集体资产年度清查、审计和调查工作。

（二）资金筹集

（1）农村集体经济组织可依法依规采取多种形式筹集资金。筹集资金应当履行本集体经济组织决策程序，确定筹资方式、规模和用途，控制筹资成本和风险。

（2）农村集体经济组织从各级政府获得资金或其他资产的，按照有关规定执行并接受监管。通过接受捐赠获得资金或其他资产的，应当及时入账，加强管理。

（3）农村集体经济组织采用“一事一议”方式筹资的，应当符合有关法律法规和政策要求，遵循量力而行、成员受益、民主决策、上限控制等原则，做到专款专用，确保资金用途的合法性、合理性和有效性。

（4）农村集体经济组织不得举债兴办公益事业；举债从事经营性活动应当纳入村级重大事项决策范围，参照执行“四议两公开”机制，并报乡镇党委、政府或农业农村部门审核或备案。

“四议两公开”机制

农村集体经济组织直接与社会资本合作从事经营活动的，应当在合同中明确权责边界及收益分配。

严禁将农村集体经济组织债务转嫁给地方政府。

（三）资产运营

（1）农村集体经济组织应当按照有关法律、法规、政策以及组织章程加强现金、银行存款、应收款项、存货等流动资产管理，落实经营管理责任。严禁公款私存和私设小金库，加强票据管理，杜绝“白条”抵库。

（2）农村集体经济组织应当按照有关法律、法规、政策以及组织章程加强固定资产购建、使用、处置管理，落实经营管理责任，依法合规计提折旧。在建工程项目验收合格、交付使用后，应当及时办理竣工决算手续。

（3）农村集体经济组织应当按照有关法律、法规、政策以及组织章程加强集体的牲畜、林木等生物资产管理，做好增减、摊销、死亡毁损等核算工作，落实经营管理责任。

（4）农村集体经济组织应当按照有关法律、法规、政策明确无形资产权属及价值，纳入账内核算，落实经营管理责任，依法合规进行摊销。

（5）农村集体经济组织对外投资应当遵守有关法律、法规和政策规定，符合农村集体经济组织发展规划，履行民主程序，做好风险评估和控制，进行严格管理。

（6）农村集体经济组织应当对发生产权转移的厂房、设施、设备等大宗资产及集体土地使用权，未纳入账内核算的、非货币资产对外投资的或其他特定目的的资产进行价值评估。

（7）农村集体经济组织以出售、置换、报废等方式处置资产时，应当按照有关法律、法规和政策规定的权限与程序进行。发生的资产损失，应当及时核实，查清责任，追偿损失，并进行账务处理。

（8）农村集体经济组织依法依规对外投资或进行集体资产转让、发包、租赁等情形时，应当签订书面合同，明确双方的权利义务，合理确定价格。

农村集体经济组织以及农村集体经济组织经营管理人员，不得以本集体资产为其他单位和个人提供担保。

【思政案例】

河南西华：运用“加减乘除”法则　狠抓农村“三资”管理

2022年以来，河南省周口市西华县奉母镇纪委充分发挥监督作用，不断延伸监督触角，运用“加减乘除”法则，狠抓村级“三资”管理，扎紧织密管理笼子，堵塞管理漏洞，助力保障村级“三资”管理制度化、规范化，促进农村集体经济发展，推动乡村振兴，实现共同富裕。

善用“加法”，狠抓制度建设。一是对全镇农村集体“三资”管理进行全程监管，不断完善农村集体“三资”管理的各项制度，使之细化、规范化。二是把农村集体“三资”管理服务工作纳入村务监督委员会岗位责任制考核内容，健全完善责任追究制度。三是进一步规范会计代理制度，将“三资”管理纳入监管重点，明确会计岗位职责，严格操作流程，强化内部监管。

巧用“减法”，狠抓问题摸排。一是摸清底数，做好清产核资，明确任务完成时间节点，切实掌握农村集体“三资”的存量、结构、分布和运用效益，做到账实、账账相符。二是及时处置预警信息，通过查台账、找问题、问群众等方式方法，对全镇35个农村集体经济组织“三资”管理工作开展清单式监督，并及时对“三资”领域的信访举报和问题线索进行“大起底”。三是借助资源管理数据库，梳理出发包合同期满或即将期满的资源项目进行重点监督，主动联系有关人员了解实情，为下步资源项目依法依规进行发包形成有效抓手，实现村级“三资”管理制度化、规范化。

活用“乘法”，狠抓能力提升。一是能监督，组建了由镇纪委、财税所等业务骨干组成的“三资”管理“讲师团”，开展项目资金申报使用、审批流程、工作制度、资金管理、资产管理、资源管理等有针对性的专业培训，助力村监委会干部补短板、强本领。二是善监督，学习《农村土地承包法》《合同法》等农村产权交易规章制度文件，立足找准职责定位，熟练了解和掌握辖区的“三资”情况、集体经济实体情况，做到日常监督有的放矢。三是敢监督，对村“两委”成员、党员、村民代表等，经常性的交心谈心，掌握思想动态，发现问题及时指出并向镇纪检监察机关汇报，把问题消灭在萌芽。

重用“除法”，狠抓责任追究。一是充分发挥村廉情监督员的“前哨”监督作用。把廉情监督员安排到“三资”监管工作中，依照相关法律法规，根据镇纪委批准的职责和权限，对村、组两级的资金、资产、资源管理使用情况开展跟进监督、精准监督，推动监督下沉、落地，激活监督“神经末梢”。二是把农村集体“三资”管理纳入日常监督，对监督中发现的问题及时下发交办单并要求限期整改到位，并将“咬耳扯袖、红脸出汗”谈话作为常态，把苗头性、倾向性问题消灭在萌芽状态。三是加大问责力度，筑牢纪律屏障。从专项督查、信访举报、日常监督和审查调查中发现挖掘侵占村集体“三资”等方面的腐败问题线索，优先受理、优先处置，确保不漏一件。对失职渎职造成严重后果的，一律严肃追责问责，依纪依法处理，以严格监督倒逼责任落实，形成有效震慑。

截至目前，全镇审查集体土地承包合同128份，作废20份承包合同，收回集体土地320亩，完善承包合同4份，年增加集体收入19.2万元。

（来源：《周口日报》，2022年11月25日）

（四）收支管理及收益分配

（1）农村集体经济组织生产销售、提供服务、投资收益、让渡集体资产资源使用权和政府给予的经营性补贴等形成的经济利益总流入，应当依法依规加强管理，做好账务处理。

（2）农村集体经济组织用于经营活动、日常管理、村内公益和综合服务、保障村级组织和村务运转等各种支出，应当计入相应的成本费用，加强管理，严格执行审批程序。

（3）农村集体经济组织收益分配以效益为基础，民主决策、科学分配，保障成员合法权益。

（4）农村集体经济组织应当按照有关法律、法规、政策规定及组织章程约定的分配原则，按程序确定收益分配方案，明确分配范围、分配比例等重点事项，向全体成员公示。

（5）农村集体经济组织可分配收益按以下顺序进行分配：

①弥补以前年度亏损；

②提取公积公益金；

③向成员分配收益；

④其他。

公积公益金按组织章程确定计提比例。

（6）年终收益分配前，农村集体经济组织应当清查资产，清理债权、债务，准确核算年度收入、支出、可分配收益。

（五）产权管理

（1）农村集体经济组织应当清查核实集体资产，明确资产权属，登记资产台账，编制资产负债表；建立成员名册和份额（股份）登记簿。

（2）农村集体经济组织变更资产权属的，应当严格按照有关法律、法规和政策规定进行，并及时进行账务处理。

（3）村庄撤并的，不得混淆集体财务会计账目，不得随意合并、平调集体资产。

（六）财务信息管理

（1）具备条件的农村集体经济组织与村民委员会应当分设会计账套和银行账户。

（2）农村集体经济组织应当使用科学有效的方式采集、存储、管理和运用财务信息，逐步实现信息化管理，确保财务信息的真实性、完整性和可比性。

（3）农村集体经济组织应当按照国家统一的会计制度有关规定编制年度财务会计报告，按要求报送乡镇人民政府和农业农村部门、财政部门。

（4）农村集体经济组织应当建立财务公开制度，以易于理解和接受的形式公开财务信息，接受成员监督。

（5）农村集体经济组织应当按照《会计档案管理办法》等有关规定，加强会计档案建设和管理，做好会计资料的保管工作。

实战演练

2 单元二 农村集体经济组织日常资金管理和会计核算

职业能力目标：

1. 知识目标

（1）了解报账员职责，熟知报账程序。

（2）了解农村集体经济组织日常业务类型及期末会计事项处理工作内容。

（3）了解会计报表基本概念、种类及编制要求，掌握会计报表编制方法。

（4）熟悉农村集体经济组织主要财务指标。

2. 技能目标

（1）掌握报销业务处理及日常业务账务处理的方法。

（2）能够进行期末会计事项处理，编制会计报表。

（3）能够收集发票、费用报销单等票据，并进行分类、整理与甄别。

（4）能够进行农村集体经济组织偿债能力分析、营运能力分析和盈利能力分析。

3. 素养目标

爱岗敬业、诚实守信，坚守初心、按章办事，拒绝物质诱惑，维护国家利益，履行道德准则和行为规范。

典型工作任务：

（1）村级报账与审核。

（2）日常业务制单与审核。

（3）期末会计事项处理。

（4）会计报表编制与审核。

（5）财务数据比对与分析。

实施途径：

（1）通过学习报账员职责、程序，了解实际岗位要求，教育学生要坚守初心、按章办事。

（2）通过学习收入管理、支出管理及账务处理，教育学生不被物质诱惑，要维护国家利益。

（3）通过对会计分期及期末会计事项处理、会计报表编制的学习，培养良好的职业道德。

情境概览：

某县农村三资共享服务中心（以下简称“三资共享中心”）是为下属乡镇单位提供三资管理代理的中心，该中心共设 4 个工作岗位，即票据岗、核算岗、管家/审核岗和分析岗。

某县团结镇四平村农村集体经济组织（以下简称“四平村”）为本教材单元二至单元五所涉及案例的会计主体，执行《村集体经济组织会计制度》，为小规模纳税人，委托三资共享中心对农村集体经济组织的财务收支进行统一会计核算。四平村相关信息如下：

农村集体经济组织名称：四平村村民委员会

纳税人识别号：N2321001MF60001212

地 址、电 话：×县团结镇四平村　56780099

开户行及账号：农商银行团结支行 6210001234560001588

《农村集体经济组织会计制度（征求意见稿）》（2023）

任务一　村级报账与审核

任务目标：

（1）了解报账员职责，熟知报账程序。

（2）能够收集发票、财政票据、银行回单等纸质原始凭证并进行初步分类与整理，进行正确甄别。

（3）能对原始凭证进行影像采集，或导入原始电子发票，能对单据电子影像进行识别与核验操作。

（4）能按审批流程进行审批操作。

（5）能利用三资管理平台的报账系统编制报销单。

任务情境：

一、任务场景

王亚大学毕业回到家乡四平村，在村民主会议上被大家选举为报账员，同时向代理服务机构备案。在参加了一系列报账员专题培训后，王亚投入到报账员忙碌的工作中。

二、任务布置

四平村报账员王亚接到相关业务的原始凭证，进行初步分类与整理，进入三资共享平台编制报销单并提交送审。

任务准备:

一、知识准备

(一) 村级机构设置

农村集体经济组织是农村集体“三资”管理工作的主体，对农村集体经济组织经济活动和“三资”管理资料的真实性、合法性、完整性负责，确保农村集体“三资”的安全与完整。

(1) 农村集体经济组织设“三资”管理工作站。“三资”管理工作站主要负责本村“三资”(即资金、资产、资源)的日常管理，建立现金(银行存款)日记账、固定资产台账、债权债务明细账、资源登记簿、低值易耗品登记簿和经济合同登记簿(台账)等有关账簿(台账)。工作站须定期向农村集体经济组织成员大会或成员代表大会及乡镇“三资”监管代理服务中心报告农村集体“三资”变动情况。

(2) 农村集体经济组织设立民主理财小组。主要负责配合工作站做好本村财务资金管理、资产、资源和工程项目建设管理等工作。民主理财小组成员由农村集体经济组织成员大会或成员代表会议选举产生，村干部及其配偶、直系亲属不得担任民主理财小组成员。民主理财小组一般由3~5人组成，并推选1名负责人，由其负责召集日常理财和联络、协调工作。民主理财小组成员要保持相对的稳定，不允许随意变更和撤换。因疾病、迁出、死亡等原因不能履行职责的，经农村集体经济组织成员大会或成员代表会议讨论通过，予以变更，并报乡镇“三资”监管代理服务中心备案。

(3) 农村集体经济组织不设会计，只设报账员。报账员主要负责本村农村集体经济组织“三资”管理工作站的具体业务工作。报账员由农村集体经济组织成员大会或成员代表会议选举或推举产生，产生后应及时向代理服务机构备案，并经培训考核合格后上岗，不宜随意更换。报账员应实行回避制度，农村集体经济组织主要干部的直系亲属及配偶不得担任报账员。

报账员向代理服务机构定期统一报账，由代理服务机构负责登记各村账目、编制会计报表，对农村集体经济组织的财务收支进行统一会计核算，各村报账员只负责登记本村的内部往来。为了统一进行报账与会计核算，代理服务机构通常每个村分别设立“五账一簿一单”，即总账、银行存款日记账、明细账、现金日记账、固定资产账和各种登记簿、统一报账单。

(二) 报账员的职责

报账员的主要职责如下：

(1) 编制农村集体经济组织财务预决算方案。

(2) 领取、管理及核销备用金，保管有价证券、收款票据和支票。

(3) 登记农村集体经济组织现金日记账和银行存款日记账备查账，定期与代理服务机构核对现金和银行存款余额，做到账账相符、账款相符。

（4）负责农村集体经济组织固定资产备查账登记和保管工作。

（5）负责农村集体经济组织收入、支出业务的办理及收入、支出原始凭证的收集、整理、审核。

（6）办理各项经济业务事项的报账。

（7）负责农村集体经济组织债权债务、合同（协议）等的管理，对发生的债权债务进行逐笔登记制表，及时向乡镇“三资”监管代理服务中心有关会计人员办理报账。

（8）负责农村集体经济组织的财务公开工作。

（9）配合上级部门的监督、检查和审计工作，反映农村集体经济组织财务问题，提出意见和建议。

（10）负责农村集体经济组织财务档案、合同（协议）档案的归档整理工作。

（11）承担与村报账员岗位相关的其他工作。

（三）报账员报账程序

报账员要遵循如下报账程序：

1. 报账时间

各村报账员要按乡镇监管代理服务中心确定的报账日集中报账，以便及时快速地办理好报账业务。特殊情况下，要随时报账。

2. 报账要求和步骤

村报账员报账前要与所有业务经办人员，包括往来单位结清本季度业务，登记好现金日记账和农户往来账，盘点现金并填制报账单。报账业务的相关凭证必须要素齐全，在规定报账日带好本季全部业务凭证、报账单收款收据、现金日记账到监管代理服务中心，由负责本村的记账会计负责审核凭证并记账。现金日记账由总会计、总出纳核对余额并盖章后带回继续使用。

3. 现金解款程序

村报账员清点超备用金现金，填制由县农经局统一印制的“村级财务管理中心现金缴款单”（一式四联），或直接存入本乡镇会计服务中心在银行开设的专户内，携缴款单或银行回单上解到会计服务中心。会计服务中心总出纳核对现金及解款单或银行回单无误后，加盖总出纳私章交总会计复核后，由总会计加盖公章及总会计私章，第四联村报账员带回。

4. 现金支取程序

预支现金时，必须要有预支明细相关文档资料及相关人员签字。取款凭单经会计服务中心负责人审核签字后，由总会计核对并加盖总会计私章交总出纳。总出纳核对后，加盖总出纳私章并填制相同金额的支票交总会计加盖印鉴，由村报账员到银行支取现金或由总出纳支取现金给村报账员。第四联由报账员带回。

【知识链接】

农村集体经济组织上报账领款和预支现金时，由村报账员填写由县农经局统一印制的“村级财务管理中心取款凭单”（一式四联）按以下权限办理审批手续：

一次性支取金额在1 000元以下的由本村分管财务审批人签字同意，村民主理财小组审议通过；一次性支取金额在1 000～5 000元的应经村支“两委”会议讨论决定，由本村分管财务审批人签字同意，村民主理财小组审议通过；一次性支取金额在5 000元以上的，必须经村民代表会议审议，本村分管财务审批人签字同意通过；预支2 000元以下由村级财务负责人签字同意；2 000～10 000元由村支“两委”会议讨论决定。监管代理服务中心负责人审核批准同意；10 000元以上由村支“两委”会议讨论决定，监管代理服务中心负责人审核报乡镇人民政府审批同意。

（四）相关法律法规

《中华人民共和国村民委员会组织法》（2018年修订）

《中华人民共和国发票管理办法》（国务院令第709号）（2019年修订）

《财政票据管理办法》（财政部令第70号）（2012年）

二、业务要领

（一）对原始单据的审核

（1）审核原始单据的内容是否真实、合法，是否符合党和国家有关政策、法规，是否符合预算管理规定和财务管理制度，严禁“白条”冲抵发票，对不真实、不合法的原始单据会计服务中心有权不予受理。

（2）审核原始单据是否准确，即发票（收据）是否数字准确、内容齐全、手续完备。尤其是认真检查原始单据的经办人、审批人签字是否完备，印鉴是否清楚，是否符合村级审批权限的规定。对记载不准确、不完整的原始单据，应要求更正补充。

（3）报账员填写会计服务中心提供的各种单据必须符合书写要求，要求单式凭证、负责人签字皆用蓝黑墨水钢笔书写，多联套写凭证，可用圆珠笔及双面复写纸复写，不得分张单写。一式多联的凭证，必须保证每一联字迹清楚。

（二）对经济活动业务的审核

1. 支出类业务

（1）初步核实每一笔支出业务，注明资金用途并签字证明，在确认手续完备后方可报销入账。对不符合规定的报销发票予以退回，并要求经办人更正；提取现金，应写明用途，由村级财务负责人签字盖章，支付现金必须取得合法的原始凭证。

（2）村一般开支要注明支出事由，由经手人、证明人签字、报账员复核、村财务负责人审批。

（3）报销的大型修缮支出、基建支出、设备购置支出、预支款项，要附有合同、明细、村支委会议记录、审批人签字。

（4）支付办公用品等发票，必须附办公用品明细表。

2. 收入类业务

（1）收入现金必须开给交款人正式收据，村级所有的收入支出必须按时报账，要对各项收入的合法性严格把关。

（2）村级各项收入应及时足额上缴监管代理服务中心村级资金专用账户，不得截留或私存其他账户。

（3）村所有集体收入和代收款项，须使用专用收据收取，不得使用自制、自购的收入票据，严禁收入不开据。

（三）常见原始单据票样

常见原始单据分为外来原始凭证（见图 2－1）和自制原始凭证（见图 2－2）。

××增值税电子普通发票

机器编号：255547123456

发票代码：012001944666
发票号码：07741234
开票日期：2021年01月17日
校 验 码：05349 12345 98765 12111

购买方	名　　称：四平村村民委员会 纳税人识别号：N2321001MF60001212 地 址、电 话：×县团结镇四平村 56780099 开户行及账号：农商银行团结支行6210001234560001588	密码区	07>06++245+0-60786027>8-+/*5 0<-0</90>269382-1>382*01<77+ <+1458/6<0925457*6-54+0>>7<2 7*<<5841+<01>013131+73-1>/20

货物或应税劳务、服务名称	规格型号	单位	数量	单价	金额	税率	税额
*纸制品*纸制文具及用品		件	4	150.00	600.00	13%	78.00
合　　计					¥600.00		¥78.00
价税合计（大写）	⊗陆佰柒拾捌圆整				（小写） ¥678.00		

销售方	名　　称：火炬文化用品经销公司 纳税人识别号：327770007722228424 地 址、电 话：团结镇中心路54号 76854500 开户行及账号：农商银行团结支行6212451234560098540	备注	火炬文化用品经销公司 327770007722228424 发票专用章

收款人：XXX　　复核：XXX　　开票人：XXX　　销售方：（章）

图 2－1　外来原始凭证参考样式

入 库 单

送货人：　　　　年　　月　　日　　　　第　　号

品名	规格	单位	数量	单价	金额（元）	说明
合计金额（元）	大写：				¥	

第三联记账

会计：　　　　保管：　　　　送（交）货人：

图 2－2　自制原始凭证参考样式

任务实施：

一、原始凭证整理

（1）对原始凭证进行审核，无误原始凭证按相关报账要求进行分类整理，确保原始凭证的完整有序。

（2）对纸质原始凭证进行拍照或扫描上传电子影像文件，或导入原始电子发票，对单据电子影像进行识别与核验操作。

二、报账中心模块具体操作

（一）我的报销

报账员对整理好的原始凭证按规定的格式和要求填制报账单，报账单据的项目及明细要填写齐全、金额准确、手续完备，并备齐所附原始凭证后，进入农村三资管理平台报账中心进行报账。报账中心由报账人员与审批人员操作使用，可单击智慧农村三资管理平台应用中心的【报账中心】进入报账中心首页，如图 2－3 所示。

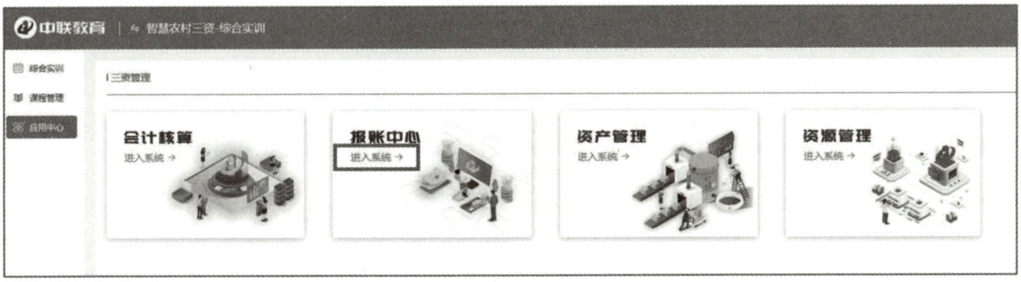

图 2－3　农村三资管理平台应用中心首页

报账员需要确定报账中心首页账套信息是否为所属农村集体经济组织账套（建立账套操作见本单元任务二），信息正确则单击【我的报销】按钮，如图 2－4 所示。

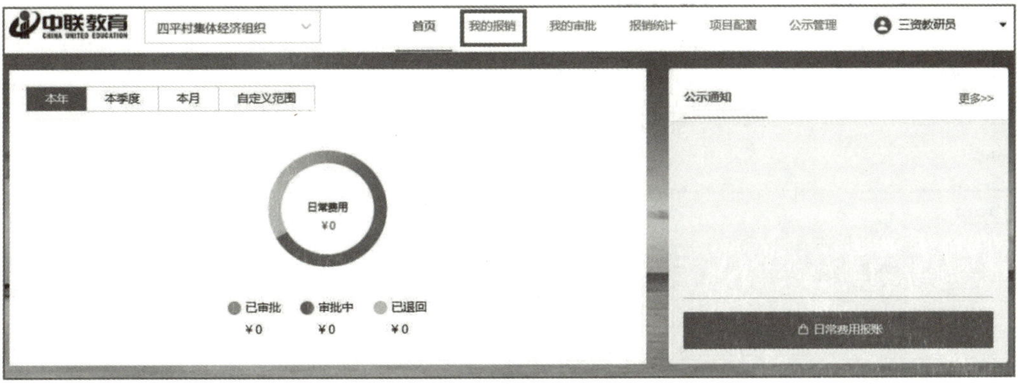

图 2－4　报账中心首页

在【我的报销】页面，单击【新增】按钮，可进入报销单填制页面，如图2－5、图2－6所示。

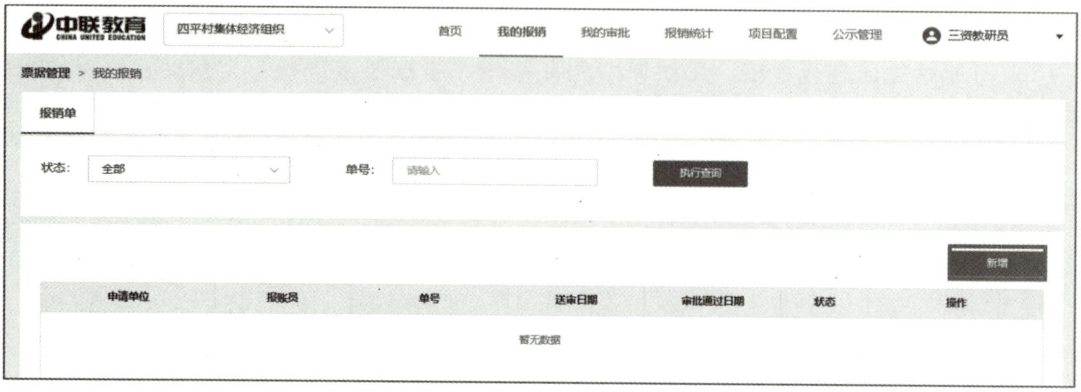

图2－5　我的报销页面

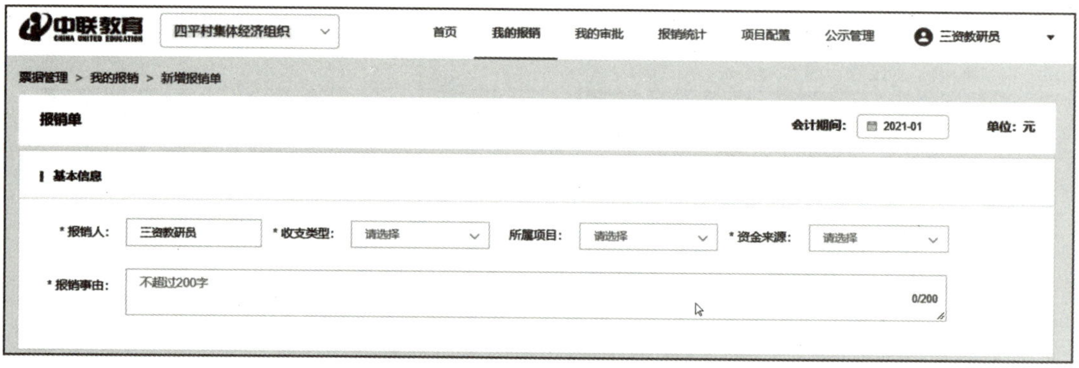

图2－6　报销单填制页面

报销人员在新增报销页面，编制填写报销单的基本信息：选择【会计期间】—【收支类型（收入/支出）】—【资金来源】—【报销事由（事由会作为后续审批事项的标题）】，如图2－7所示。

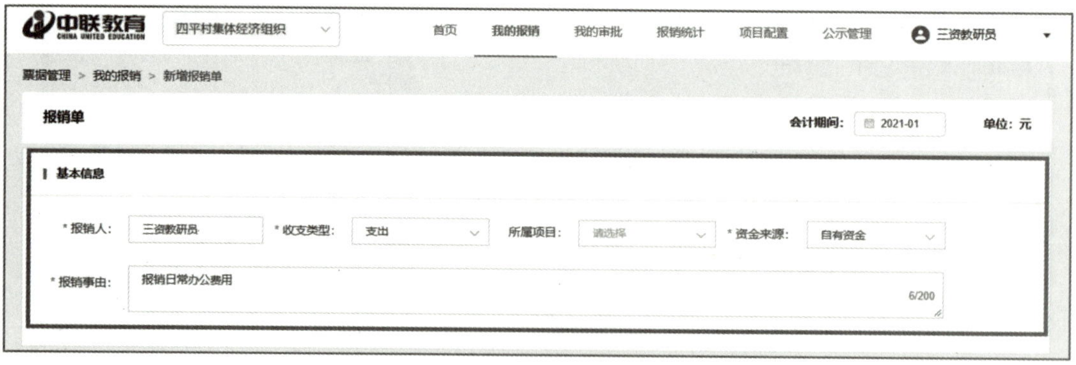

图2－7　报销单基本信息录入

单击【添加票据】按钮后即可上传报销票据的影像文件，如图 2－8、图 2－9 所示。

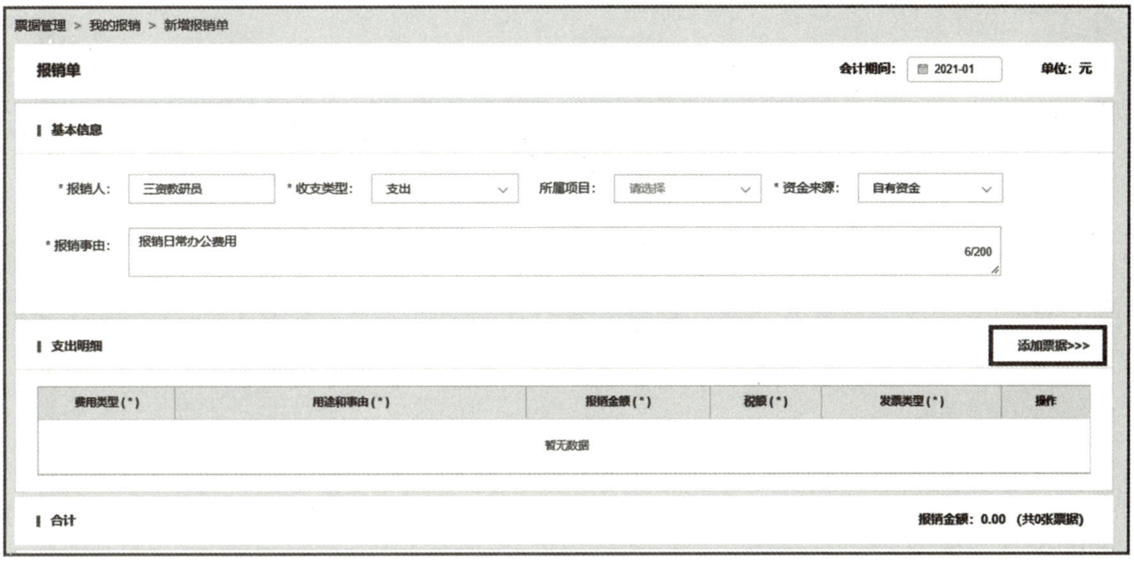

图 2－8　选择添加票据

图 2－9　上传票据文件

报销票据文件上传后，系统会自动识别该票据的信息并将相应信息填列在数据列表中，如自动识别的信息有误，可进行手工修改，确认无误则单击【确定】按钮，票据添加成功，如图 2－10、图 2－11 所示。

原始票据添加完成后，若有相应批件或合同附件等，可进行附件信息文件的上传，如图 2－12 所示；若不需上传附件文件，可直接单击【提交送审】按钮完成报销单填制，系统提示“提交审批报销单成功”，进入下一步的审批环节。单击【查看】按钮，则可查看已提交的报销单，如图 2－13 所示。

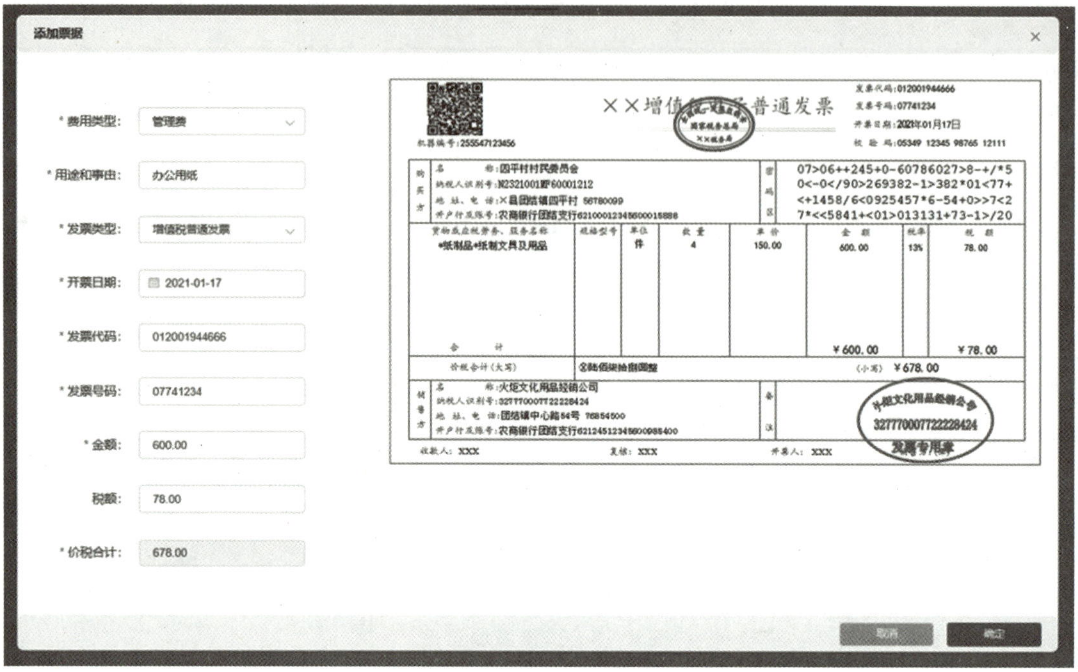

图 2－10　添加票据页面

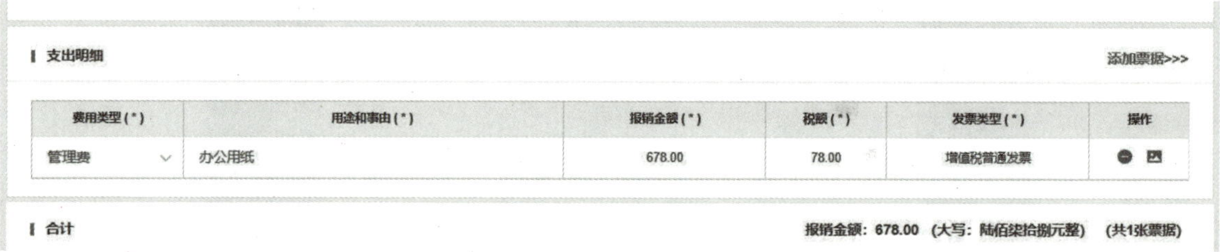

图 2－11　票据添加成功

图 2－12　附件信息文件上传页面

图 2－13　提交审批报销单成功

在【我的报销】页面，当前用户可根据查询需要，查询本人的报销情况；需增加新的报销业务时，单击【新增】按钮后，根据报销费用类型选择相应报销单类型，即可进入新报销单填写页面，如图 2－14 所示。

图 2－14　新增报销单

（二）我的审批

审批人员在报账中心首页单击【我的审批】按钮，可进入报销单审批页面，查看“待审批/已审批”报销单，在待审批任务中，选择要审批的报销单，单击【审批】按钮，即可对待审批报销单进行审批操作，如图 2－15、图 2－16 所示。

审核报销单页面分四部分：基本信息、支出明细、附件信息、操作记录。可上下滑动点击查看。若审批人员对报销单有异议，可选择【退回】，则退回至原报销单填写人员，报账人员修改后重新提交。若选择【同意】即为审批通过，如图 2－17 所示。

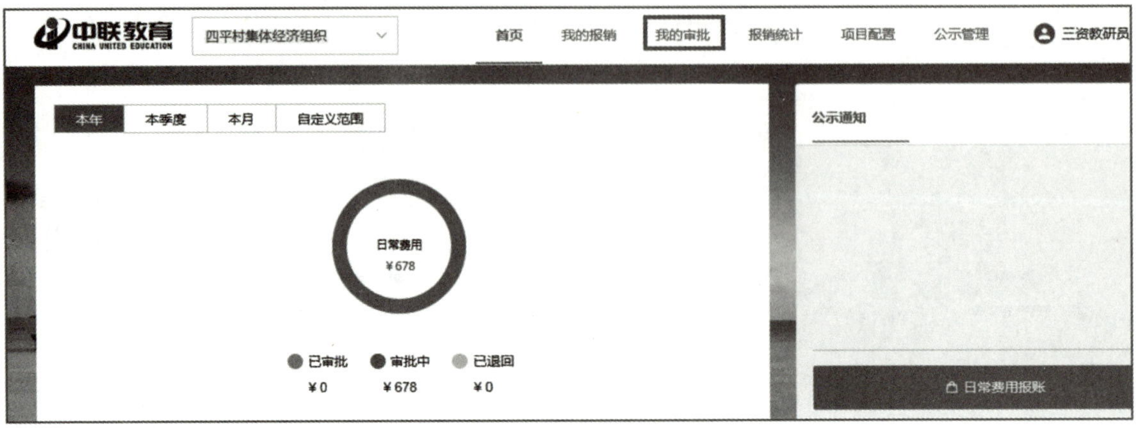

图 2－15　报账中心首页

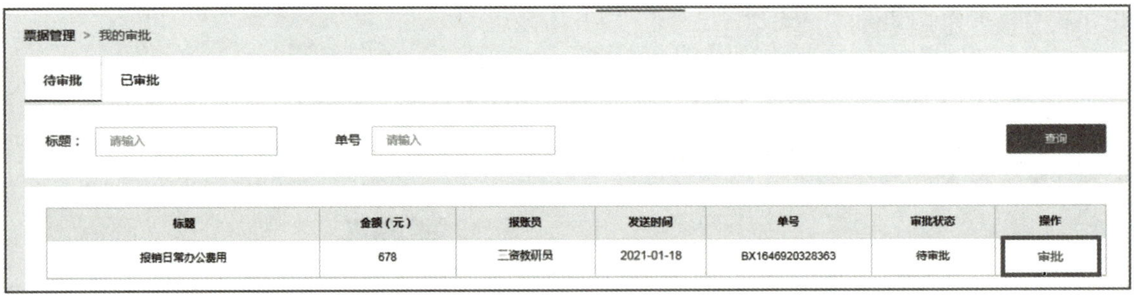

图 2－16　我的审批页面

图 2－17　报销单审批意见选择

报销单所有审批环节均通过后，系统会自动将报销单推送到会计核算系统的票据制单中，根据费用类型自动生成凭证，如图 2－18 所示。

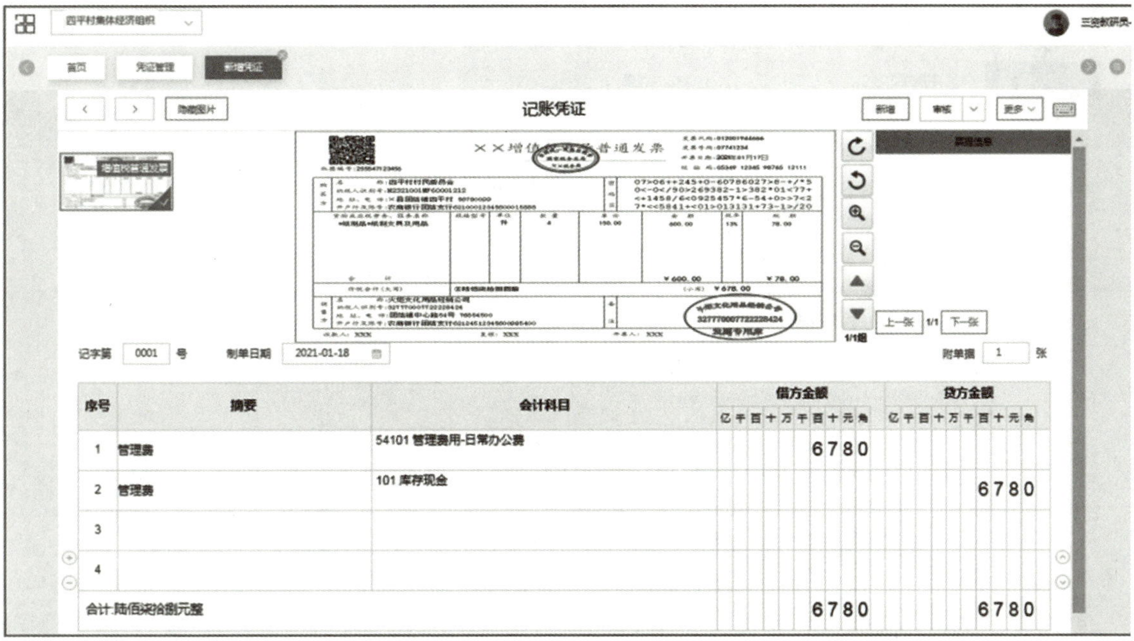

图 2-18　会计核算系统根据报销单自动生成的凭证

三、报销统计

报账员在报销中心首页单击【报销统计】按钮，可对报销业务按会计期间进行统计并进行“日常报销统计”“费用类型分布统计”的详细信息查阅，如图 2-19、图 2-20 所示。

图 2-19　报销统计页面

图 2-20 详细信息查阅页面

任务评价：

“村级报账与审核”任务评价表

工作任务清单	完成情况	评价等级
纸质原始凭证初步分类与整理		
原始凭证影像采集、识别与核验		
报销单编制		
报销单审批		

备注：能完成打“√”，对应等级为合格；不能完成打“×”，对应等级为不合格。

任务拓展：

利用平台进行已审批报销单的查询。

任务二 日常业务制单与审核

任务目标：

（1）了解农村集体经济组织日常业务类型。

（2）能对原始凭证按经济业务内容进行分类、汇总。

（3）能根据相关原始凭证进行日常业务制单。

（4）能对记账凭证进行正确性审核，并进行审核签字操作。

任务情境：

一、任务场景

三资共享中心员工于2021年×月×日接到四平村交来的日常业务原始单据，认真审核无误后签收，并进行相关业务处理。

二、任务布置

三资共享中心员工按照业务要求利用三资平台对四平村的票据进行整理、查验，并进行制单及审核操作。

任务准备：

一、知识准备

（一）农村集体经济组织日常经济业务内容

农村集体经济组织日常会计核算业务的主要内容有货币资金业务、往来款项业务、筹集资金业务、存货业务、农业资产业务、固定资产业务、无形资产业务、收入业务、成本业务、费用业务、收益业务等（农业资产、固定资产以及无形资产业务在后面章节均有涉及，本章节不再赘述）。

（二）农村集体经济组织会计科目

农村集体经济组织会计科目的设置应遵循《农村集体经济组织财务制度》的相关要求，在不影响会计核算要求和会计报表指标汇总的前提条件下，可根据本村实际需要自行调整，即对会计科目进行增减或合并。

农村集体经济组织会计科目设置见表2－1。

表2－1　　**农村集体经济组织会计科目表**

类别	序号	科目编号	科目名称
资产类	1	101	现金
	2	102	银行存款
	3	111	短期投资
	4	112	应收款
	5	113	内部往来
	6	121	库存物资
	7	131	牲畜（禽）资产

续表

类别	序号	科目编号	科目名称
资产类	8	132	林木资产
	9	141	长期投资
	10	151	固定资产
	11	152	累计折旧
	12	153	固定资产清理
	13	154	在建工程
负债类	14	201	短期借款
	15	202	应付款
	16	211	应付工资
	17	212	应付福利费
	18	221	长期借款及应付款
	19	231	一事一议资金
	20	241	专项应付款
所有者权益类	21	301	资本
	22	311	公积公益金
	23	321	本年收益
	24	322	收益分配
成本类	25	401	生产（劳务）成本
损益类	26	501	经营收入
	27	502	经营支出
	28	511	发包及上交收入
	29	521	农业税附加返还收入
	30	522	补助收入
	31	531	其他收入
	32	541	管理费用
	33	551	其他支出
	34	561	投资收益

【知识链接】

农村集体经济组织有无形资产的，可增设“无形资产”科目（科目编号161）；有向所属单位拨付资金业务的，可增设“拨付所属单位资金”科目（科目编号171）。已免征农业税和牧业税的地区，不使用“农业税附加返还收入”科目（科目编号521）。

（三）农村集体经济组织日常经济业务举例

1. 货币资金业务

农村集体经济组织货币资金按存放地点及其用途主要分为“现金”“银行存款”。

现金指农村集体经济组织的库存现金。农村集体经济组织应当严格按照国家有关现金管理的规定收支现金，超过库存现金限额的部分应当及时缴存银行。农村集体经济组织库存现金的收入、支出和结存情况通过“现金”账户进行核算。该账户属资产类账户，借方登记现金增加，贷方登记现金减少，期末借方余额，表示库存现金实际持有数额。

银行存款指农村集体经济组织存入银行、信用社或其他金融机构的货币资金。农村集体经济组织在经营过程中所发生的一切货币收支业务，除在规定的范围内可以使用现金以外，都必须通过银行存款账户进行转账结算。“银行存款”属资产类账户，借方登记银行存款增加，贷方登记银行存款减少，期末借方余额，表示农村集体经济组织银行存款实际持有数额。

【例 2－1】四平村从镇农村信用社账户中提取现金 800 元备用。

借：现金　　800

　　贷：银行存款　　800

【例 2－2】四平村以现金支付办公用品费 400 元。

借：管理费用——办公费　　400

　　贷：现金　　400

2. 往来款项业务

（1）应收款项的核算。农村集体经济组织应收款项分为两类：一是农村集体经济组织与外单位和外部个人发生的各种应收及暂付款项，即外部应收款项，通过“应收款”账户进行核算；二是农村集体经济组织与所属单位和农户的经济往来业务，即内部应收款项，通过“内部往来”账户进行核算。

“应收款”账户属资产类账户。借方登记农村集体经济组织因销售商品、提供劳务等而发生应收及暂付款项，贷方登记已收回或经批准核销的应收款。该账户按应收款的不同单位和个人设置明细账，进行明细核算。期末余额在借方，反映农村集体经济组织应收而未收回和暂付的款项。

【例 2－3】四平村向龙兴镇五星食品加工厂出售杨梅 1 500 千克，每千克 3 元，总价 4 500 元，出售价款尚未收到。

借：应收款——龙兴镇五星食品加工厂　　4 500

　　贷：经营收入　　4 500

“内部往来”账户属资产类账户，借方登记农村集体经济组织与所属单位和农户发生的应收款项和实际偿还的应付款项；贷方登记实际收回应收款项和发生应付款项。该账户具有双重性质，期末借方余额合计数反映农村集体经济组织所属单位和农户欠农村集体经济组织的款项总额；期末贷方余额合计数反映农村集体经济组织欠所属单位和农户的款项总额。本账户按农村集体经济组织所属单位和农户设置明细账，进行明细核算。各明细科目年末借方余额合计数应在资产负债表的“应收款项”项目内反映，年末贷方余额合计数应在资产负债表的“应付款项”项目内反映。

【例 2－4】 报账员王亚出差，预借差旅费 2 000 元，现金支付。

借：内部往来——王亚　　2 000

　　贷：现金　　2 000

（2）应付款的核算。应付款是指农村集体经济组织与外单位和外部个人发生的偿还期在一年以下（含一年）的各种应付及暂收款项。

“应付款”账户属于负债类账户，贷方登记农村集体经济组织发生的应付及暂收款项；借方登记偿付的应付及暂收款项，或转出确实无法支付的应付款项。本账户按应付款的不同单位和个人设置明细账，进行明细核算。期末贷方余额，反映农村集体经济组织应付而未付及暂收的款项。

【例 2－5】 四平村将因债权人甲单位注销而无法偿付的欠款 2 100 元转作收入处理。

借：应付款——甲单位　　2 100

　　贷：其他收入　　2 100

3. 存货业务

农村集体经济组织的存货是指在生产经营过程中持有的以备出售，或仍处于生产过程中，或在生产提供劳务过程中将消耗的各种材料或物资等，主要包括种子、化肥、农药、原材料、机械零配件、低值易耗品、在产品、农产品和工业产品等。

农村集体经济组织存货的取得、发出及结存均通过“库存物资”账户核算，该账户属于资产类账户。借方登记农村集体经济组织外购、自制、委托加工完成、债务重组、接受捐赠等原因而增加的物资实际成本；贷方登记发出、领用、对外销售、盘亏、毁损等原因而减少的物资的实际成本。本账户按库存物资的品名设置明细账，进行明细核算。期末借方余额，反映农村集体经济组织库存物资的实际成本。

【例 2－6】 接【例 2－3】，该批杨梅实际成本为 2 000 元，结转销售成本。

借：经营支出　　2 000

　　贷：库存物资——杨梅　　2 000

【例 2－7】 四平村购买村办绿色食品加工厂加工用调味料 400 千克，每千克 7 元，同时购买密封包装瓶 1 000 个，每个 1.50 元，全部款项以银行存款支付，调味料和密封包装瓶均已验收入库。

借：库存物资——调味料　　2 800

　　　　　　——包装物　　1 500

　　贷：银行存款　　4 300

4. 筹集资金业务

农村集体经济组织资金的筹集主要来源方式有：从银行、其他金融机构及企业、个人处借入的资金；投资者投入的资本；一事一议资金（详见单元三）；公积公益金；财政拨款形成的补助收入。

（1）短期借款的核算。短期借款是指农村集体经济组织从银行、信用社和有关单位、个人借入的期限在一年以下（含一年）的各种借款。

“短期借款”账户属负债类账户，贷方登记农村集体经济组织借入的各种短期借款；借方登记归还借款数额。本账户按借款单位或个人名称设置明细账，进行明细核算。期末贷方余额，反映农村集体经济组织尚未归还的短期借款的本金。

【例2－8】四平村2021年3月1日向镇农村信用社借入为期6个月的借款100 000元，月利率9.8‰，到期一次还本付息。

借：银行存款　100 000

　　贷：短期借款——镇农村信用社　100 000

【例2－9】接【例2－8】上述借款3月末计提利息时（4～8月末相同）。

借：其他支出　980

　　贷：应付款——应计利息　980

【例2－10】接【例2－8】【例2－9】，8月31日偿还短期借款本金及利息。

借：短期借款——镇农村信用社　100 000

　　应付款——应计利息　5 880（980×6）

　　贷：银行存款　105 880

（2）长期借款及应付款的核算。长期借款及应付款是指农村集体经济组织从银行、信用社和有关单位、个人借入的期限在一年以上（不含一年）的借款及偿还期在一年以上（不含一年）的应付款项。

“长期借款及应付款”账户属负债类账户，贷方登记农村集体经济组织发生的长期借款及应付款项；借方登记归还和偿付的长期借款及应付款项。长期借款的利息有两种处理方式：分期计息到期还本付息、分期付息到期还本。发生长期借款的利息支出，应按实际计付息情况，借记“其他支出”账户，贷记“现金”“银行存款”等账户，或采用预提的方式，通过“应付款——应计利息”账户，按月预提记入“其他支出”账户。发生确实无法偿还的长期借款及应付款时，借记本账户，贷记“其他收入”账户。本账户按借款及应付款单位和个人设置明细账，进行明细核算。期末贷方余额，反映农村集体经济组织尚未偿还的长期借款及各种应付款项。

【例2－11】四平村5月1日向镇农村信用社借入为期2年的借款20万元，年利率为6%，按季计息，到期一次还本付息。

借：银行存款　200 000

　　贷：长期借款及应付款——镇农村信用社　200 000

（3）投入资本的核算。投入资本是指农村集体经济组织的“投资者”，包括农村集体经济组织本身、外单位及个人、村办企业及农户等，向农村集体经济组织实际投入的资本。对这部分财产的核算用“资本”账户。

“资本”账户属所有者权益类账户，贷方记入资本增加，借方登记资本减少，期末余额在贷方，表示资本的实有数额。原生产队积累折股股金及农业合作化时期社员入社的股份基金，也在本账户中核算。本账户按投资单位和个人设置明细账，进行明细核算。期末贷方余额，反映农村集体经济组织实有的资本数额。

【例2－12】四平村收到华泰农机公司投入的秸秆打包机一台，计价30 000元。

借：固定资产——秸秆打包机　30 000

　　贷：资本——外单位资本——华泰农机公司　30 000

（4）补助收入的核算。补助收入是指农村集体经济组织收到的财政等有关部门的补助资金。

“补助收入”账户属损益类账户，农村集体经济组织收到的补助资金在该账户贷方登记，年终，应将账户余额转入“本年收益”账户的贷方，结转后无余额。本账户按补助项目设置明细账，进行明细核算。

【例 2－13】 四平村收到上级财政部门转来的防火护林补助资金 20 000 元。

借：银行存款　　20 000

　　贷：补助收入——防火护林补助　　20 000

（5）公积公益金的核算。公积公益金是指农村集体经济组织从收益中提取的和其他来源取得的用于扩大再生产、承担经营风险和集体文化、福利、卫生等公益事业设施建设的专用基金。

“公积公益金”账户属所有者权益类账户，贷方登记从收益中提取的公积公益金、收到的应计入公积公益金的征用土地补偿费及拍卖荒山、荒地、荒水、荒滩等使用权价款、其他来源取得的公积公益金或收到捐赠的资产等；借方登记按国家有关规定，并按规定程序批准后，转增资本、弥补福利费不足或弥补亏损的数额。期末贷方余额，反映农村集体经济组织的公积公益金数额。

【例 2－14】 年末，四平村按规定从收益中提取公积公益金 50 000 元。

借：收益分配　　50 000

　　贷：公积公益金　　50 000

【例 2－15】 四平村要对跨河桥进行修缮，收到企业家对家乡的捐款 60 000 元，存入银行。

借：银行存款　　60 000

　　贷：公积公益金　　60 000

5. 收入业务

农村集体经济组织的收入主要包括经营收入、发包及上交收入、补助收入及其他收入（其中补助收入在筹集资金业务中有涉及，此处不再举例）。

（1）经营收入的核算。经营收入是指农村集体经济组织当年进行生产、服务等经营活动取得的各项收入。包括物资销售收入、出租及劳务收入等。

“经营收入”账户属损益类账户，按经营项目设置明细账，进行明细核算。账户贷方登记收入增加，借方登记年终结转入“本年收益”账户金额，结转后，该账户无余额。

【例 2－16】 四平村办绿色食品加工厂出售生产完工入库的代餐豆罐头 500 箱，每箱 206 元，款已收存银行。村办绿色食品加工厂属小规模纳税人。

借：银行存款　　103 000

　　贷：经营收入　　100 000

　　　　应交税费——应交增值税　　3 000 [500×206/(1+3%)×3%]

（2）发包及上交收入的核算。发包及上交收入是指农户和其他单位承包集体耕地、林地、果园、鱼塘等上交的承包金及村（组）办企业上缴的利润等。

“发包及上交收入”账户属损益类账户，设置“承包金”和“企业上缴利润”两个二级明细账，进行明细核算。账户贷方登记收到的上交承包金和利润、年终结算本年应收未收的承包金和利润等；借方登记年终结转“本年收益”账户金额，结转后该账户无余额。

【例 2-17】 四平村收到村办绿色食品加工厂上缴的利润 24 000 元。

借：银行存款　　24 000

　　贷：发包及上交收入——企业上缴利润　　24 000

（3）其他收入的核算。其他收入是指农村集体经济组织除“经营收入”“发包及上交收入”“补助收入”以外的收入，如罚款收入、存款利息收入、固定资产及库存物资的盘盈收入等。

“其他收入”账户属损益类账户，贷方登记当年收到的其他收入金额，借方登记年终转入“本年收益”账户的金额，结转后无余额。

【例 2-18】 四平村接到镇农村合作社银行利息收账通知，收到银行存款利息 2 122 元。

借：银行存款　　2 122

　　贷：其他收入　　2 122

【例 2-19】 四平村清点资产发现库存杨梅盘盈计价 500 元，经批准做收入处理。

借：库存物资——杨梅　　500

　　贷：其他收入　　500

6. 成本业务

农村集体经济组织的成本即生产（劳务）成本，是指为组织生产、对外提供劳务等活动所发生的各项耗费，如材料耗费、薪酬支出、生产费用和劳务成本。

“生产（劳务）成本”账户属成本类账户，借方登记按成本核算对象归集的，农村集体经济组织发生的各项生产费用和劳务成本；贷方登记会计期间终了，已生产完成并验收入库的工业产成品和农产品成本。本账户按生产费用和劳务成本的种类设置明细账，进行明细核算。期末借方余额，反映农村集体经济组织尚未完成的产品及尚未结转的劳务成本。

【例 2-20】 3 月 12 日，四平村办绿色食品加工厂投入黑豆 700 千克，每千克成本 6.80 元，用于生产代餐豆罐头。

借：生产（劳务）成本　　4 760

　　贷：库存物资——黑豆　　4 760

【例 2-21】 3 月 30 日，四平村农村集体经济组织经批准提取村办绿色食品加工厂固定员工工资 27 000 元。

借：生产（劳务）成本　　27 000

　　贷：应付工资　　27 000

【例 2-22】 3 月 30 日，四平村提取生产用固定资产折旧 1 300 元。

借：生产（劳务）成本　　1 300

　　贷：累计折旧　　1 300

【例 2-23】 3 月 30 日，四平村办绿色食品加工厂代餐豆罐头完工 100 箱，每箱 160 元，共计 16 000 元，验收入库。

借：库存物资——代餐豆罐头　　16 000

　　贷：生产（劳务）成本　　16 000

7. 费用业务

费用是指农村集体经济组织在一定会计期间内，生产经营和管理活动中发生的不能归集到具体产品（劳务）对象中的各种耗费，包括经营支出、管理费用和其他支出。

（1）经营支出的核算。经营支出是指农村集体经济组织因销售商品、农产品、对外提供劳务等活动而发生的实际支出。

“经营支出”属损益类账户，按经营项目设置明细账，进行明细核算。借方登记农村集体经济组织经营支出当年发生金额，贷方登记年终转入“本年收益”账户的金额，结转后无余额。

【例2－24】接【例2－16】结转已销500箱代餐豆罐头成本，每箱160元，共计80 000元。

借：经营支出　　80 000

　　贷：库存物资——代餐豆罐头　　80 000

（2）管理费用的核算。管理费用是指农村集体经济组织管理活动发生的各项支出，包括农村集体经济组织管理人员的工资、办公费、差旅费、管理用固定资产的折旧和维修费用等。

“管理费用”属损益类账户，按费用项目设置明细账户，进行明细核算。借方登记管理费用当年发生额，贷方登记年终转入“本年收益”账户金额，结转后无余额。

【例2－25】接【例2－4】，王亚出差归来，报销差旅费1 800元，余款200元现金返还。

借：管理费用——差旅费　　1 800

　　现金　　200

　　贷：内部往来——王亚　　2 000

【例2－26】四平村计提管理用固定资产折旧2 000元。

借：管理费用——折旧费　　2 000

　　贷：累计折旧　　2 000

（3）其他支出的核算。其他支出是指农村集体经济组织与经营管理活动无直接关系的支出，如罚没支出、利息支出、农业资产的死亡毁损支出、公益性固定资产折旧费、固定资产及库存物资的盘亏损失、处理固定资产的净损失、防汛抢险支出、确实无法收回的应收款项损失。

“其他支出”属损益类账户，借方登记其他支出当年发生额，贷方登记年终转入“本年收益”账户金额，结转后无余额。

【例2－27】四平村以现金支付农村集体经济组织运输车辆交通违章罚款500元。

借：其他支出　　500

　　贷：现金　　500

8. 收益业务

收益是指农村集体经济组织在当年通过从事生产经营服务和管理活动所取得的净收入，是农村集体经济组织当年实现的财务总成果。

（1）本年收益的核算。本年收益是指农村集体经济组织本年度实现的收益。

“本年收益”账户属所有者权益类账户，贷方登记“经营收入”“发包及上交收入”“补助收入”“其他收入”账户的余额，以及“投资收益”账户的净收益转入经营收益的部分，借方登记转入的“经营支出”“其他支出”“管理费用”账户的余额，以及转入的“投资收益”账户的净损失。年度终了，将本年收入和支出相抵后结出的本年实现的收益，转入“收益分配”账户，借记本账户，贷记“收益分配——未分配收益”账户；如为净亏损，做相反会计分录，结转后本账户无余额。

【例 2－28】 月末，四平村对损益类账户进行结转，相关账户余额如表 2－2 所示。

表 2－2

项目	金额（元）	项目	金额（元）
经营收入	130 000	经营支出	90 000
发包及上交收入	25 000	其他支出	8 000
补助收入	20 000	管理费用	4 000
其他收入	10 000		

借：经营收入　130 000
　　发包及上交收入　25 000
　　补助收入　20 000
　　其他收入　10 000
　　贷：本年收益　185 000
借：本年收益　102 000
　　贷：经营支出　90 000
　　　　其他支出　8 000
　　　　管理费用　4 000

（2）收益分配的核算。收益分配是指农村集体经济组织当年收益的分配（或亏损的弥补）和历年分配后的结存余额。

“收益分配”账户属所有者权益类账户，该账户设置“各项分配”和“未分配收益”两个二级账户。农村集体经济组织用公积公益金弥补亏损时，借记“公积公益金”账户，贷记“收益分配——未分配收益”账户；按规定提取公积公益金、提取应付福利费、外来投资分利、进行农户分配等时，借记“收益分配——各项分配”账户，贷记“公积公益金”“应付福利费”“应付款”“内部往来”等账户。

年终，将全年实现的收益总额，自“本年收益”账户转入本账户，借记“本年收益”账户，贷记“收益分配——未分配收益”账户，如为净亏损，做相反会计分录。同时，将本账户下的“各项分配”明细账余额转入本账户下“未分配收益”明细账户，借记“收益分配——未分配收益”账户，贷记“收益分配——各项分配”账户。年终本账户下的“各项分配”明细账户无余额，“未分配收益”明细账户贷方余额表示未分配收益，借方余额表示未弥补亏损。

年终结账后，如发现以前年度收益计算不准确，或有未反映的会计业务，需要调整增加或减少本年收益的，须通过“收益分配——未分配收益”账户核算。调整增加本年收益时，借记有关账户，贷记“收益分配——未分配收益”账户；调整减少本年收益时，借记“收益分配——未分配收益”账户，贷记有关账户。

（四）相关法律法规

《中华人民共和国村民委员会组织法》（2018 年修订）
《中华人民共和国发票管理办法》（国务院令第 709 号）（2019 年修订）
《财政票据管理办法》（财政部令第 70 号）（2012 年）
《会计基础工作规范》（中华人民共和国财政部令第 98 号）（2019 年修订）
《农村集体经济组织财务制度》（财农［2021］121 号）
《村集体经济组织会计制度》（财会［2004］12 号）

二、业务要领

（一）初始建账及系统初始化

在农村集体经济组织新建成立时，或在每个会计年度开始时，三资共享中心要根据《村集体经济组织会计制度》的规定，为农村集体经济组织建立核算账套，并对账套进行个性化的基础设置，主要指会计科目设置、辅助核算设置、期初余额录入、核算币种设置、计量单位及常用摘要设置等系统初始化操作设置。期初建账完毕方可进行农村集体经济组织日常会计核算业务处理，包括原始凭证的收集与整理、相关经济业务记账凭证的填制与审核等工作。

（二）农村集体经济组织核算组织程序

农村集体经济组织应用借贷记账法，采用记账凭证核算组织程序进行账务处理。
记账凭证核算组织程序如图 2－21 所示。

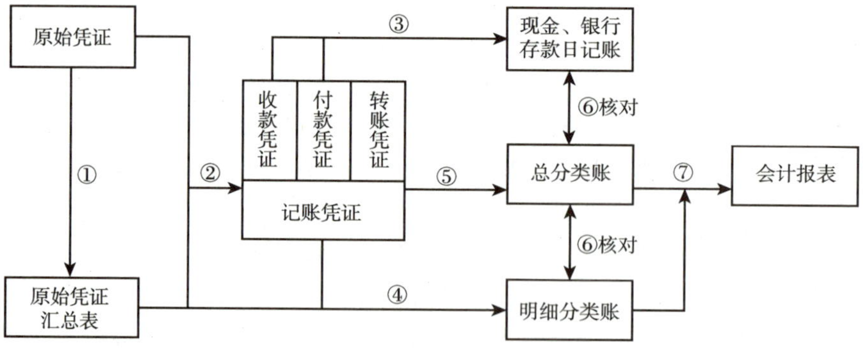

图 2－21 记账凭证核算组织程序图

（三）农村集体经济组织日常业务相关原始单据（空白）范例（见图 2－22 至图 2－32）

收　　据　　№033895

年　　月　　日

今收到＿＿＿＿＿＿＿＿＿＿＿＿＿＿＿＿＿＿＿＿＿＿＿＿

＿＿＿＿＿＿＿＿＿＿＿＿＿＿＿＿＿＿＿＿＿＿＿＿＿＿＿＿

＿＿＿＿＿＿＿＿＿＿＿＿＿＿＿＿＿＿＿＿＿＿＿＿＿＿＿＿

金额　　拾　万　仟　佰　拾　元　角　分（¥　　　　）

第二联 收据联

会计　　　　出纳　　　　记账

图 2－22　收据票样

银行收款通知单

单位名称：（公章）　　报账日期：　年　　月　　日　　编号：

收款日期	对方单位	资金来源	金额（元）
合计金额	人民币：　万　仟　佰　拾　元　角　分　¥：		
备 注			

资金来源：1.经营收入类　2.补助收入类　3.专款收入类　4.发包及上交收入类
5.借入债务类　6.一事一议资金类　7.其他收入类　8.代收款项类　9.其他类

第二联 登记备查账

村报账员：　代理服务机构会计：　代理服务机构复核人：　代理服务机构出纳：

图 2－23　银行收款通知单票样

费 用 报 销 单

报销部门：　　年　　月　　日 填　　单据共＿张

用途	金额（元）	备注	
		领导审批	理财小组： 村主任： 村支书：
合计			
合计人民币	（大写）　拾　万　仟　佰　拾　元　角　分	原借款： 应退余额：	

会计主管：　复核：　出纳：　报销人：　领款人：

图 2－24　费用报销单票样

XXX 市村集体经济组织

内 部 转 账 凭 据

20　年　月　日

转入账户（个人）________________

转出账户（个人）________________

人民币（大写）________________ ¥ ________

事　由________________________

会计：　　记账：　　稽核：　　审计：

第三联 乡（镇）经管中心代理记账

图 2－25　内部转账凭据票样

拨 款 书

预算所属　月份　　　第四联：收账通知　　　签发日期：　年　月　日

收款单位	全称		财政机关	全称	
	账号			账号	
	开户银行			开户银行	

科目				金额										备注
款	项	目	名称	千	百	十	万	千	百	十	元	角	分	
金额		人民币（大写）								¥				
财政机关签章		财政机关负责人 复核　经办人			金库盖章		主任：			复核：		经办人：		

此联由金库盖章后交收款机关据以记账

图 2－26　财政拨款书票样

XXX 市农村集体经济组织

承 包 费 收 据　　　№0008051

20　年　月　日

交款人（单位）：　　　收款方式________

人民币（大写）________________ ¥ ________

承包项目及事由________________________

农村集体经济组织财务印鉴	财务负责人	村会计	经办人	收款人

第三联 单位记账

图 2－27　农村集体经济组织承包费收据票样

入库单

送货人：　　　　　　　　年　　月　　日　　　　　　　第　　号

品名	规格	单位	数量	单价	金额（元）	说明
合计金额（元）	大写：				¥	

第三联记账

会计：　　　　　　　　保管：　　　　　　　　送（交）货人：

图 2－28　入库单票样

出库单

领货人：　　　　　　　　年　　月　　日　　　　　　　第　　号

品名	规格	单位	数量	单价	金额（元）	说明
合计金额（元）	大写：				¥	

第三联记账

会计：　　　　　　　　保管：　　　　　　　　领货人：

图 2－29　出库单票样

借据

年　　月　　日

借款单位		借款人	
借款金额	人民币（大写）		¥
借款事由		领导审批	签章： 年　月　日

第二联债权凭证

图 2－30　借据票样

差旅费报销单

部门 ________　　　　　　年　月　日

出差人姓名								出差事由							
出发				到达				交通工具	交通费		出差补贴		其他费用		
月	日	时	地点	月	日	时	地点		单据张数	金额	天数	金额	项目	单据张数	金额
													住宿费		
													市内车费		
													邮电费		
													办公用品费		
													不买卧铺补贴		
													其他		
合计															
报销总额	人民币（大写）								预借金额				补领金额		
													退还金额		

主管　　　　审核　　　　出纳　　　　领款人

图 2－31　差旅费报销单票样

销售发票

国家税务总局 ××税务局

年　月　日

购货单位：　　　　　　　　　　　　发票号码 456123425

品名	规格	数量	单价	金额							
				十	万	千	百	十	元	角	分
合计人民币（大写）											

②发票联

销售单位：　　　　　　　　　　　　开票人：

图 2－32　销售发票票样

任务实施：

农村集体经济组织日常业务制单与审核操作主要在会计核算模块进行。会计核算模块是农村三资管理工作的核心工具模块，其主要子功能包含基础设置、智能票据管理、凭证管理、账簿管理、报表管理、月末结账等。单击农村三资管理平台应用中心的【会计核算】按钮进入会计核算首页，如图 2－33 所示。

进入会计核算模块时如果初始登录系统没有账套，则需要新建账套，如图 2－34 所示。

在新建账套页面中录入账套名称、会计准则、行业属性、纳税人类型、启用时间、社会统一信用代码等所属账套相关信息，单击【创建】按钮，则新建账套成功，如图 2－35 所示。

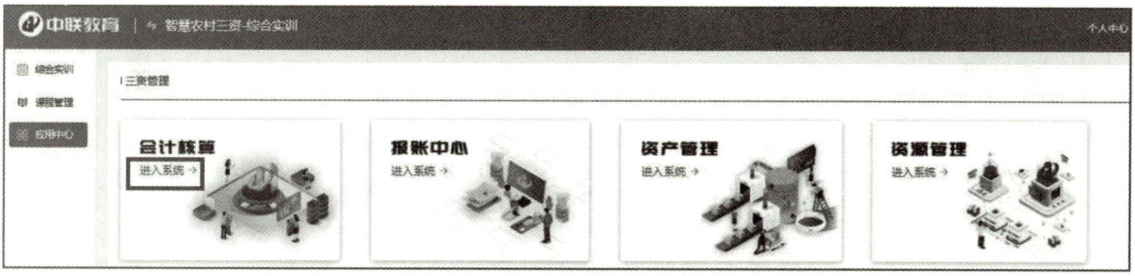

图 2－33　进入会计核算模块

图 2－34　新建账套

图 2－35　录入账套信息

选择已有账套，进行会计处理，如图 2－36、图 2－37 所示。

图 2－36　账套列表页面

图 2－37　会计核算模块主页面

会计核算模块主要由第三方会计服务机构即三资共享中心操作完成相关工作，农村集体经济组织管理人员可根据需要开通相应权限，对农村集体经济组织的会计账簿、会计报表进行查看。

在会计核算模块中单击【凭证】—【新增凭证】按钮，如图 2－38 所示。

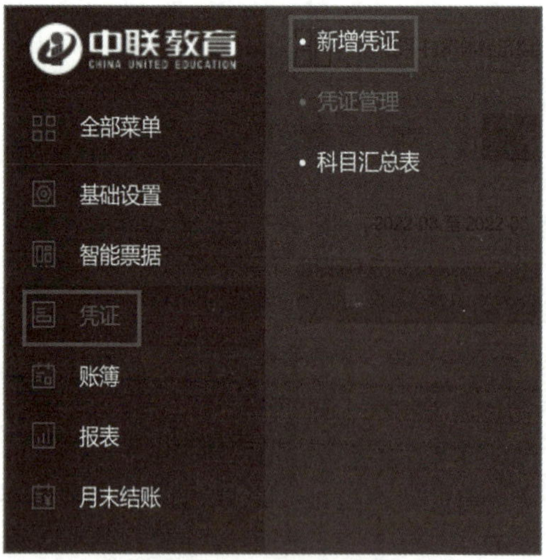

图 2－38　选择新增凭证

系统弹出新增凭证页面，如图 2－39 所示。

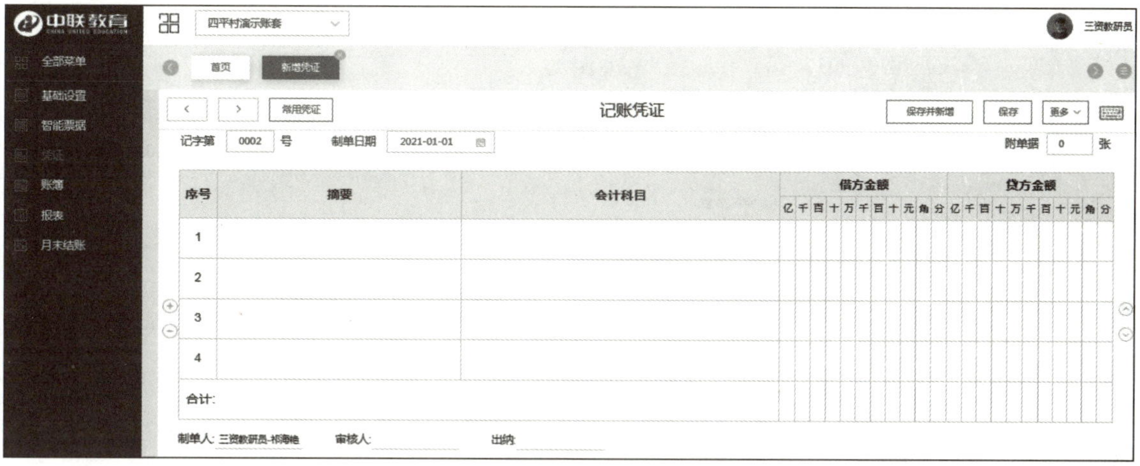

图 2－39 新增凭证页面

在该页面根据经济业务信息手工录入摘要，在选择会计科目时，会计科目行显示科目，点击“科目”字段后进入“科目”页面，可以搜索添加，也可以手工选择会计科目，或直接进行人工录入，如图 2－40 所示。

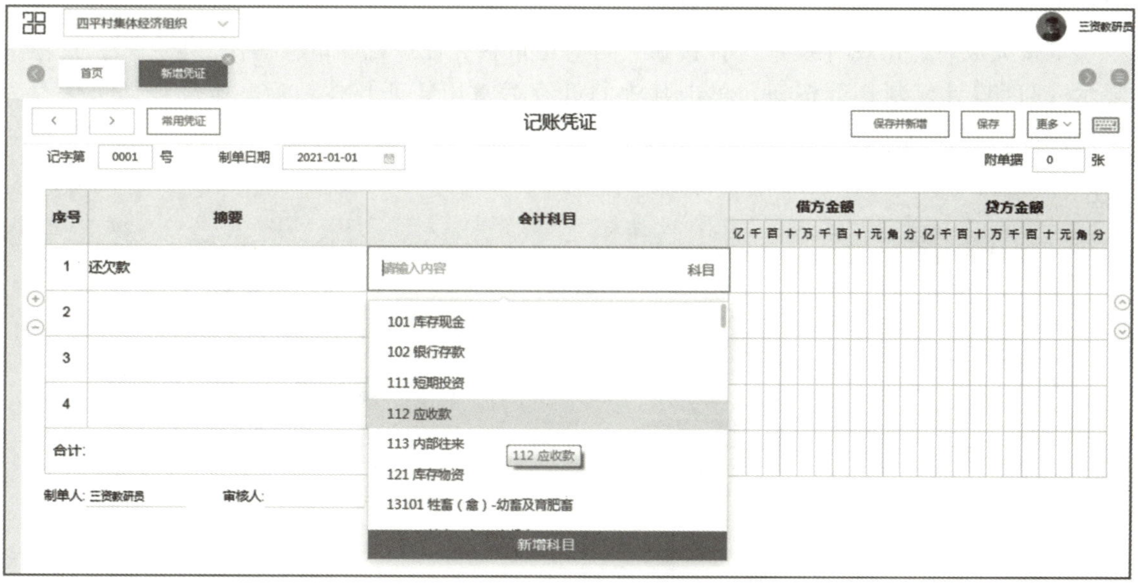

图 2－40 进行会计科目录入

会计科目辅助/数量核算选择：选择有辅助/数量核算的会计科目时，显示辅助/数量核算项，辅助/数量核算录入后，单击【确定】按钮即可，如图 2－41 所示。

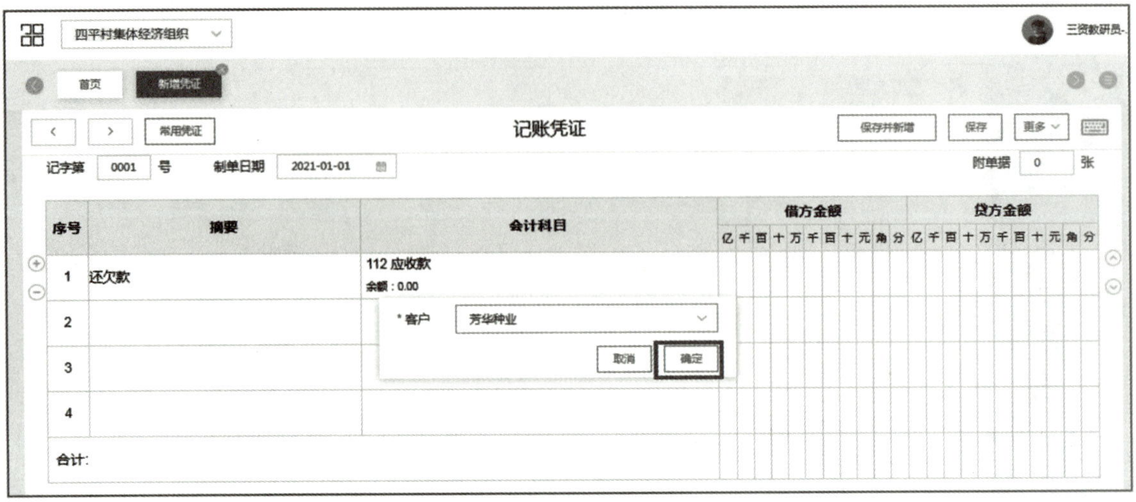

图 2－41 辅助核算录入

凭证所有信息填写完成后，单击【保存】按钮，出现【新增】和【审核】按钮，如图 2－42、图 2－43 所示。若单击【保存并新增】按钮则进入新增空白凭证页面，可继续进行新增操作。

单击【审核】按钮后，凭证审核完成，所有信息均不能再修改，也可以在【凭证管理】页面批量审核凭证，如图 2－44 所示。

审核完成后，出现【反审核】按钮，可对已审核凭证进行反审核操作。【更多】选项中显示【打印】【复制】等按钮，单击其中的【存为常用凭证】按钮后，本凭证即可保存为常用凭证，以备后期使用时随时调用。

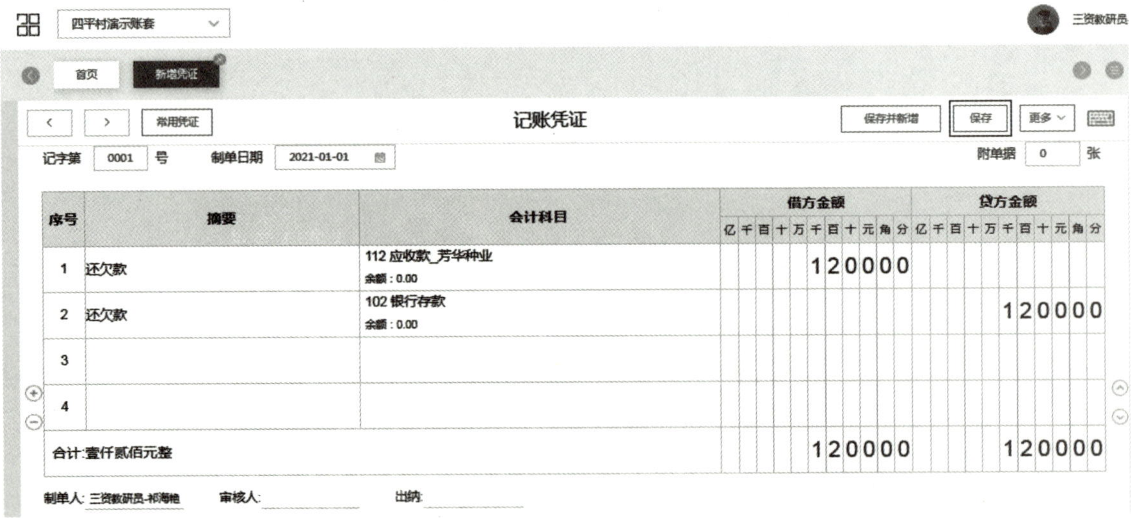

图 2－42 录入完成的记账凭证

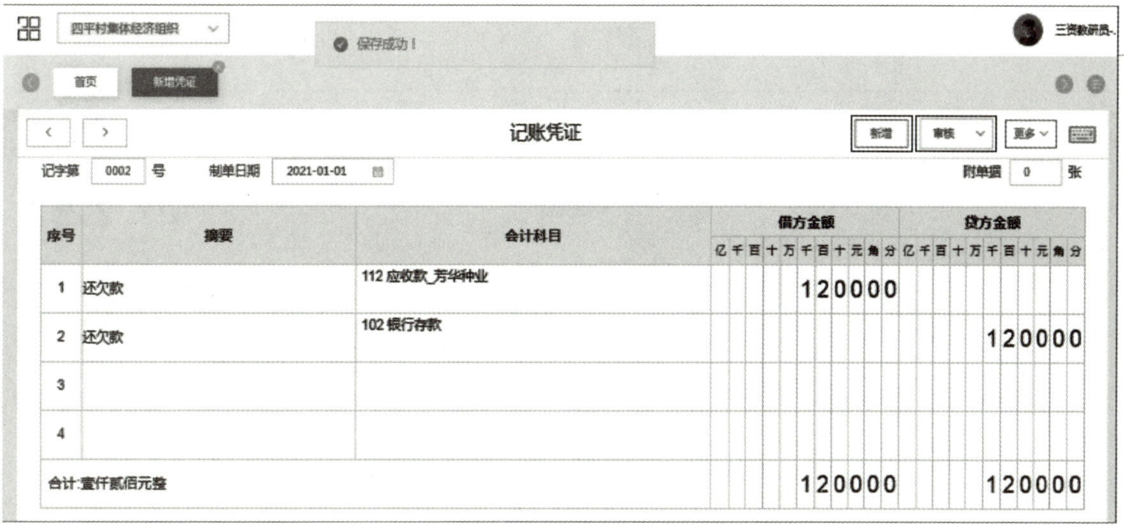

图 2－43　保存后的凭证页面

图 2－44　凭证审核完成

【更多】选项中还可以选择插入凭证，即在所选凭证以前插入凭证。单击【更多】—【更多凭证】按钮后即可进入凭证管理页面，如图 2－45 所示。

也可以在会计核算主页面，单击【凭证】—【凭证管理】按钮，进入凭证管理页面，在凭证管理页面可通过【断号整理】功能对相应会计期间的凭证号进行“断号整理”“序时整理”，如图 2－46 所示。

在凭证管理页面单击【更多】按钮还可对凭证进行导入、导出、批量反审核、批量删除、插入凭证、移动凭证、按月复制、红字冲销等操作。

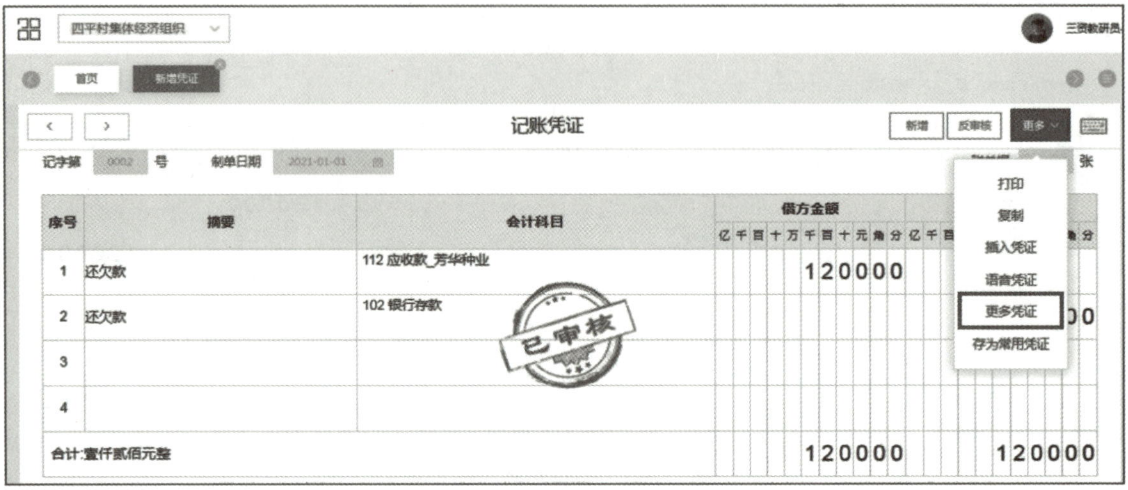

图 2-45　选择更多凭证进入凭证管理

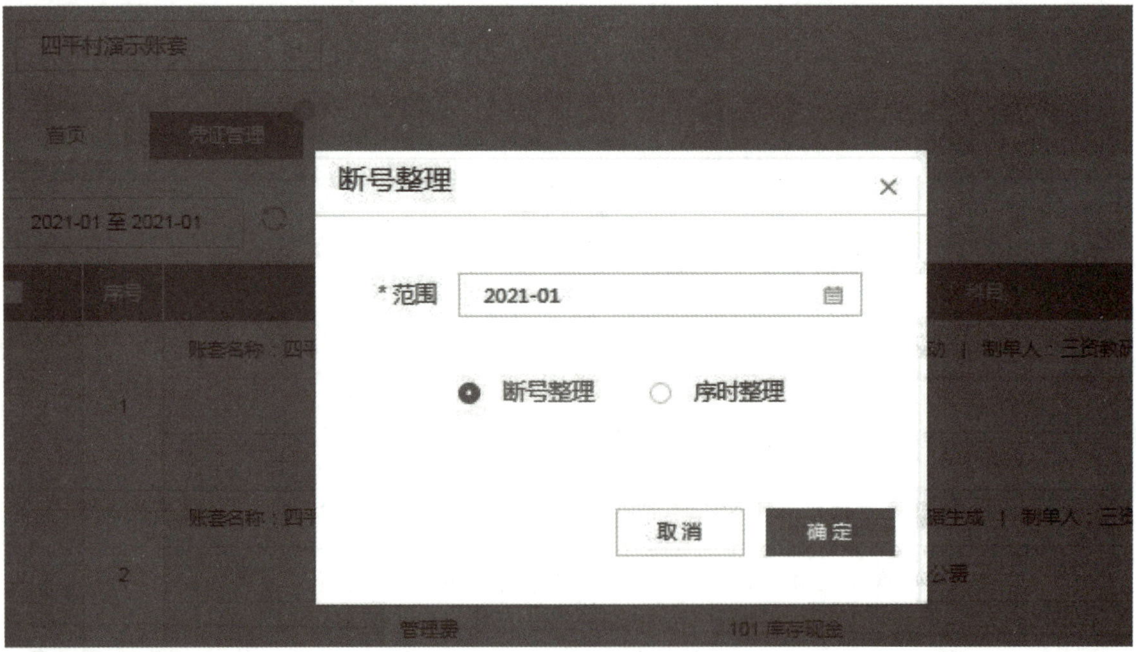

图 2-46　凭证断号整理页面

任务评价：

"日常业务制单与审核"任务评价表

工作任务清单	完成情况	评价等级
原始凭证分类汇总		
对纸质票据进行影像采集，自动识别票据并进行查验		
利用三资平台自动生成记账凭证并进行人工校验，或人工编制记账凭证		
对记账凭证进行正确性审核		

备注：能完成打"√"，对应等级为合格；不能完成打"×"，对应等级为不合格。

任务拓展：

对四平村 2021 年 1 月科目汇总表及当月经济业务相关总账与明细账进行查询。

某村（社区）财务开支项目流程图

任务三 期末会计事项处理

任务目标：

（1）熟悉期末会计事项处理工作内容。

（2）能正确进行月末结转业务处理及结账的操作。

任务情境：

一、任务场景

月末，三资共享中心对四平村账务工作进行期末账务处理。

二、任务布置

三资共享中心管家岗按照业务要求对四平村账务工作进行月末结转与结账的处理。

任务准备：

一、知识准备

（一）期末会计事项包括的内容

手工处理方式下，一个会计期间（月、年）结束，为了保证账簿记录的准确完整，正确反映农村集体经济组织在一定时期的生产经营活动及财务成果情况，为正确编制会计报表奠定基础，须进行期末转账、对账和结账。

应用会计信息系统后，会计处理流程发生改变，期末事项业务主要包括：月末结转业务、月末结账、凭证装订与保管等业务。

【知识链接】

对账就是定期核对账目，以保证会计资料的可靠性和准确性。通过对账工作，可检查账簿记录内容是否完整，有无错记或漏记，总分类账与明细分类账数字是否相等，做到账证相符、账账相符、账实相符。对账发现错误，应采用相应的错账更正方法予以更正，如划线更正法、红字冲销法、补充登记法等。对账在人工处理工作中尤为重要，在会计电算化环境中，对账工作由系统自动进行。

（二）相关法律法规

《会计基础工作规范》（中华人民共和国财政部令第 98 号）（2019 年修订）

《农村集体经济组织财务制度》（财农［2021］121 号）

《村集体经济组织会计制度》（财会［2004］12 号）

二、业务要领

月末结转业务包括：计提折旧摊销、分配职工薪酬、分配水电费、结转销售成本、计提借款利息、计提各项税费、期间损益结转、结转本年收益、收益分配等业务。

在进行期间损益结转前，要检查当月业务是否全部入账，无形资产摊销、固定资产折旧、经营支出是否结转等，确保损益类相关业务都完成并入账后，方可开始期间损益结转。

月末结转业务可以通过预置结转方案、自定义结转方案、新增凭证并保存为常用模板供以后调用三种方式进行处理，如图 2－47 所示。

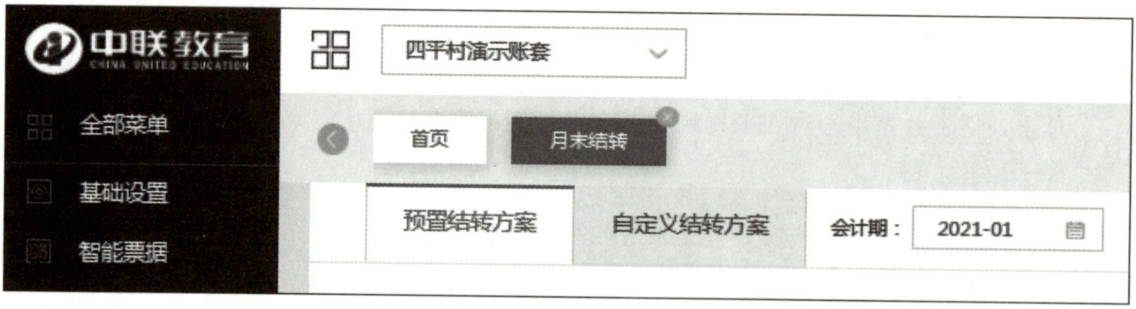

图 2－47 月末结转方式选择

任务实施：

三资平台【月末结账】功能中包括【月末结转】【月末结账】两项，如图 2－48 所示。

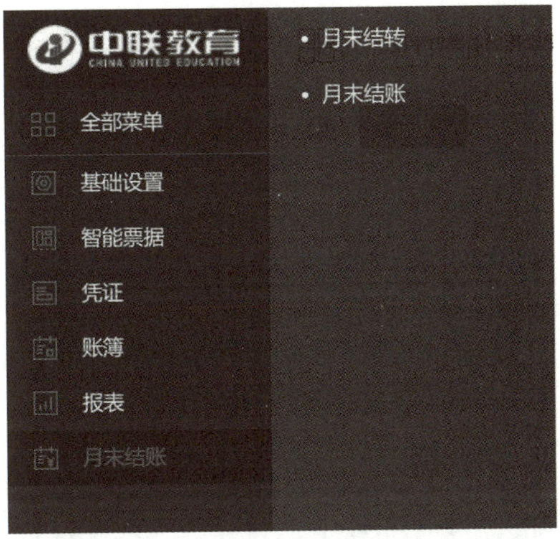

图 2-48　会计核算模块月末结账菜单选项

一、月末结转操作

在会计核算模块中单击【月末结账】—【月末结转】。

可以采用系统预置的结转方案进行期末结转业务处理，也可以通过自定义结转方案设置记账凭证模板，生成记账凭证的方式进行操作。如无形资产摊销、计提固定资产折旧、结转本年收益、收益分配、计提借款利息等业务均可采用自定义结转方案。

自定义结转方案设置记账凭证模板的操作方法如下：

（一）设置结转方案

选择【月末结账】—【月末结转】，进入月末结转，单击【自定义结转方案】按钮，进入自定义结转方案页面。单击新增结转方案中的“+”号，可进行新增结转方案的操作，如图 2-49 所示。

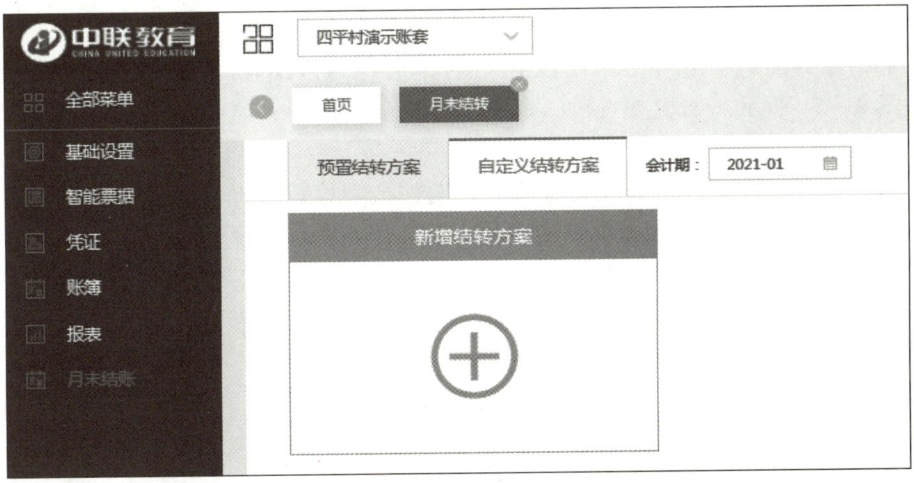

图 2-49　选择新增结转方案

（二）确定会计分录

在弹出的结转方案窗口，设置月末结转业务的凭证模板。

填写结转方案的名称、摘要、凭证科目的名称、方向、金额的计算公式，金额的计算公式需要填写取数来源科目、取值类型、期间、百分比，设置好后进行保存。如结转本年收益，如图 2－50 所示。

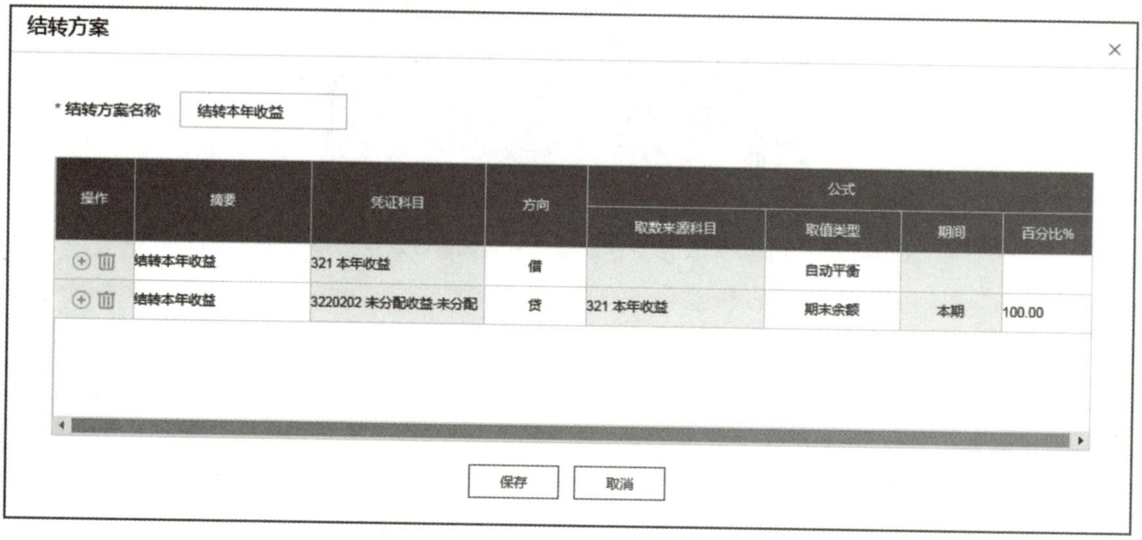

图 2－50 结转方案设置页面

对于不能采用预置结转方案、自定义结转方案的月末结转业务，只能通过新增凭证的方式进行，并保存为常用模板供以后调用。

二、月末结账操作

在会计核算模块中单击【月末结账】—【月末结账】。

月末结账是自动完成的。月末结账之前要先进行对账，对账是通过月末结账检查进行的：在月末结账页面，单击【月末结账】按钮，进行月末结账检查，检查通过后即可自动结账，如图 2－51 所示。如检查失败，则需要根据显示的检查结果和存在的问题，进行相应的修改和调整，然后再进行检查。

月末结账检查项主要包括资产关账检查、期初余额检查、暂存凭证检查、本月的凭证数及审核情况检查、凭证断号及序时检查、损益结转检查、报表审核检查、出纳签字检查等项。

【提示】

期初余额检查：需要检查科目期初的期初借方等于贷方，年初余额的借方等于贷方，否则无法结账。启用期间之后的月份结转检查时，不再检查期初余额。

本月的凭证数及审核情况检查：本月有未审核的凭证，无法结账。

凭证断号及序时检查结账时，需要凭证断号的整理和序时凭证的整理。在【凭证管理】—【更多】—【凭证号管理】中进行断号和序时凭证的整理。

损益结转检查：未结账时，损益类科目须全部进行损益结转，否则无法结账。

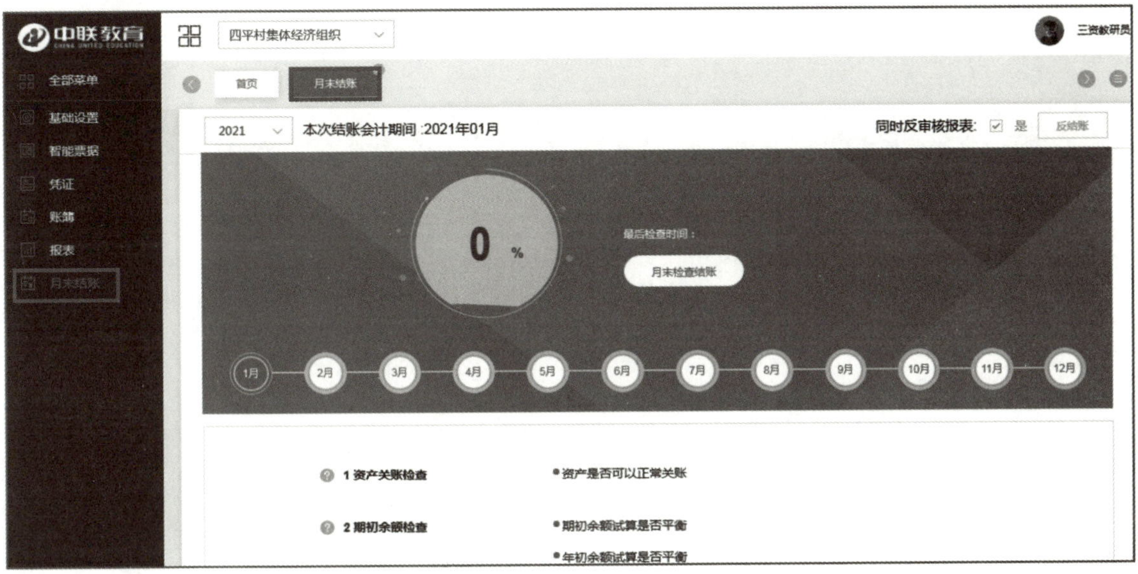

图 2－51　月末结账页面

任务评价：

“期末会计事项处理”任务评价表

工作任务清单	完成情况	评价等级
确定月末结转业务类型		
确定月末结转业务会计分录		
设置月末结转业务的凭证模板		
完成月末结账		

备注：能完成打“√”，对应等级为合格；不能完成打“×”，对应等级为不合格。

任务拓展：

采用新增凭证方式对借款期限 6 个月，月利率 4.6‰的短期借款进行“计提短期借款利息”转账凭证的设置，并保存为常用模板供以后调用。

任务四　会计报表编制与审核

任务目标：

（1）了解会计报表的基本概念、种类及编制要求。
（2）掌握编制会计报表的方法。
（3）能够熟练查询科目余额表。
（4）能编制资产负债表、收益及收益分配表并对所编制的会计报表进行正确性审核。

任务情境：

一、任务场景

2021 年 12 月，按规定四平村要准确、及时、完整地编报会计报表，并向全体成员公布。

二、任务布置

三资共享中心会计核算岗、审核岗按照业务要求编制四平村会计报表。

任务准备：

一、知识准备

会计报表是反映农村集体经济组织一定时期内经济活动情况的书面报告，是以农村集体经济组织登记完整、核对无误的会计账簿记录为主要依据，经过分析、汇总、加工编制而成的，反映农村集体经济组织某一特定日期的财务状况、一定时期的经营成果以及有关经济活动情况的书面文件。

（一）会计报表的种类

会计报表一般可按所反映的经济内容、编报时间和编报单位进行分类。

农村集体经济组织的会计报表，按其反映的经济内容，可分为科目余额表、资产负债表、收益及收益分配表、收支明细表；按其编报的时间不同，可分为月报、季报和年报；按其编报单位的不同，可分为单位报表和汇总报表。

月份或季度会计报表即科目余额表、收支明细表的格式由各省、自治区、直辖市的财政部门或农村经营管理部门根据《村集体经济组织会计制度》进行规定。具体格式范例见表 2－3 与表 2－4。

表 2-3

科目余额表

填报单位：　　　　202　年　　月　　日　　　　金额单位：元

序号	科目编码	科目名称	期初余额		本期发生额		期末余额	
			借方	贷方	借方	贷方	借方	贷方
1	101	现金						
2	102	银行存款						
3	111	短期投资						
4	112	应收款						
5	113	内部往来						
6	121	库存物资						
7	131	牲畜（禽）资产						
8	132	林木资产						
9	141	长期投资						
10	151	固定资产						
11	152	累计折旧						
12	153	固定资产清理						
13	154	在建工程						
14	201	短期借款						
15	202	应付款						
16	211	应付工资						
17	212	应付福利费						
18	221	长期借款及应付款						
19	231	一事一议资金						
20	241	专项应付款						
21	301	资本						
22	311	公积公益金						
23	321	本年收益						
24	322	收益分配						
25	401	生产（劳务）成本						
26	501	经营收入						
27	502	经营支出						
28	511	发包及上交收入						
29	521	农业税附加返还收入						
30	522	补助收入						
31	531	其他收入						
32	541	管理费用						
33	551	其他支出						
34	561	投资收益						
合计								

财务负责人：　　　　　　　　　　填报人：

表 2－4

收支明细表

填报单位：　　　　年　　月　　日　　　　金额单位：元

项　目	行次	本月数	本年累计数	项　目	行次	本月数	本年累计数
一、经营收入	1			一、经营支出	19		
1. 农产品销售收入	2			1. 销售农产品成本及费用	20		
2. 物资销售收入	3			2. 销售物资成本及费用	21		
3. 租赁收入	4			3. 租赁成本及费用	22		
4. 服务收入	5			4. 服务（劳务）成本	23		
5. 劳务收入	6			5. 其他支出	24		
6. 其他收入	7			二、管理费用	25		
二、发包及上交收入	8			1. 工资及奖金	26		
1. 机动地发包收入	9			2. 办公经费	27		
2. 资源发包收入	10			3. 差旅费	28		
3. 财产及生产项目发包收入	11			4. 修理费	29		
4. 所属企业上交收入	12			5. 邮电信息费	30		
5. 其他上交收入	13			6. 折旧费	31		
三、农业税附加返还收入	14			7. 业务招待费	32		
四、补助收入	15			8. 其他	33		
五、其他收入	16			三、其他支出	34		
六、投资收益	17			1. 利息支出	35		
				2. 公益支出	36		
				3. 盘亏毁损	37		
				4. 其他	38		
收入合计	18			支出合计	39		
收支差额					40		

财务负责人：　　　　　　填报人：

【知识链接】

各级农村经营管理部门，应对所辖地区报送的农村集体经济组织的会计报表进行审查，然后逐级汇总上报。各省、自治区、直辖市农村经营管理部门年终应汇总年度的资产负债表和收益及收益分配表，同时附送财务状况说明书，按规定时间报农业部。

（二）会计报表的编制要求

农村集体经济组织会计报表编制应遵循以下要求：数字真实、内容完整、计算准确、编报及时。按照《村集体经济组织会计制度》相关规定，农村集体经济组织应按规定准确、及时、完整地编报会计报表，定期向财政部门或农村经营管理部门上报，并向全体成员公布。

（三）相关法律法规

《会计基础工作规范》（中华人民共和国财政部令第 98 号）（2019 年修订）
《农村集体经济组织财务制度》（财农［2021］121 号）
《村集体经济组织会计制度》（财会［2004］12 号）

二、业务要领

（一）资产负债表编制方法

资产负债表是反映农村集体经济组织年末全部资产、负债和所有者权益状况的报表。

资产负债表“年初数”应按上年末资产负债表“年末数”栏内所列数字填列。如果本年度资产负债表规定的各个项目的名称和内容同上年度不相一致，应对上年末资产负债表各项目的名称和数字按照本年度的规定进行调整，填入本表“年初数”栏内，并加以书面说明。

资产负债表“年末数”各项目的内容和填列方法如下：

（1）“货币资金”项目，反映农村集体经济组织库存现金、银行存款等货币资金的合计数。本项目应根据“现金”“银行存款”科目的年末余额合计填列。

（2）“短期投资”项目，反映农村集体经济组织购入的各种能随时变现并且持有时间不超过一年（含一年）的有价证券等投资。本项目应根据“短期投资”科目的年末余额填列。

（3）“应收款项”项目，反映农村集体经济组织应收而未收回和暂付的各种款项。本项目应根据“应收款”科目年末余额和“内部往来”各明细科目年末借方余额合计数合计填列。

（4）“存货”项目，反映农村集体经济组织年末在库、在途和在加工中的各项存货的价值，包括各种原材料、农用材料、农产品、工业产成品等物资、在产品等。本项目应根据“库存物资”“生产（劳务）成本”科目年末余额合计填列。

（5）“牲畜（禽）资产”项目，反映农村集体经济组织购入或培育的幼畜及育肥畜和产役畜的账面余额。本项目应根据“牲畜（禽）资产”科目的年末余额填列。

（6）“林木资产”项目，反映农村集体经济组织购入或营造的林木的账面余额。本项目应根据“林木资产”科目的年末余额填列。

（7）“长期投资”项目，反映农村集体经济组织不准备在一年内（不含一年）变现的投资。本项目应根据“长期投资”科目的年末余额填列。

（8）“固定资产原价”项目和“累计折旧”项目，反映农村集体经济组织各种固定资产原价及累计折旧。这两个项目应根据“固定资产”科目和“累计折旧”科目的年末余额填列。

（9）“固定资产清理”项目，反映农村集体经济组织因出售、报废、毁损等原因转入清理但尚未清理完毕的固定资产的账面净值，以及固定资产清理过程中所发生的清理费用和变价收入等各项金额的差额。本项目应根据“固定资产清理”科目的年末借方余额填列；如为贷方余额，本项目数字应以“-”号表示。

（10）“在建工程”项目，反映农村集体经济组织各项尚未完工或虽已完工但尚未办理竣工决算的工程项目实际成本。本项目应根据“在建工程”科目的年末余额填列。

（11）“短期借款”项目，反映农村集体经济组织借入尚未归还的一年期以下（含一年）的借款。本项目应根据“短期借款”科目的年末余额填列。

（12）“应付款项”项目，反映农村集体经济组织应付而未付及暂收的各种款项。本项目应根据“应付款”科目年末余额和“内部往来”各明细科目年末贷方余额合计数合计填列。

（13）“应付工资”项目，反映农村集体经济组织已提取但尚未支付的职工工资。本项目应根据“应付工资”科目的年末余额填列。

（14）“应付福利费”项目，反映农村集体经济组织已提取但尚未使用的福利费金额。本项目应根据“应付福利费”科目年末贷方余额填列；如为借方余额，本项目数字应以“－”号表示。

（15）“长期借款及应付款”项目，反映农村集体经济组织借入尚未归还的一年期以上（不含一年）的借款以及偿还期在一年以上（不含一年）的应付未付款项。本项目应根据“长期借款及应付款”科目的年末余额填列。

（16）“一事一议资金”项目，反映农村集体经济组织应当用于一事一议专项工程建设的资金数额。本项目应根据“一事一议资金”科目的年末贷方余额填列；如为借方余额，本项目数字应以“－”号表示。

（17）“资本”项目，反映农村集体经济组织实际收到投入的资本总额。本项目应根据“资本”科目的年末余额填列。

（18）“公积公益金”项目，反映农村集体经济组织公积公益金的年末余额。本项目应根据“公积公益金”科目的年末贷方余额填列。

（19）“未分配收益”项目，反映农村集体经济组织尚未分配的收益。本项目应根据“本年收益”科目和“收益分配”科目的余额计算填列；未弥补的亏损，以“－”号表示。

资产负债表格式见表 2－5。

表 2－5 **资 产 负 债 表**

填报单位（公章）： 年 月 日 金额单位：元

资 产	行次	年初数	年末数	负债及所有者权益	行次	年初数	年末数
流动资产：				流动负债：			
货币资金	1			短期借款	35		
短期投资	2			应付款项	36		
应收款项	5			应付工资	37		
存货	8			应付福利费	38		
流动资产合计	9			流动负债合计	41		
农业资产：				长期负债：			
牲畜（禽）资产	10			长期借款及应付款	42		
林木资产	11			一事一议资金	43		

续表

资　　产	行次	年初数	年末数	负债及所有者权益	行次	年初数	年末数
农业资产合计	15			长期负债合计	46		
长期资产：				负债合计	49		
长期投资	16						
固定资产：							
固定资产原价	19						
减：累计折旧	20			所有者权益：			
固定资产净值	21			资本	50		
固定资产清理	22			公积公益金	51		
在建工程	23			未分配收益	52		
固定资产合计	26			所有者权益合计	53		
资产总计	32			负债及所有者权益总计	56		

单位负责人：　　　　　　　　财务负责人：　　　　　　　　编制人：

（二）收益及收益分配表编制方法

收益及收益分配表是反映农村集体经济组织年度内收益实现及其分配的实际情况的报表。

收益及收益分配表主要项目的内容及其填列方法如下：

（1）“经营收入”项目，反映农村集体经济组织进行各项生产、服务等经营活动取得的收入。本项目应根据“经营收入”科目的本年发生额分析填列。

（2）“发包及上交收入”项目，反映农村集体经济组织取得的农户和其他单位上交的承包金及村（组）办企业上交的利润等。本项目应根据“发包及上交收入”科目的本年发生额分析填列。

（3）“投资收益”项目，反映农村集体经济组织对外投资取得的收益。本项目应根据“投资收益”科目的本年发生额分析填列；如为投资损失，以“－”号填列。

（4）“经营支出”项目，反映农村集体经济组织因销售商品、农产品、对外提供劳务等活动而发生的支出。本项目应根据“经营支出”科目的本年发生额分析填列。

（5）“管理费用”项目，反映农村集体经济组织管理活动发生的各项支出。本项目应根据“管理费用”科目的本年发生额分析填列。

（6）“经营收益”项目，反映农村集体经济组织本年通过生产经营活动实现的收益。如为净亏损，本项目数字以“－”号填列。

（7）“农业税附加返还收入”项目，反映农村集体经济组织按有关规定收到的财税部门返还的农业税附加、牧业税附加等资金。本项目应根据“农业税附加返还收入”科目的本年发生额分析填列。

（8）“补助收入”项目，反映农村集体经济组织获得的财政等有关部门的补助资金。本项目应根据“补助收入”科目的本年发生额分析填列。

（9）“其他收入”项目和“其他支出”项目，反映农村集体经济组织与经营管理活动无直接关系的各项收入和支出。这两个项目应分别根据“其他收入”科目和“其他支出”科目的本年发生额分析填列。

（10）“本年收益”项目，反映农村集体经济组织本年实现的收益总额。如为亏损总额，以“-”号填列。

（11）“年初未分配收益”项目，反映农村集体经济组织上年度未分配的收益。本项目应根据上年度收益及收益分配表中的“年末未分配收益”数额填列。如为未弥补的亏损，以“-”号填列。

（12）“其他转入”项目，反映农村集体经济组织按规定用公积公益金弥补亏损等转入的数额。

（13）“可分配收益”项目，反映农村集体经济组织年末可分配的收益总额。本项目应根据“本年收益”项目、“年初未分配收益”项目和“其他转入”项目的合计数填列。

（14）“年末未分配收益”项目，反映农村集体经济组织年末累计未分配的收益。本项目应根据“可分配收益”项目扣除各项分配数额的差额填列。如为未弥补的亏损，以“-”号填列。

收益及收益分配表格式见表2-6。

表2-6 收益及收益分配表

填报单位（公章）： 年度 金额单位：元

项　　目	行次	金额	项　　目	行次	金额
本年收益			收益分配		
一、经营收入	1		四、本年收益	21	
加：发包及上交收入	2		加：年初未分配收益	22	
投资收益	3		其他转入	23	
减：经营支出	6		五、可分配收益	26	
管理费用	7		减：1. 提取公积公益金	27	
二、经营收益	10		2. 提取应付福利费	28	
加：农业税附加返还收入	11		3. 外来投资分利	29	
补助收入	12		4. 股东分红	30	
其他收入	13		5. 其他	31	
减：其他支出	16				
三、本年收益	20		六、年末未分配收益	35	

财务负责人： 编制人： 报送日期： 年 月 日

（三）会计报表审核

在三资管理平台中，会计报表审核主要是指对报表的平衡关系等进行正确性检查。需注意的是，报表必须按月连续审核，不允许跨月审核。

任务实施：

一、科目余额表查询

在会计核算模块中单击【账簿】—【发生额及余额表】，输入要查询的月份，如图 2－52 所示。

图 2－52　发生额及余额表显示页面

二、会计报表查询

在会计核算模块中单击【报表】—【财务报表】—【资产负债表/收益及收益分配表】，可查看相应的会计报表，如图 2－53 所示。月报表需要审核，审核时自动进行损益结转，可以对报表进行打印和导出。

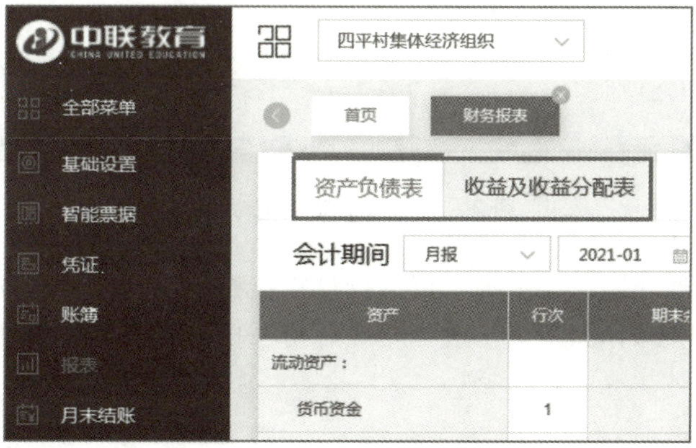

图 2－53　财务报表查阅

三、会计报表审核

在会计核算模块中单击【报表】—【财务报表】，选择报表类型为“资产负债表/收益及收益分配表”，单击右上角【审核】按钮，可对报表进行审核操作，如图 2－54 所示。

图 2－54 会计报表审核

审核成功后，系统会弹出“审核结果”提示，阅读后单击【关闭】按钮即可，如图 2－55 所示。

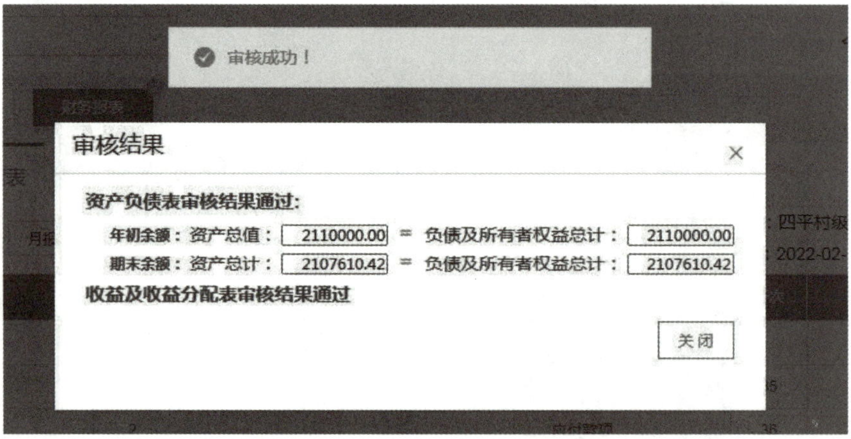

图 2－55 报表审核成功提示

已审核报表若发现问题，经审批后可进行反审核操作。具体操作方法：进入报表审核页面，选择要进行反审核操作的报表—选择相应月份—单击【反审核】按钮。

【提示】

已结账月份不允许反审核报表。

任务评价：

"会计报表编制与审核"任务评价表

工作任务清单	完成情况	评价等级
科目余额表查询		
资产负债表、收益及收益分配表查询		
资产负债表、收益及收益分配表审核		

备注：能完成打"√"，对应等级为合格；不能完成打"×"，对应等级为不合格。

任务拓展：

对已审核报表进行反审核操作。

任务五 财务数据比对与分析

任务目标：

（1）了解农村集体经济组织财务数据比对与分析的意义。

（2）掌握财务数据查询、统计及分析的方法。

任务情境：

一、任务场景

2021 年末，三资共享中心员工按上级要求对四平村财务报表进行数据比对与分析。

二、任务布置

三资共享中心员工按照业务要求对四平村 2021 年度相关会计报表数据进行财务指标计算，并对四平村偿债能力、营运能力及盈利能力进行财务分析。

任务准备：

一、知识准备

（一）财务数据比对与分析的内容

财务分析是指农村集体经济组织利用各种财务指标，对过去的财务状况和经营成果进行的评价和剖析。通过对财务相关指标进行横向及纵向的比对，可以了解农村集体经济组织过去一段时期的经营业绩和财务状况的发展变动情况，总结经验教训，查找原因，以便于财务指标使用者作出正确判断和决策。

财务数据比对分析的依据，主要有农村集体经济组织的资产负债表、收益及收益分配表、收支明细表等会计报表、财务状况说明书及其他附表（如科目余额表）和会计账簿等。除此之外，也需要其他实物量指标，如农产品销售量、销售价格、产品产量、工程量和人数、工时等，这些指标要从销售、物资管理等相关的资料中取得。

（二）财务分析常用方法

农村集体经济组织财务分析常用的方法有比较分析法、比率分析法和因素分析法。

1. 比较分析法

比较分析法是财务分析的基本方法，是实际达到的数据同特定的各种标准相比较，从数量上确定其差异，并进行差异分析或趋势分析的一种分析方法。在比较分析时，可将实际数与计划数、上期实际数、历史最高水平、标杆企业水平进行比较，进行比较的数据可以是绝对值指标，也可以是相对值指标。

2. 比率分析法

比率分析法是通过计算经济指标的比率来确定经济活动变动程度的分析方法。运用比率分析法时，对比指标要有可比性，还需选择相应的对比标准，以判断差距。

3. 因素分析法

因素分析法是通过分析影响财务指标的各项因素并计算其对指标的影响程度，来说明本期实际数与计划数或基期数相比较，财务指标变动或差异的主要原因的一种分析方法。因素分析法的具体方法主要是连环替代法和差额分析法。连环替代法是根据因素之间的内在依存关系，依次测定各因素变动对经济指标差异影响的一种分析方法。差额分析法则是直接利用各因素的预算（计划）与实际的差异来按顺序计算，确定其变动对分析对象的影响程度。差额分析法是连环替代法的简化方法。

二、业务要领

比率分析法中常用的财务比率分析有偿债能力分析、营运能力分析和盈利能力分析。

（一）偿债能力分析

农村集体经济组织的偿债能力是指其偿还长期债务与短期债务的能力，是反映农村集体经济组织的财务状态和经营能力的重要标志。偿债能力分析可分为短期偿债能力分析和长期偿债能力分析两种。

1. 短期偿债能力分析

（1）流动比率。流动比率反映农村集体经济组织以流动资产偿还流动负债的能力。该指标越大，表明短期偿债能力越强。其公式为：

$$流动比率=\frac{流动资产}{流动负债}$$

（2）速动比率。速动比率反映流动负债的保障程度，是速动资产与流动负债的比率。它比流动比率更直接反映农村集体经济组织的偿付能力。其公式为：

$$速动比率 = \frac{流动资产 - 存货}{流动负债}$$

2. 长期偿债能力分析

（1）资产负债率。资产负债率是农村集体经济组织期末负债总额与资产总额的百分比。表示农村集体经济组织总资产中有多少是通过负债筹集的，反映农村集体经济组织利用债权人提供的资金进行经营活动的能力。其公式为：

$$资产负债率 = \frac{负债总额}{资产总额} \times 100\%$$

资产负债率≥100%，表明农村集体经济组织已没有净资产或资不抵债。

（2）利息保障倍数。利息保障倍数又称已获利息倍数，是农村集体经济组织生产经营所获得的息税前利润与利息费用的比率。反映农村集体经济组织偿付借款利息的能力。其公式为：

$$利息保障倍数 = \frac{本年收益 + 利息费用}{利息费用}$$

利息保障倍数越大，说明农村集体经济组织支付利息费用的能力越强。

（二）营运能力分析

营运能力分析是衡量农村集体经济组织资产营运效率与效益的财务比率，即农村集体经济组织对资产的利用效率。

（1）应收账款周转率。应收账款周转率是指一定时期内应收账款转化为现金的平均次数，又称收账比率。其公式为：

$$应收账款周转率 = \frac{赊销收入净额}{应收账款平均余额}$$

其中：赊销收入净额 = 销售收入 - 现销收入 - 销售折扣与折让

$$应收账款平均余额 = \frac{期初应收账款余额 + 期末应收账款余额}{2}$$

$$应收账款周转天数 = \frac{365}{应收账款周转率}$$

一般情况下，应收账款周转率越大，周转天数就越少，表示农村集体经济组织的应收账款账龄短，债权风险小，收账迅速且资产流动性强。

（2）存货周转率。存货周转率是销售成本与平均存货余额的比率。该指标越高，表明农村集体经济组织存货资产变现能力越强，进而表明短期偿债能力越强。其公式为：

$$存货周转率 = \frac{销售成本}{存货平均余额} = \frac{销售成本}{(期初存货余额 + 期末存货余额)/2}$$

$$存货周转天数 = \frac{365}{存货周转率}$$

（3）流动资产周转率。流动资产周转率是经营收入与流动资产平均余额的比率。反映农村集体经济组织流动资产的周转速度。其公式为：

$$流动资产周转率=\frac{经营收入}{流动资产平均余额}$$

$$流动资产周转天数=\frac{365}{流动资产周转率}$$

（4）总资产周转率。总资产周转率是经营收入总额与平均资产总额的比率。该指标越大，说明农村集体经济组织整体资产周转越快，营运能力越强。其公式为：

$$总资产周转率=\frac{经营收入总额}{平均资产总额}$$

$$平均资产总额=\frac{期初资产总额+期末资产总额}{2}$$

（三）盈利能力分析

盈利能力分析是对农村集体经济组织盈利能力进行的分析，是农村集体经济组织相关各方都关心的中心指标，也是农村集体经济组织经营的主要目标。

（1）经营毛利率。经营毛利率是农村集体经济组织经营收益占经营收入的百分比。其公式为：

$$经营毛利率=\frac{经营收益}{经营收入}\times 100\%$$

（2）经营净收益率。经营净收益率是本年收益占经营收入的百分比。其公式为：

$$经营净收益率=\frac{本年收益}{经营收入}\times 100\%$$

（3）资产收益率。资产收益率是农村集体经济组织本年收益占平均资产总额的百分比。其公式为：

$$资产收益率=\frac{本年收益}{平均资产总额}\times 100\%$$

（4）权益收益率。权益收益率又称净资产收益率，是反映农村集体经济组织本年度收益同所有者权益总额的比率。其公式为：

$$权益收益率=\frac{本年收益}{所有者权益总额}\times 100\%$$

任务实施：

根据农村集体经济组织财务报表各项数据，运用财务比率指标进行分析，可对农村集体经济组织的偿债能力、营运能力及盈利能力等进行客观评价。需说明的是：传统的财务分析仅限于对本会计主体的报表进行纵向分析，或选择其他组织的会计报表进行横向对比，随着大数据技术在财务分析中的运用，财务分析的范围也越加广泛，在进行财务分析时，可以选择同行业标杆进行比对，分析出自身在行业中所处的位置，找出自身差距，以便更精准地制定发展规划与经营策略。

一、三资管理平台

三资管理平台数据管理模块具有财务报表统计、资源统计、农村经济统计、资产统计、档案统计五大功能，其中财务报表统计功能是数据管理模块中的常用功能，在其中可查询农村集体经济组织的财务报表，该功能支持按行政区域分级展示、切换汇总口径、单位元和万元直接的切换以及排名前五的总资产和排名前五的总负债两个维度之间的切换。

二、其他相关平台

利用大数据进行财务数据比对与分析，首先要构建财务大数据分析环境，在计算机中安装与运行 Python、Wyn Enterprise 等大数据平台。对于比较偏远或技术、设备达不到相应标准的，也可以运用 Excel 电子表格软件辅助人工进行相关财务数据分析。

任务评价：

"财务数据比对与分析"任务评价表

工作任务清单	完成情况	评价等级
财务指标计算		
财务指标分析		

备注：能完成打"√"，对应等级为合格；不能完成打"×"，对应等级为不合格。

任务拓展：

利用三资平台对四平村 2021 年 1 月资产负债表进行总览查询，并对农村集体经济组织的偿债能力、营运能力、盈利能力进行分析，形成书面分析报告。

实战演练

3 单元三 农村集体经济组织专项资金管理与资金清理

职业能力目标：

1. 知识目标

（1）了解《村集体经济组织会计制度》《农村集体经济组织财务制度》等相关法律法规。

（2）掌握财政专项资金的管理及清理要求和账户设置。

（3）掌握补助资金的管理及清理要求和账户设置。

（4）掌握一事一议资金的管理及清理要求和账户设置。

2. 技能目标

（1）掌握财政专项资金的账务处理方法。

（2）掌握补助资金的账务处理方法。

（3）掌握一事一议资金的账务处理方法。

3. 素养目标

专款专用、统一管理、单独核算，严格为农村集体经济组织资金管理把关，增强维护国家利益的责任感，养成热爱劳动、勤俭节约的品格。

典型工作任务：

（1）财政专项资金的管理与清理。

（2）补助资金的管理与清理。

（3）一事一议资金的管理与清理。

实施途径：

通过学习财政专项资金、补助资金、一事一议资金管理和清理的账务处理，教育学生要以诚信为本，树立正确的价值观，为农村集体经济组织资金管理严格把关。

情境概览：

某县农村三资共享服务中心（以下简称“三资共享中心”）是为下属乡镇单位提供三资管理代理的中心，该中心共设四个工作岗位，即票据岗、核算岗、管家/审核岗和分析岗。中心根据票据岗接到的四平村资金相关票据，进行采集、整理，并交由核算岗、管家岗进行财务处理。

任务一　财政专项资金的管理与清理

任务目标：

（1）了解财政专项资金的管理内容、流程及清理方法。

（2）能够对财政专项资金的收入、使用和清理进行账务处理。

任务情境：

一、任务场景

三资共享中心员工于2021年1月6日接到四平村交来的财政专项资金业务相关票据，经认真审核无误后签收。

二、任务布置

三资共享中心员工按照业务要求，为四平村的财政专项资金业务进行票据处理、账务处理及核算。

任务准备：

一、知识准备

（一）财政专项资金的概念

农村集体的财政专项资金是指农村集体经济组织收到各级政府及行政部门拨入用于专门用途的财政资金。通常由农村集体向相关行政职能部门提出申请，获得批准后，由财政部门拨付到农村集体账户上，用于农村集体特定项目建设。专项资金的用途主要包括支持农业生产、农村公益事业、改善农村生态环境、道路水利等基础设施建设等方面，推动农村集体经济发展，促进新农村建设。

（二）财政专项资金管理

农村集体对所实施特定项目的真实性、专项资金的使用及安全负责。农村集体经济组织必须加强对专项资金的使用和管理，提高专项资金使用效益。

（1）上级财政部门拨付农村集体经济组织的财政专项资金须通过转账形式汇入统一开设的银行存款账户，并开具专用收据，统一核算。专项资金由三资管理服务中心负责管理，按项目设立明细科目按村级财务管理制度进行会计核算。

（2）财政专项资金必须专款专用。资金的使用方向、支出范围、支出标准、支出用途、支出方式等必须严格执行项目资金批准的使用计划和项目批复内容，不准擅自调项、扩项、缩项，更不准拆借、挪用、挤占和随意扣压；资金拨付动向，按不同专项资金的要求执行，不准任意改变。如有特殊情况，必须向上级部门请示。

（3）财政专项资金报账拨付要附真实、有效、合法的凭证。财政专项资金不得用于下列开支：农村集体所需的日常公用经费、人员经费及福利补助等非生产性支出，修建楼、堂、馆、所，购置车辆，与扶持项目无关的基础设施建设和偿还债务等。

（4）农村集体经济组织要实行财务公开制度。专项资金所对应的项目建设、资金使用及其形成的资产收益等情况按有关规定进行全过程公开公示，自觉接受群众监督。

（5）财政、农业及各行政主管部门对村级集体实行监督检查。加强审计监督，实行单项工程决算审计，整体项目验收审计，年度资金收支审计。对专项资金要定期或不定期进行督查，确保项目资金专款专用，要全程参与项目验收和采购项目交接，依法对违法违规情况进行严肃处理。

（三）财政专项资金的报账

（1）通过银行结算方式的工程款项且工程已经完工的，填制“大额（转账）支出申请书”（收款方要与合同一致），并附工程发票（工程项目名称要与合同一致）、工程建设前后照片、工程完工结算单、完工验收单、工程项目竣工决算表、项目工程合同办理报账。

（2）按工程进度付款时，填制“大额（转账）支出申请书”“工程进度款支付申请表”办理报账。

（3）工程项目完工结算尾款时，填制“大额（转账）支出申请书”，并附工程完工结算单、完工验收单、工程建设完工后照片、工程发票、工程项目竣工决算表办理报账。

（4）使用专项应付款批量购买畜类、扶贫物资时，填制“大额（转账）支出申请书”，并附有关合同、发票（货物名称要与合同名称一致）、发放受益人明细清单（需注明发放受益人姓名、数量、金额）办理报账。

（四）财政专项资金管理流程（见图3-1）

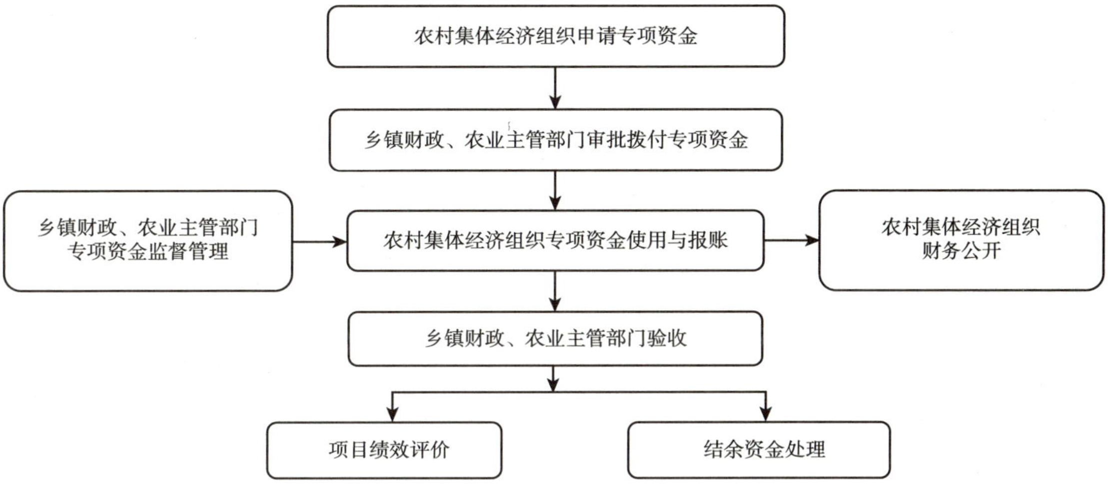

图3-1　财政专项资金管理流程图

（五）财政专项资金清理

1. 财政部门或农业主管行政单位负责监督，及时核实财政专项资金信息

按照“谁使用、谁负责”的要求，压实资金使用者主体责任。清查核对农村集体经济组织收到的各项财政专项资金，根据专项应付款明细账，查清专项应付款拨款单位、拨入金额、拨入时间、使用金额、具体用途等，确保及时准确进行财务核算。

2. 实地清查账簿、原始凭证、购入货物等，做到账实相符

重点加强对资金支出和项目实施进度慢、公告公示制度执行不严格、资金使用不精准、管理不规范等问题的查处。核实财政、农业、水利等有关上级部门的项目资金形成的实体项目工程，需向农村集体办理移交的，应该提供项目相关的真实、有效、完整的报账凭据，办理手续并在资产管理台账登记。根据专项资金使用情况，如实填写“村集体经济组织财政专项资金使用情况表”。有下列情形之一的，应追回专项资金：

（1）虚报项目和虚列支出的；

（2）项目实施单位或部门在项目论证、评估、评审、招标管理中弄虚作假的；

（3）截留、挤占、挪用、弄虚作假骗取专项资金的；

（4）项目实施过程中发生重大矛盾纠纷或群体信访的；

（5）虚假投资或其他配套的项目资金不到位，造成项目无法实施的；

（6）项目验收不合格，经整改后仍不合格的。

对违法违规管理和使用专项资金行为的，依照《财政违法行为处罚处分条例》（国务院令第427号）等法律法规进行处理；构成犯罪的，移交司法部门依法追究刑事责任。

【思政案例】

长南村原党支部书记韩某挪用财政专项扶贫资金案

2019 年末，宁津县检察院受理长南村原党支部书记韩某挪用财政专项扶贫资金案。经查实，2016 年 1 月，长南村收到长官镇政府拨付的财政专项扶贫资金 12 万元，专门应用于扶持 42 个贫困农户养殖育肥羊。但时任长南村党支部书记的韩某同村“两委”委员商议决定，只给养殖户发放了 4 483 元，将其余 11.6 万余元挪作农村集体经费。案件事实清楚，但韩某却认为自己没有将钱转入个人腰包，对被追究刑事责任表示很委屈。

“扶贫专项资金是国家脱贫攻坚工作的红线，不得以任何理由挪作他用。”通过检察官的释法说理，韩某认识到自身的错误行为触犯了法律，在最短时间内将涉案资金全部筹集到位退还镇经管站，由经管站统筹发放到贫困户手里。

3. 结转结余资金清理

结转资金是指当年专项资金支出已执行但尚未完成，或因故未执行，下年仍需按原用途继续使用的衔接资金；结余资金是指专项资金项目已完成，资金支出已结束，或由于受政策变化、计划调整等因素影响导致项目实施终止，剩余的专项资金。

农村集体经济组织当年如出现结转结余资金，应填写“结转结余资金清理处置表”，上报财政部门审核。财政部门批准后，结转资金可结转下年。结余资金应根据上级文件要求进行处理，若文件要求必须上交，则退还原拨款单位，若不需上交，则可以转为集体积累。

（六）财政专项资金管理常见原始单据（见图 3－2 至图 3－7）

银行收款通知单

单位名称：（公章）　　报账日期：　年　月　日　　编号：

收款日期	对方单位	资金来源	金额（元）
合计金额	人民币：　万　仟　佰　拾　元　角　分 ¥：		
备 注			

资金来源：1.经营收入类　2.补助收入类　3.专款收入类　4.发包及上交收入类　5.借入债务类　6.一事一议资金类　7.其他收入类　8.代收款项类　9.其他类

第二联 登记备查账

村报账员：　代理服务机构会计：　代理服务机构复核人：　代理服务机构出纳：

图 3－2　银行收款通知单票样

拨 款 书

预算所属　月份　　　　第四联：收账通知　　　　签发日期：　年　月　日

收款单位	全称						财政机关	全称						
	账号							账号						
	开户银行							开户银行						
科目				金额										备注
款	项	目	名称	千	百	十	万	千	百	十	元	角	分	
金额		人民币（大写）								¥				
财政机关签章		财政机关负责人 复核 经办人		金库盖章		主任：			复核：			经办人：		

此联由金库盖章后交收款机关据以记账

图 3－3　财政拨款书票样

大额（转账）支出申请书

申请单位：（公章）　　　　申请日期：　年　月　日　　　　编号：

支出项目				
申请金额	人民币：　佰　拾　万　仟　佰　拾　元　角　分 ¥：			
申请后存款余额	人民币：　佰　拾　万　仟　佰　拾　元　角　分 ¥：			
转账业务填写	收款单位全称			
	开户行		账号	
单位理财小组审核意见	复核人签名： 日期：　年　月　日		单位负责人审批意见	负责人签名： 日期：　年　月　日
代理服务机构复核意见	复核人：　　　　日期：　年　月　日			
备注				

村报账员：　　　　代理服务机构会计：　　　　代理服务机构出纳：

第二联 登记备查账

图 3－4　大额（转账）支出申请书票样

大额（转账）支出报账单

申请单位：（公章）　　　　报账日期：　年　月　日　　　　编号：

支出项目名称	支出资金性质	原始单据张数（张）	申请报销金额（元）
申请报销金额合计	人民币：　佰　拾　万　仟　佰　拾　元　角　分　¥：		
复核报销金额合计	人民币：　佰　拾　万　仟　佰　拾　元　角　分　¥：		
代理服务机构复核意见	复核人：　　　日期：　年　月　日		
资金性质	1.正常性经费　2.专款　3. 一事一议资金 4.公积公益金　5.应付福利费		
备 注			

村报账员：　　　　代理服务机构会计：　　　　代理服务机构出纳：

第二联 登记备查账

图 3－5　大额（转账）支出报账单票样

农村集体经济组织财政专项资金使用情况表

项目名称	扶持单位	资金拨入情况			专款专用情况					专款非专用情况				备注
		日期	凭证号	金额（万元）	用途	合同工程款	实际支出（万元）	凭证号	责任人	用途	金额（万元）	凭证号	责任人	
合计														

图 3－6　农村集体经济组织财政专项资金使用情况表票样

结转结余资金清理处置表

有无结转结余资金（打√）：　　有□　　无□
是否对结转结余资金清单管理（打√）：有□　　无□
结转结余资金量（万元）：
结转结余资金处置方案 报经县（市、区）政府同意，现将我县（市、区）20××年以来省级以上财政专项结转结余资金处置方案汇报如下： 一、结转结余资金基本情况。 二、处置方案。 1．××年××资金，结转结余××万元。结转结余主要原因是……（简述）。处置方案是……（简述）。 2．…… …… （可另附页） 主要负责人签字：　　单位（盖章） 年　月　日

图 3－7　结转结余资金清理处置表票样

（七）相关法律法规

《会计基础工作规范》（中华人民共和国财政部令第 98 号）（2019 年修订）

《农村集体经济组织财务制度》（财农［2021］121 号）

《村集体经济组织会计制度》（财会［2004］12 号）

二、业务要领

（一）财政专项资金核算的账户设置

农村集体经济组织应当设置“专项应付款”账户对财政专项资金进行核算，该账户属负债类账户，按专项资金的用途或种类设明细账户。主要核算农村集体经济组织获得政府拨入的具有专门用途且未来应支付用于专门用途的资本性专项资金的收入和使用情况。账户贷方登记专项应付款的增加额，即收到财政专项资金的金额；借方登记专项应付款的减少额，即使用财政专项资金的金额，期末余额在贷方，反映农村集体经济组织尚未支付的各种专项应付款。

（二）财政专项资金的核算

财政专项资金的核算业务主要包括资金的拨入、资金的使用、专用项目完成后资金的转销以及资金余款的处理。具体核算方法如下：

1. 财政专项资金的拨入

上级部门拨付财政专项资金时，专项应付款增加，农村集体经济组织的银行存款也增加。借记“银行存款”账户，贷记“专项应付款”账户。

【例3-1】2021年1月6日，四平村收到上级财政拨入示范村建设资金400 000元，用于示范村建设工程，款项已拨入银行账户。

借：银行存款　　400 000
　　贷：专项应付款——示范村建设项目　　400 000

2. 专项资金直接用于项目费用支出

专项资金直接用于项目费用支出，则支出金额直接核销，借记“专项应付款”账户，贷记“银行存款”或“应付款”账户。

【例3-2】2021年1月8日，四平村进行村环境清理，支付清理费10 000元。款项已通过银行转账支付。

借：专项应付款——示范村建设项目　　10 000
　　贷：银行存款　　10 000

3. 专项资金购入不需安装的固定资产

专项资金直接购入固定资产，则固定资产增加。按其卖价及相关税费等，借记“固定资产”账户，贷记“银行存款”或“应付款”账户。同时，结转专项应付款，增加农村集体积累，贷记“公积公益金”账户。

【例3-3】2021年1月10日，四平村购买村活动室计算机10台，取得增值税普通发票价税合计58 000元。款项已通过银行转账支付。

借：固定资产——计算机　　58 000
　　贷：银行存款　　58 000

同时，结转专项应付款：

借：专项应付款——示范村建设项目　　58 000
　　贷：公积公益金　　58 000

4. 专项资金购入需要安装的固定资产

专项资金购入需要安装的固定资产，按固定资产卖价及相关税费、安装调试费等，借记“在建工程”账户，贷记“银行存款”或“应付款”账户。待固定资产达到可使用状态，再从该账户转入“固定资产”账户。同时，按已使用的专项资金，借记“专项应付款”账户，贷记“公积公益金”账户。

【例 3-4】 2021 年 1 月 12 日，四平村购买一台需安装的粮食加工设备，取得增值税普通发票价税合计 120 000 元。1 月 14 日设备送达四平村，支付安装费 5 000 元。1 月 16 日完工交付使用。款项已通过银行转账支付。

1 月 12 日购买设备时：

借：在建工程——粮食加工设备　　120 000

　　贷：银行存款　　120 000

1 月 14 日支付安装费：

借：在建工程——粮食加工设备　　5 000

　　贷：银行存款　　5 000

1 月 16 日完工交付使用，结转固定资产成本：

借：固定资产——粮食加工设备　　125 000

　　贷：在建工程——粮食加工设备　　125 000

同时，结转专项应付款：

借：专项应付款——示范村建设项目　　125 000

　　贷：公积公益金　　125 000

5. 专项资金用于工程项目

专项资金用于工程项目，则项目支出金额借记“在建工程”账户，贷记“现金”或“银行存款”账户。工程竣工验收后，按实际成本结转在建工程，增加固定资产。

【例 3-5】 2021 年 1 月 20 日，四平村修建村活动室，经招标将工程承包给立新公司。2 月 20 日，工程进行中，按合同规定用银行存款支付 50% 工程款 100 000 元。款项已通过银行转账支付。

借：在建工程——村活动室　　100 000

　　贷：银行存款　　100 000

【例 3-6】 2021 年 3 月 20 日，工程完工后，四平村按合同规定用银行存款支付剩余工程款 100 000 元。

借：在建工程——村活动室　　100 000

　　贷：银行存款　　100 000

村活动室验收交付使用，按实际成本结转在建工程：

借：固定资产——村活动室　　200 000

　　贷：在建工程——村活动室　　200 000

6. 财政专项资金的转销

已完成的工程项目，应该将实际支付金额转为集体积累，借记“专项应付款”账户，贷记“公积公益金”账户。

【例 3-7】 示范村建设项目完成，将专项应付款转为集体积累。

借：专项应付款——示范村建设项目　　200 000

　　贷：公积公益金　　200 000

7. 余款处理

专项应付款如果有余款，应按规定处理。如余款需上交原拨款单位，则借记“专项应付款”账户，贷记“银行存款”账户。如余款不需上交留归农村集体，则借记“专项应付款”账户，贷记“公积公益金”账户。

【例 3－8】四平村示范村建设项目结束，根据【例 3－1】至【例 3－7】，按上级要求，示范村建设项目结余资金留归农村集体，转为集体积累。

结余款＝400 000－10 000－58 000－125 000－200 000＝7 000（元）

借：专项应付款——示范村建设项目　　7 000

　　贷：公积公益金　　7 000

任务实施：

见本项目任务四。

任务评价：

“财政专项资金的管理与清理”任务评价表

工作任务清单	完成情况	评价等级
财政专项资金增加的账务处理		
财政专项资金使用的账务处理		
财政专项资金清理的账务处理		

备注：能完成打“√”，对应等级为合格；不能完成打“×”，对应等级为不合格。

任务拓展：

2021 年 1 月 2 日，四平村收到上级财政部门下拨小型农田水利工程建设专项资金 200 000 元，已存入银行账户。经招标与盛宏公司签订工程施工合同，工程开始施工。1 月 8 日，支付工程物资款 80 000 元。1 月 15 日支付工程人工费 50 000 元。1 月 31 日，工程完工验收交付农村集体使用，支付工程尾款 70 000 元，（原始凭证见图 3－8、图 3－9）。

请根据相关业务进行账务处理。

拨款书

预算所属　　月份　　　　第四联：收账通知　　　　签发日期：2021 年 1 月 2 日

<table>
<tr><td colspan="3" rowspan="3">收款单位</td><td>全称</td><td colspan="3">四平村村民委员会</td><td colspan="2" rowspan="3">财政机关</td><td colspan="2">全称</td><td colspan="4">XX 县团结镇财政所</td></tr>
<tr><td>账号</td><td colspan="3">6210001234560001588</td><td colspan="2">账号</td><td colspan="4">6210005857600052210</td></tr>
<tr><td>开户银行</td><td colspan="3">农商银行团结支行</td><td colspan="2">开户银行</td><td colspan="4">农商银行团结支行</td></tr>
<tr><td colspan="4">科目</td><td colspan="10">金额</td><td rowspan="5">备注</td></tr>
<tr><td>款</td><td>项</td><td>目</td><td>名称</td><td>千</td><td>百</td><td>十</td><td>万</td><td>千</td><td>百</td><td>十</td><td>元</td><td>角</td><td>分</td></tr>
<tr><td></td><td></td><td></td><td>小型农田水利工程建设专项资金</td><td></td><td></td><td>2</td><td>0</td><td>0</td><td>0</td><td>0</td><td>0</td><td>0</td><td>0</td></tr>
<tr><td></td><td></td><td></td><td></td><td></td><td></td><td></td><td></td><td></td><td></td><td></td><td></td><td></td><td></td></tr>
<tr><td colspan="3">金额（大写）</td><td>贰拾万元整</td><td></td><td>¥</td><td>2</td><td>0</td><td>0</td><td>0</td><td>0</td><td>0</td><td>0</td><td>0</td></tr>
<tr><td colspan="3">财政机关签章</td><td>财政机关负责人
复核　经办人</td><td colspan="2">金库盖章</td><td colspan="9">主任：　　复核：　　经办人：</td></tr>
</table>

农商银行团结支行　2021.01.02　转讫

此联由金库盖章后交收款机关据以记账

图 3－8

银行收款通知单

单位名称：（公章）　　报账日期：2021年1月2日　　编号:004

收款日期	对方单位	资金来源	金额（元）
2021年1月2日	XX县团结镇财政所	专款收入类	200 000.00
合计金额	人民币：贰拾万×仟×佰×拾×元×角×分		¥：200 000.00
备 注			
资金来源：1.经营收入类　2.补助收入类　3.专款收入类　4.发包及上交收入类　5.借入债务类　6.一事一议资金类　7.其他收入类　8.代收款项类　9.其他类			

第二联　登记备查账

农商银行团结支行　2021.01.02　转讫

村报账员：　　代理服务机构会计：　　代理服务机构复核人：　　代理服务机构出纳：

图3-9

任务二　补助资金的管理与清理

任务目标：

（1）了解补助资金的管理的内容、流程及清理方法。

（2）能够对财政补助资金的收入、使用和清理进行账务处理。

任务情境：

一、任务场景

三资共享中心员工于2021年12月2日接到四平村交来的财政补助资金业务相关票据，经认真审核无误后签收。

二、任务布置

三资共享中心员工按照业务要求，为四平村的补助资金业务进行票据处理、账务处理及核算。

任务准备：

一、知识准备

（一）补助资金的概念

补助资金是指各级财政部门每年按照国家支农政策的有关规定向农村集体经济组织拨付补助款项。补助资金是收益性收入，一般只影响本年度的收益。在实际工作中，财政补助资金包括财政转移支付资金和其他补助资金两大项。其中财政转移资金包括保障集体经济组织、村民委员会等运转的补助资金。其他补助资金如贷款贴息、粮食种植补贴、农业机械购置补贴、退耕还林补助、植树绿化补助、防洪、清理河道补助等，应按照国家规定的用途使用和支付。

（二）补助资金的管理

（1）村级财政补助资金纳入“村账乡镇代管”。农村集体经济组织收到上级财政补助资金必须严格按照“村账乡镇代管”制度的规定，全部存入乡镇村级财务代理中心的专项存款账户。财务代理中心设会计人员，负责村级财政补助资金的收支结算，各村设1名财务报账员，实行报账制。

（2）村级财政补助资金的管理实行专款专用。乡镇村级财务代理中心收到财政补助资金后，建立台账，分项管理和核算各村资金。确保专款专用，杜绝挤占、挪用村级财政补助资金的行为。

（3）乡镇村级财务代理中心的会计负责村级财政补助资金的收支核算，负责办理村级财政补助资金的结算业务，按月定期与各村的报账员办理财务收支凭证结算，每月向各村公布本月的收支情况等。

（4）严格支出审核。村级财政补助资金所有支出凭证都必须经村级财务监督组和统管会计审核后方可进行会计核算，未经审核的支出凭证不得入账，审核发现不合格、不规范的凭证，一律退回，不予受理。

（5）村级财政补助资金支出的审批权限：见项目二任务一“对经济活动业务的审核”。

（6）村级补助资金开支情况要逐笔逐项公开。严格按照上级文件规定的公示时间和公示公开要求，严格执行补贴项目、补贴审定、补贴发放“三公示”制度（公示补贴项目种类、补贴标准、补贴对象、申报条件、申报流程；公示补贴审定情况；公示补贴发放结果），广泛接受社会和群众监督，确保专项补贴能真正发放到农民的手中。

（7）建立健全监督机制，强化补助资金的管理、使用、发放等重要环节的监督。严密资金划拨、对象审核、资金发放等环节，有效防止资金被截留、挪用和贪污，确保专项惠农资金落实不走样、使用不偏差。各级农业、审计、财政等部门应不定期地深入农村了解情况，检查有无违法违纪行为。

（三）补助资金的报账

（1）以银行结算方式收到各类财政补助收入时，凭“银行收款通知单”，开具并附“农村集体经济组织非经营性收款收据”办理报账。

（2）以现金结算方式收到各类财政补助收入时，填制“现金收入报账单”，开具并附“农村集体经济组织非经营性收款收据”办理报账。

（3）各类财政补助支出时，实行以“实物补助”方式的，以实物采购税务发票报账；“资金补助”方式的，以采购税务发票、相关单位正规收据、农民领用清单等资金支出的原始票据进行报账；实行“先建后补”方式的，以现场核验照片、核验表、相关票据及佐证材料等报账，报账材料需复印备案。

（四）补助资金管理的流程（见图3－10）

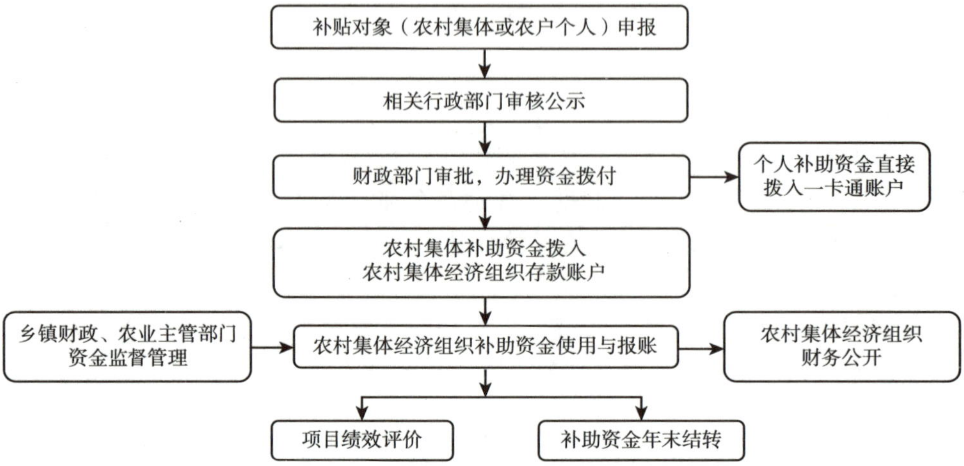

图3－10 补助资金管理流程图

（五）补助资金的清理

（1）各项补助资金是否入账。核实补助资金的入账时间和入账金额。包括上级专项补助款项、救济扶贫款项及财政转移支付资金等，是否按时、足额入账。

（2）补助资金的支出是否真实合规。核实补助资金支出的原始凭证和会计账簿，确保财政补助资金的发放、管理和使用。防止虚假上报、冒领补助、截留资金、挪作他用、侵吞国家财政资金。

（3）结余资金处理。财政部门要负责补助资金的监管。对于发放给个人的补助资金，加强“一卡通”专户对账，做好结余资金的清理回收。属于农村集体经济组织的补助资金是农村集体经济组织的收入来源之一，其特点是多不退、少不补。农村集体经济组织使用后，如有结余不需要上交。年终时，结转期末损益。

【思政案例】

村干部贪污补助款集体受处分

2019年，永州东安县纪委监察委查处了一起村干部利用职务之便，贪污完善退耕还林补助款案件，四名涉案人员受党纪处分。

经查实，2011年至2017年，时任杨家村村支书的易某、村会计的文某，村计生专干的魏某、村支部委员的文某等4人利用统计本村（组）退耕还林面积、制作“东安县农户自行退耕还林完善退耕林政策补助资金发放审批表”的便利条件，通过虚报、移花接木等技巧，将本来属于村集体和本村其他村民的退耕还林的土地面积，登记在自己或家人的名下，达到冒领完善退耕还林补贴款的目的。分别或共同贪污完善退耕还林补助款共计47 209.68元。在组织调查期间，4名涉案人员配合调查，主动交代问题，并积极退缴贪污资金。

村干部本应该是打通服务老百姓“最后一公里”的关键环节，可大盛镇杨家村的3任4名村干部却为一己私利，打起了民生资金的“歪主意”，最终难逃党纪的惩处。

（六）补助资金管理常见原始单据（见图3－11至图3－15）

现金收入报账单

单位名称：（公章）　　报账日期：　年　月　日　　编号：

缴存银行日期		票据号码		资金来源	
原始凭证种类			原始凭证张数		
摘　要					
金　额	人民币：　佰　拾　万　仟　佰　拾　元　角　分　¥：				
备　注					
资金来源：1.经营收入类　2.补助收入类　3.专款收入类　4.发包及上交收入类 5.借入债务类　6.一事一议资金类　7.其他收入类　8.代收款项类　9.其他类					

第二联 登记备查账

村报账员：　代理服务机构会计：　代理服务机构复核人：　代理服务机构出纳：

图3－11　现金收入报账单票样

银行收款通知单

单位名称：（公章）　　报账日期：　年　月　日　　编号：

收款日期	对方单位	资金来源	金额（元）
合计金额	人民币：　万　仟　佰　拾　元　角　分　¥：		
备　注			
资金来源：1.经营收入类　2.补助收入类　3.专款收入类　4.发包及上交收入类 5.借入债务类　6.一事一议资金类　7.其他收入类　8.代收款项类　9.其他类			

第二联 登记备查账

村报账员：　代理服务机构会计：　代理服务机构复核人：　代理服务机构出纳：

图3－12　银行收款通知单票样

××市村集体经济组织

非经营性收款收据　　№0044901

20　年　月　日

交款单位（个人）＿＿＿＿＿＿＿＿　收款方式＿＿＿＿

人民币（大写）＿＿＿＿＿＿＿＿＿＿＿＿　¥＿＿＿＿

交款事项＿＿＿＿＿＿＿＿＿＿＿＿＿＿＿＿

收款单位财务印鉴：　　　收款人签字或盖章：

第三联乡（镇）经管中心代理记账

图3－13　非经营性收款收据票样

拨 款 书

预算所属 月份　　第四联：收账通知　　签发日期： 年 月 日

收款单位	全称						财政机关	全称						
	账号							账号						
	开户银行							开户银行						
科目				金额										备注
款	项	目	名称	千	百	十	万	千	百	十	元	角	分	
金额	人民币（大写）							¥						
财政机关签章	财政机关负责人 复核 经办人			金库盖章		主任：			复核：			经办人：		

此联由金库盖章后交收款机关据以记账

图 3－14　财政拨款书票样

XX 补助资金发放表

年 月 日　　单位：元

户主姓名	补助标准	补助金额	签名
合计			

审批：　　审核：　　出纳：

图 3－15　补助资金发放表票样

（七）相关法律法规

《会计基础工作规范》（中华人民共和国财政部令第 98 号）（2019 年修订）
《农村集体经济组织财务制度》（财农［2021］121 号）
《村集体经济组织会计制度》（财会［2004］12 号）

二、业务要领

（一）补助资金在核算时应区别不同的情况

（1）用于支付村干部报酬和村管理费用的款项以及财政拨付的用于补助农村集体经济组织本年度其他费用支出的补助款项，如植树绿化补助、防洪、清理河道补助、防火护林补助等，应作为补助收入确认，并严格按照财政拨款的用途使用。

（2）补贴支付对象为农户的补助资金，不确认为农村集体经济组织的补助收入。这类补助资金实行资金直达制度，其补助款是直接拨付给农户的“一卡通”账户。农村集体不进行核算，但应据实登记补助资金发放明细表，交乡镇财务代理中心归档备查。

（3）如果补助款项为兴建农村集体设备、设施或者其他专门项目，且收益期超过一年，该项补助款就不应在补助收入中核算，而应按照拨款的补助方式不同分别确认为公积公益金或者专项应付款。

（二）补助资金核算的账户设置

农村集体经济组织应当设置“补助收入”账户进行核算，主要用于核算农村集体经济组织获得的政府给予的补助资金的收入、使用和结转情况。该账户属于损益类账户，应按补助项目设明细账户。例如，财政转移支付资金，××项目补助等。其账户结构为：

贷方登记：收到财政部门补助资金的金额，表示收入增加。

借方登记：年末结转本年收益时的金额，记入账户借方。

期末余额：年终结转后应无余额。

（三）补助资金的核算

补助资金的核算业务主要包括补助资金的拨付、补助资金的使用和年末结转的处理。具体核算方法如下：

1. 收到补助资金

农村集体经济组织收到财政部门发放各项补助资金时，补助收入增加，银行存款增加。借记“银行存款”账户，贷记“补助收入”账户。

【例 3－9】 2021 年 12 月 2 日，四平村收到上级拨付防火护林补助 30 000 元，款项已存入银行账户。

借：银行存款　30 000

　　贷：补助收入——防火护林补助　30 000

【例 3－10】 2021 年 12 月 3 日，四平村收到上级拨付植树绿化补助 25 000 元，款项已存入银行账户。

借：银行存款　25 000

　　贷：补助收入——植树绿化补助　25 000

2. 使用补助资金支付相关费用

使用补助资金支付专门用途的费用时，应按照支付费用的性质借记“管理费用”“应付工资”等账户，贷记“现金”或“银行存款”账户。

【例 3－11】 2021 年 12 月 5 日，四平村支付防火护林补助 30 000 元。款项已通过银行转账支付。

借：管理费用　30 000

　　贷：银行存款　30 000

【例 3－12】 2021 年 12 月 8 日，四平村购买树苗进行植树绿化，支付 25 000 元。款项已通过银行转账支付。

借：林业资产　25 000

　　贷：银行存款　25 000

3. 补助资金的年末结转损益

年末应将本期的补助收入结转至“本年收益”账户的贷方，结转后“补助收入”账户没有余额。

【例 3－13】 2021 年 12 月 31 日，四平村结转本年度防火护林补助 30 000 元，植树绿化补助 25 000 元。

借：补助收入——防火护林补助　　30 000
　　　　　　——植树绿化补助　　25 000
　　贷：本年收益　　55 000

4. 村干部补助和村办公经费补助资金的拨付与发放

财政转移支付资金中支付给村干部和用于村办公经费的补助资金，应记入“补助收入”账户。

【例 3－14】2021 年 12 月 15 日，四平村收到拨付的村干部补助 6 000 元，款项已存入银行账户。

借：银行存款　　6 000
　　贷：补助收入——财政转移支付资金　　6 000

【例 3－15】2021 年 12 月 16 日，四平村收到拨付的村办公经费 1 000 元。款项已存入银行账户。

借：银行存款　　1 000
　　贷：补助收入——财政转移支付资金　　1 000

【例 3－16】2021 年 12 月 18 日，四平村提取现金 7 000 元，支付两项费用。

借：现金　　7 000
　　贷：银行存款　　7 000
借：应付工资——财政转移支付资金　　6 000
　　管理费用——办公费　　1 000
　　贷：现金　　7 000

任务实施：

见本单元任务四。

任务评价：

“补助资金的管理与清理”任务评价表

工作任务清单	完成情况	评价等级
补助资金增加的账务处理		
补助资金使用的账务处理		
补助资金清理的账务处理		

备注：能完成打“√”，对应等级为合格；不能完成打“×”，对应等级为不合格。

任务拓展：

2021 年 12 月 8 日，四平村收到上级财政部门下发的卫生清理补助 10 000 元，款项已拨入银行账户，12 月 15 日，进行村卫生环境清理，向佳伟物业服务有限公司支付卫生环境清理费 9 000 元。12 月 31 日将补助资金结转至本年收益，如图 3－16 至图 3－18 所示。

请根据相关原始凭证进行账务处理。

拨款书

预算所属　月份　　　第四联：收账通知　　　签发日期：2021 年 12 月 8 日

收款单位	全称	四平村村民委员会	财政机关	全称	XX 县团结镇财政所	此联由金库盖章后交收款机关据以记账
	账号	6210001234560001588		账号	6210005857600052210	
	开户银行	农商银行团结支行		开户银行	农商银行团结支行	

科目				金额										备注
款	项	目	名称	千	百	十	万	千	百	十	元	角	分	
			卫生清理补助				1	0	0	0	0	0	0	
金额（大写）			壹万元整			¥	1	0	0	0	0	0	0	
财政机关签章			财政机关负责人 复核　经办人	金库盖章			主任：			复核：			经办人：	

农商银行团结支行 2021.12.08 转讫

图 3 – 16

银行收款通知单

单位名称：（公章）　　　报账日期：2021 年 12 月 8 日　　　编号:041

收款日期	对方单位	资金来源	金额（元）	第二联 登记备查账
2021 年 12 月 8 日	XX 县团结镇财政所	补助收入类	10 000.00	
合计金额	人民币：壹万×仟×佰×拾×元×角×分		¥：10 000.00	
备 注				
资金来源：1. 经营收入类　2. 补助收入类　3. 专款收入类　4. 发包及上交收入类 5. 借入债务类　6. 一事一议资金类　7. 其他收入类　8. 代收款项类　9. 其他类				

农商银行团结支行 2021.12.08 转讫

村报账员：　　代理服务机构会计：　　代理服务机构复核人：　　代理服务机构出纳：

图 3 – 17

××增值税电子普通发票

全国统一发票监制章 国家税务总局 ××税务局

机器编号：361234524745

发票代码：010200588340
发票号码：64578931
开票日期：2021年12月15日
校 验 码：40253 03446 50978 10456

购买方	名　　称：四平村村民委员会 纳税人识别号：N2321001MF60001212 地 址、电 话：团结镇四平村56780099 开户行及账号：农商银行团结支行6210001234560001588	密码区	978++1637>-6407+1821>7-+/*34 352<-0</9-1>3120>329<09*9*01 <+8591*610<38754+0//7*6-19*2 4*<<0975+<0781>02>/17-181+65

货物或应税劳务、服务名称	规格型号	单位	数量	单价	金额	税率	税额
*生活服务*卫生清理费					8 490.57	6%	509.43
合　　计					¥8 490.57		¥509.43
价税合计（大写）	⊗玖仟元整				（小写）¥9 000.00		

销售方	名　　称：佳伟物业服务有限公司 纳税人识别号：91100257796000325E 地 址、电 话：振兴街5号51340276 开户行及账号：工商银行大桥支行3512000450089553001	备注	佳伟物业服务有限公司 91100257796000325E 发票专用章

收款人：XXX　　复核：XXX　　开票人：XXX　　销售方：（章）

图 3 – 18

任务三　一事一议资金的管理与清理

任务目标：

（1）了解一事一议资金管理的内容、一事一议流程及清理方法。
（2）能够对一事一议资金的收入、使用和清理进行账务处理。

任务情境：

一、任务场景

三资共享中心员工于2021年11月3日接到四平村交来的一事一议资金业务相关票据，经认真审核无误后签收。

二、任务布置

三资共享中心员工按照业务要求，为四平村的一事一议资金业务进行票据整理及账务处理。

任务准备：

一、知识准备

（一）一事一议资金的概念

一事一议资金是指农村集体经济组织开展村民受益的生产、公益事业项目建设时，按照国家法规政策的规定，通过“一事一议”向村民筹集、财政奖补等渠道取得的专项资金，包括一事一议筹资和一事一议筹劳。一事一议资金主要用于兴建农田水利建设、人畜饮水设施、村道路建设、植树造林等全村村民直接受益的工程项目，是农村集体经济组织举办公益事业的主要资金来源渠道。

【知识链接】

一事一议是一事一议筹资筹劳的简称，是指为兴办村民直接受益的集体生产生活等公益事业，按照规定的民主程序确定的村民出资出劳的行为，是村级组织在农村税费改革后，村内公益事业建设项目及建设所需要的资金、劳务用工，由受益村民共同商议，并筹资筹劳进行建设的一种制度。这里所说的“事”就是指农民迫切需要的、直接受益的、愿意共同筹资筹劳来办的事；“议”，就是由农民来商议，让农民自己主张、自己决策。

一事一议筹资筹劳规定

（二）一事一议资金管理

村级“一事一议”项目资金来源是村民自筹、财政奖补、村组集体资金和社会捐助资金。项目支出实行镇财政报账制管理，采取“单独开户、专款专用、分村设账、分村核算”的管理办法。

1. 设置村级公益事业建设一事一议专项资金账户

一事一议资金，归本村集体所有：坚持专款专用，单独开户，分项建账、分项核算的管理原则，并建立专门辅助账簿登记核算。镇财政所在当地金融机构设置“村级公益事业建设一事一议专项资金”账户，用于核算所属各行政村“一事一议”的工程项目资金收支。在村级“一事一议”项目批复后，应将村民自筹和其他来源的资金在规定期限内足额缴入专户。

2. 一事一议资金项目范围

一事一议资金项目主要是以村民一事一议为基础的“村内户外”公益事业建设项目，包括：村内道路、桥涵建设、村内小型水利建设、村民饮用水工程、村内公共环卫设施、村内公共活动场所、村容美化亮化、新能源设施和村民认为需要兴办的集体生产生活等其他公益事业项目。

农民房前屋后的修路、建厕、打井、植树等投资筹劳不属于一事一议资金项目范围，由农民自己负责；明确规定由各级财政支出的项目，不准列入一事一议筹资筹劳范围，主要有：

（1）跨村及村以上范围的公益事业建设项目。

（2）大中型水利建设项目。

（3）农村电网改造升级。

（4）乡级及以上道路建设项目。

（5）计生和优抚、村办公共场所和村级运转经费等项目。

（6）举债兴办的村内公益事业项目。

3. 一事一议资金收取需使用专用票据

收取“一事一议”村民自筹和其他资金时，需使用专用票据，建立票据领、核、销登记制度，实行“专人负责、限量供给、定期核销、票款同行”的管理方式，严禁使用自行购买、私自印刷的不合规票据。村民筹集资金开具“××省一事一议筹资筹劳专用收据”，并按筹资筹劳清册开票到户；社会捐助资金开具“农村集体经济组织统一收款收据”；村组集体资金和村整合资金转入专户的由财政所开具“行政事业性收款收据”。

对“一事一议”项目筹劳情况，凭村委会填写的“村民出工单”按省级统一标准计算，计入资金来源类“筹劳折资”，同时支出类按“劳务支出”列支。

4. 一事一议资金坚持专款专用

一事一议资金用于对农民通过一事一议筹资筹劳开展的村级公益事业建设项目的专用支出。任何单位或个人不得截留、挪用一事一议资金，不得用于村办公场所建设、弥补村办公经费、村干部报酬等超出一事一议资金范围的其他支出。

一事一议资金一律以转账方式拨付给施工方，不得以现金支付，严禁各级挤占、挪用、平调，不得用于管理费开支，不得用于公益事业建设项目以外的其他项目，也不得返还给出资人，结余资金结转下一年度继续使用。

5. 一事一议资金和项目应实行公示制度

一事一议资金应当严格实行财务公开制度。按照村务公开的要求，对村民筹资筹劳资金、财政奖补资金使用明细等应张榜公示，自觉接受群众监督。对建设的“一事一议”项目的实施方案、资金来源、财务决算报告、项目招投标结果、竣工验收等情况，进行全面公示，接受村民的全程监督。已建成的“一事一议”项目，必须另设备查账簿对一事一议资金的筹集和使用情况进行登记。财政部门对“一事一议”专项资金进行全程监管，督促村委会依据村务公开的有关规定公示有关资金项目情况。

6. 一事一议资金形成的资产归项目村所有

农村集体应将项目资产及时入账，并负责项目的后期管护。应重视“一事一议”项目档案管理等基础工作，及时对涉及项目的各类原始资料，包括项目申报审批表、村民（代表）一事一议会议记录、筹资筹劳花名册及签名表、筹资筹劳审批表、项目招投标文书、建设工程合同、工程预（决）算表、项目监理报告、监督检查书、财务凭证、公示照片、审计报告、建设前后图片等相关资料要汇总归档，统一装订成册、规范管理。

（三）一事一议资金的报账

（1）通过一事一议筹资筹劳方案时，附“一事一议”项目建设申请表、一事一议项目筹资筹劳方案、村民代表大会讨论决定按一事一议的形式筹集专项资金的决议文件、一事一议项目工程预算书、“一事一议项目筹资筹劳汇总表”办理报账。

（2）以现金方式收到村民交来资金时，开具“农村集体经济组织内部往来结算票据”（在“一事一议项目筹资筹劳汇总表”进行汇总）办理报账。

（3）通过银行账户收到村民交来资金时，凭“银行收款通知单”，开具并附“农村集体经济组织内部往来结算票据”（在“一事一议项目筹资筹劳汇总表”进行汇总）办理报账。

（4）村民投资项目完成时，填制“一事一议筹劳决算审批表”，附筹劳集体用工登记簿（需注明工时）办理报账。

（5）通过银行转账方式支付工程项目款项且工程已经完工，填制“大额（转账）支出申请书”（收款方要与合同一致），并附工程发票（工程项目名称要与合同一致）、工程建设前后照片、工程完工结算单、完工验收单、工程项目竣工决算表、项目工程合同办理报账。

（6）按工程进度付款时，填制“大额（转账）支出申请书”“工程进度款支付申请表”办理报账。

（7）“一事一议”工程项目完工结算尾款时，填制“大额（转账）支出申请书”，并附工程完工结算单、完工验收单、工程建设完工后照片、工程发票、“工程项目竣工决算表”办理报账。

（四）一事一议的流程

一事一议应按照“村民自愿、民主决策、一事一议”的原则，主要包括民主决议、审核立项、筹资筹劳、资金使用几个环节，具体流程如图 3－19 所示。

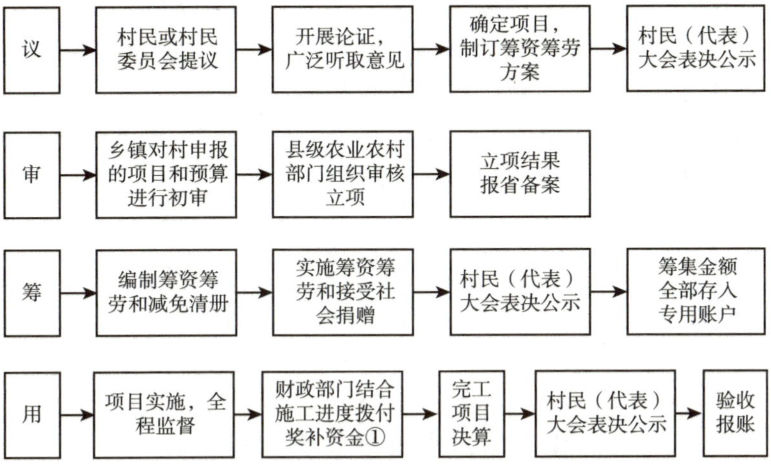

图 3－19　“一事一议”流程图

注：一事一议财政奖补资金的管理方式有报账制和先建后补两种。图中以报账制为例，若实行“先建后补”管理方式，在项目建成并通过验收后一次性拨付资金具体操作办法由市县财政、农业部门制定。

（五）一事一议资金的清理

县乡财政、农村综合改革部门要加强对一事一议资金项目的日常监督检查，确保工程质量、建设进度和一事一议资金的合理安全使用。县级财政部门、农业农村部门应落实属地管理责任，加强一事一议资金监督检查。县财政部门每年应组织开展一事一议资金管理和使用情况的清理检查。乡镇应充分发挥就地就近监管作用，加强一事一议资金项目申报、初审、实施、验收以及资金使用等监督检查。

1. 清理内容

加强对一事一议资金项目申报、审核、实施、验收、资金拨付等环节的监督检查。主要检查是否存在以下问题：

（1）项目申报超范围，未按政策要求的程序进行，弄虚作假；

（2）筹资筹劳的程序是否规范，资金收取是否超标准；

（3）虚假筹资，套取财政奖补专项资金；

（4）违反政府采购及招投标管理规定；

（5）项目资金未按批复预算实施，资金截留、挪用；

（6）项目实施过程中，未经批准擅自变更项目实施内容、地点；

（7）未按规定进行项目资金拨付；

（8）未按规定进行项目工程审计；

（9）公开内容是否全面、规范，公开是否及时、真实；

（10）其他违规违纪违法问题。

2. 清理要求

（1）一事一议资金清理自下而上，全面清查核对农村集体经济组织兴办生产、公益事业，按一事一议的形式筹集的专项资金，梳理项目实施情况。核对一事一议资金账面余额与筹资方案、备查账簿记录是否相符，查清一事一议项目预算、资金来源、已使用金额、结余情况等，填报“一事一议资金项目申报情况统计表”“一事一议资金清算表”。

（2）一事一议资金结余处理。农村集体通过筹资筹劳方式筹集的资金有结余款，应该召开村民（代表）大会进行表决公示，退还给出资的村民。

一事一议财政奖补资金使用原则上采取滚动结存方式，对上年未使用完的资金由农村集体所在镇根据当年项目安排滚动使用，对超过两年以上（含两年）未使用的结余资金，需上缴县财政，统筹安排使用。

（3）村级组织采用造假、欺骗等手段套取财政奖补资金的，一经查实，除追缴收回奖补资金外，两年内不得申报一事一议财政奖补项目并追究相关责任人责任。

【思政案例】

“一事一议”小资金助力乡村振兴

初夏时节，草木葱茏，宿迁市宿豫区新庄镇振友村村民活动广场上，老人们正聚在健身器材旁，一边聊天，一边锻炼身体，很是悠闲。“这都是‘一事一议’带来的变化啊!”村民高兴地说，“住进干净宽敞的楼房以后，我们又有了自己的休闲广场，你看看这些运动器材，一点不比城里小区里的差。”

这些变化得益于正在扎实推进的“一事一议”财政奖补项目建设工作。在宿豫区，像振友村一样享受着“一事一议”财政奖补项目的村居达 111 个。77 岁的朱成业是土生土长的新庄镇前进村人，见证了村口道路的变迁。他说，村口这条路原来是土路，一到下雨天，“稀泥能陷到脚脖子”。后来，村里用“一事一议”财政奖补的钱修了一条 3.5 米宽的水泥路，解决了村民的大麻烦，出行方便很多。

“十三五”以来，宿豫区“一事一议”财政奖补项目累计投入 4 248.82 万元（其中省级财政补助 3 884 万元，村级自筹资金 364.82 万元），铺设道路 147.39 千米，惠及上万群众。

如今，“一事一议”正在方便广大农民的生活，滋润着广大农民的心田，农村路灯亮、道路平、沟渠通、环境优，不止村容村貌有了很大的改善，农民群众的精气神也变得越来越足，日子越过越有奔头了。

（六）一事一议资金常见原始单据（见图 3－20 至图 3－29）

××县农村公益事业（一事一议）财政奖补申请审批表

单位：元、亩、人、户、个

<table>
<tr><td colspan="4">申报单位（公章）镇（街道）</td><td>村申报项目名称</td><td colspan="2"></td></tr>
<tr><td rowspan="2">基本情况</td><td>村民小组个数</td><td>总农户数</td><td>总人口</td><td>其中筹资人口</td><td>农村劳力</td><td>承包耕地面积</td></tr>
<tr><td></td><td></td><td></td><td></td><td></td><td></td></tr>
<tr><td rowspan="7">投资概算</td><td>项目</td><td>金额</td><td rowspan="7">筹资概算</td><td>项目</td><td>金额</td><td>标准（人平均数）</td></tr>
<tr><td>土建工程</td><td></td><td>“一事一议”筹资</td><td></td><td></td></tr>
<tr><td>建筑材料费</td><td></td><td>申请财政补贴</td><td></td><td></td></tr>
<tr><td>人工费</td><td></td><td>集体收入补贴</td><td></td><td></td></tr>
<tr><td></td><td></td><td>争取其他资金</td><td></td><td></td></tr>
<tr><td>其他</td><td></td><td>其他</td><td></td><td></td></tr>
<tr><td>合计</td><td></td><td>合计</td><td></td><td></td></tr>
<tr><td>筹劳概算总数</td><td>个</td><td>筹劳数</td><td>个</td><td>劳动力平均</td><td>个</td><td>其他渠道筹劳　个</td></tr>
<tr><td>镇（街道）一事一议办公室</td><td colspan="2">负责人：</td><td rowspan="2">镇人民政府（街道办事处）审批意见</td><td colspan="3" rowspan="2">单位公章：　　负责人：</td></tr>
<tr><td>镇（街道）财政所审核意见</td><td colspan="2">单位公章：　　负责人：</td></tr>
<tr><td>县农村综合改革办县农民负担监管办备案</td><td colspan="6">单位公章：　　负责人签名　　年　月　日</td></tr>
</table>

（本表一式三份，县、镇（街道）、村各一份）

图 3－20　财政奖补申请审批表票样

××县____镇（街道）______村村民（代表）会议

农村公益事业（一事一议）筹资筹劳决议书

会议时间：__________年__________月__________日

会议地点：____________________________________

主持人姓名及职务：____________记录人：________

决议事项：____________________________________

筹资总额：____________元，人平均________元

筹劳总额：____________________________________

筹劳数量：________个，劳动力平均________个

应到会人数：____________人

实到会人数：________人，占应到会人数__________%

赞成人数：________人，占到会人数________%

反对人数：________人，占到会人数________%

弃权人数：________人，占到会人数________%

表决结果（通过或否决）：______________________________

监票人签名盖章：__________计票人签名盖章：____________

图3－21　农村公益事业（一事一议）筹资筹劳决议书

××县农村公益事业（一事一议）筹集资金明细表

单 位：　镇（街道）　村委　村小组　　　　年　月　日

户名	人口	标准	应缴金额	实缴金额	欠缴金额	备注

图3－22　一事一议筹集资金明细表

××县农村公益事业（一事一议）筹资筹劳会议记录

单　位							
会议名称							
主持人			记录人				
时　间	年　月　日		地　点				
应到会人数		实到会人数		同意人数		占应到会人数（%）	
筹资期限	年　月　日至　年　月　日						
会议内容							
决议事项							
备　注							

（会议记录附件）

图 3－23　一事一议筹资筹劳会议记录

农村公益事业（一事一议）项目工程预算方案 一、工程名称： 二、资金来源： 三、工程量： 四、开工时间： 五、竣工时间： 六、各项工程预算具体如下：

图 3－24　一事一议项目工程预算方案

××县一事一议资金清算表

单位：元

序号	项目名称	批准文件	专户筹资情况			业主单位	建设方式	预算价	承建单位	合同价	竣工验收日期	竣工决算审计价	专户已支付工程款	本次资金拨付			备注
			合计	核定财政奖补	村民自筹									合计	财政奖补项目款	退还村民自筹结余资金	
	1	2	3	4	5	6	7	8	9	10	11	12	13	14	15	16	17
	合　计																

图 3－25　一事一议资金清算表

20××年度“一事一议”筹劳决算审批表

申请单位：（公章）

筹劳项目及数量	农田水利建设	修建村屯道路	改善环境卫生	公共设施修缮	植树造林	防灾救灾	文化娱乐活动
预算筹劳							
实际筹劳							
实际用工							
劳均出工							

村民委员会申报意见：	乡镇农村经济管理部门审批意见：	县级农村经济管理部门审批意见：
（公章）	（公章）	（公章）
财务负责人：　年　月　日	经办人：　年　月　日	经办人：　年　月　日

图 3－26　一事一议筹劳决算审批表

统一出工工票

20××年　　月　　日

<table>
<tr><td>用工内容</td><td colspan="5"></td></tr>
<tr><td>姓名</td><td>出工天数</td><td>折工数量</td><td>工值</td><td>出工折款</td><td>出工人签字</td></tr>
<tr><td></td><td></td><td></td><td></td><td></td><td></td></tr>
<tr><td></td><td></td><td></td><td></td><td></td><td></td></tr>
<tr><td></td><td></td><td></td><td></td><td></td><td></td></tr>
<tr><td>合计</td><td></td><td></td><td></td><td></td><td></td></tr>
</table>

负责人：　　　　　　　　派工人：　　　　　　　　经办人：

图 3－27　统一出工工票票样

20××年一事一议资金项目申报情况统计表

<table>
<tr><td rowspan="4">序号</td><td rowspan="4">单位</td><td rowspan="4">项目名称</td><td colspan="11">资金筹资情况（元）</td><td colspan="9">资金安排情况（元）</td></tr>
<tr><td rowspan="3">省以上财政</td><td rowspan="3">县级财政</td><td rowspan="3">乡镇财政</td><td rowspan="3">村组集体组织</td><td rowspan="3">社会捐赠</td><td rowspan="3">整合其他支农资金</td><td colspan="3">村民自筹</td><td rowspan="3">合计</td><td rowspan="3">项目申报资金总额</td><td rowspan="3">农田水利设施</td><td rowspan="3">道路修建</td><td rowspan="3">桥梁</td><td rowspan="3">村容美化亮化</td><td rowspan="3">安全饮水</td><td rowspan="3">村内环卫设施</td><td rowspan="3">村内公共活动场所</td><td rowspan="3">其他</td><td rowspan="3">合计</td></tr>
<tr><td rowspan="2">筹资</td><td colspan="2">筹劳</td></tr>
<tr><td>筹劳</td><td>其中：以资代劳</td></tr>
<tr><td></td><td></td><td></td><td></td><td></td><td></td><td></td><td></td><td></td><td></td><td></td><td></td><td></td><td></td><td></td><td></td><td></td><td></td><td></td><td></td><td></td><td></td><td></td></tr>
<tr><td></td><td></td><td></td><td></td><td></td><td></td><td></td><td></td><td></td><td></td><td></td><td></td><td></td><td></td><td></td><td></td><td></td><td></td><td></td><td></td><td></td><td></td><td></td></tr>
<tr><td colspan="3">合计</td><td></td><td></td><td></td><td></td><td></td><td></td><td></td><td></td><td></td><td></td><td></td><td></td><td></td><td></td><td></td><td></td><td></td><td></td><td></td><td></td></tr>
</table>

图 3－28　一事一议资金项目申报情况统计表

××市农村集体经济组织

内部转账凭据

20××年　　月　　日

转入账户（个人）＿＿＿＿＿＿＿＿＿＿＿＿＿＿＿＿

转出账户（个人）＿＿＿＿＿＿＿＿＿＿＿＿＿＿＿＿

人民币（大写）＿＿＿＿＿＿＿＿＿＿＿＿＿＿＿＿＿ ¥＿＿＿＿＿＿

事　由＿＿＿＿＿＿＿＿＿＿＿＿＿＿＿＿＿＿＿＿＿＿＿＿＿＿

第三联　乡（镇）经管中心代理记账

会计：　　　　　记账：　　　　　稽核：　　　　　审计：

图 3－29　农村集体经济组织内部转账凭据票样

（七）相关法律法规

《会计基础工作规范》（中华人民共和国财政部令第98号）（2019年修订）
《农村集体经济组织财务制度》（财农［2021］121号）
《村集体经济组织会计制度》（财会［2004］12号）
《村级公益事业建设一事一议财政奖补资金管理办法》（财预［2011］561号）

二、业务要领

（一）一事一议资金核算的账户设置

一事一议资金是农村集体经济组织举办公益事业的主要资金来源渠道。由于一事一议资金事关村民的切身利益，对一事一议资金要专款专用，单独设立账户进行核算，任何人不得挪用。

一事一议资金账户，用于核算农村集体经济组织一事一议资金的筹集和使用情况。该账户属于负债类账户，应按所议项目设置明细账户，进行明细核算。账户贷方登记一事一议资金的增加额，借方登记一事一议资金使用后转入“公积公益金”的金额。期末余额在贷方，反映农村集体经济组织应当用于一事一议专项工程建设的资金；如出现期末借方余额，则反映农村集体经济组织一事一议专项工程建设的超支数。同时，另设备查账簿对一事一议资金的筹集和使用情况进行登记。项目完工验收合格或投入使用后，一事一议资金应结转为农村集体积累。

【知识链接】

“内部往来”账户核算农村集体经济组织与所属单位和农户的经济往来业务。农村集体经济组织因筹集一事一议资金与农户发生的应收款项，在筹资方案经成员大会或成员代表大会通过时，按照筹资方案规定的金额，借记本账户，贷记“一事一议资金”账户；收到款项时，借记“现金”等账户，贷记本账户。

（二）一事一议资金的核算

一事一议资金的主要业务包括一事一议资金的筹集（包括筹资方案的审批、收到一事一议资金）、使用（包括使用一事一议资金形成固定资产和未形成固定资产）及结转（项目完成后，应结转为农村集体积累）的处理。要严格按《村集体经济组织会计制度》规定，结合农村集体“三资”工作，对形成村级集体财产的要登记固定资产台账。有关会计科目设置、账簿设置、会计核算、报表编制、财务决算和财务制度建设等工作严格参照“村财乡镇代管”的有关规定，及时办理结算，登记账簿，编制报表，装订凭证。具体核算方法如下：

1. 一事一议资金的筹集

农村集体经济组织应于一事一议筹资方案经农村集体成员大会或成员代表大会讨论通过时，借记“内部往来”账户，贷记“一事一议资金”账户。收到村民的筹资款，借记“现金”或“银行存款”账户，贷记“内部往来”账户。

【例 3－17】 2021 年 11 月 3 日，四平村经村民大会通过，以一事一议的方式建设安全饮水项目。预算 140 000 元，筹资方式如下：一事一议筹资 40 000 元，筹劳 10 000 元，社会捐赠 30 000 元，向财政部门申请一事一议财政奖补资金 60 000 元。

（1）筹资筹劳方案通过。

借：内部往来——各户村民　40 000
　　贷：一事一议资金——安全饮水项目　40 000

（2）收到村民筹集款 40 000 元，社会捐赠 30 000 元，存入银行账户。

借：银行存款　70 000
　　贷：内部往来——各户村民　40 000
　　　　一事一议资金——安全饮水项目——社会捐赠　30 000

（3）收到一事一议财政奖补资金 60 000 元，存入银行账户。

借：银行存款　60 000
　　贷：一事一议资金——安全饮水项目——财政奖补资金　60 000

2. 一事一议资金购入不需安装的固定资产

购入不需要安装的固定资产，则固定资产增加，现金或银行存款减少；同时，借记“一事一议资金”账户，贷记“公积公益金”账户。

【例 3－18】 接【例 3－17】，购入一套不需安装的净水设备 130 000 元。款项已通过银行转账支付。

借：固定资产——净水设备　130 000
　　贷：银行存款　130 000
借：一事一议资金——安全饮水项目　130 000
　　贷：公积公益金　130 000

3. 一事一议资金购入需安装的固定资产或用于项目工程

购入需要安装的固定资产或用于项目工程建设，按照项目支出金额借记“在建工程”账户，贷记“现金”或“银行存款”账户。实际工程建设过程中，发生的购入物资款、支付安装费、人工费等都应计入在建工程实际成本。固定资产完工后，借记“固定资产”账户，贷记“在建工程”账户。

【例 3－19】 接【例 3－17】四平村经招标将安全饮水项目承包给甲公司，工程开工时，支付工程款 100 000 元，人工费 8 000 元，款项已通过银行转账支付。

借：在建工程——安全饮水项目　108 000
　　贷：银行存款　108 000

【例 3－20】 接【例 3－19】，购入工程物资 12 000 元，投入项目。

借：在建工程——安全饮水项目　12 000
　　贷：银行存款　12 000

【例 3－21】 接【例 3－20】，在工程建设中，村民筹劳折合 10 000 元。

借：在建工程——安全饮水项目　10 000
　　贷：公积公益金　10 000

【例 3－22】接【例 3－21】，工程竣工投入使用，结转固定资产。

借：固定资产——安全饮水项目　　130 000

　　贷：在建工程——安全饮水项目　　130 000

4. 一事一议资金转为集体积累

工程验收合格，交付使用时，将实际支付金额转为集体积累，借记“一事一议资金”账户，贷记“公积公益金”账户。

【例 3－23】接【例 3－22】，将实际支付金额，转为集体积累。

借：一事一议资金——安全饮水项目　　120 000

　　贷：公积公益金　　120 000

5. 一事一议资金结余或超支的处理

若一事一议项目资金超支时，在避免新增村级债务的基础上，经村民大会或村民代表会议讨论通过，可在集体积累或费用开支中列支超支金额。

对一事一议筹资筹劳建设项目全部完工并验收合格的余款处理：余额较大时应及时退还给农户，余额较小时经村民同意或村民代表同意，结转用于本村其他一事一议筹资项目。

【例 3－24】接【例 3－23】，四平村安全饮水项目共筹资 130 000 元，工程实际支付金额 120 000 元，资金结余 10 000 元退还村民。

借：一事一议资金——安全饮水项目　　10 000

　　贷：银行存款　　10 000

【例 3－25】假如四平村该项一事一议资金项目中，工程实际支付金额 135 000 元，超支 5 000 元。经村民大会或村民代表会议讨论通过，可在集体积累列支超支金额。

借：公积公益金　　5 000

　　贷：一事一议资金——安全饮水项目——集体积累投入　　5 000

任务实施：

见本单元任务四。

任务评价：

“一事一议资金的管理与清理”任务评价表

工作任务清单	完成情况	评价等级
一事一议资金增加的业务账务处理		
一事一议资金使用的业务账务处理		
一事一议资金清理的业务账务处理		

备注：能完成打“√”，对应等级为合格；不能完成打“×”，对应等级为不合格。

任务拓展：

2021 年 1 月 4 日，四平村通过村民大会决定采用一事一议的方式修建村内水泥路，工程预算 100 000 元，筹资方式为：村民筹集一事一议资金 30 000 元，筹劳 20 000 元，申请一事一议财政奖补资金 50 000 元。1 月 6 日，收齐筹资款 30 000 元，1 月 8 日，收到一事一议财政奖补资金 50 000 元。经过招标，农村集体经济组织与宏利公司签订工程合同。1 月 10 日，支付工程物资款 50 000 元。1 月 18 日，支付人工费 30 000 元。1 月 25 日，村民筹劳折合 20 000 元。1 月 31 日工程完工，验收交付农村集体使用，原始凭证见图 3 - 30 至图 3 - 35。

请根据相关业务编写会计分录。

××县 团结 镇（街道） 四平 村村民（代表）会议

农村公益事业（一事一议）筹资筹劳决议书

会议时间： 2021 年 1 月 4 日

会议地点： 村部会议室

主持人姓名及职务： ××× 记录人： ×××

决议事项： 修建四平村村内水泥路

筹资总额： 30 000 元，人平均 50 元

筹劳总额： 20 000元，每工25元

筹劳数量： 400 个，劳动力平均 2 个

应到会人数： 83 人

实到会人数： 75 人，占应到会人数 90 %

赞成人数： 75 人，占到会人数 100 %

反对人数： 0 人，占到会人数 ____ %

弃权人数： 0 人，占到会人数 ____ %

表决结果（通过或否决）： 通过

监票人签名盖章： ××× 计票人签名盖章： ×××

图 3 - 30

农村公益事业（一事一议）项目工程预算方案

一、工程名称：四平村水泥路工程

二、资金来源：村民一事一议筹资筹劳资金

三、工程量：1 000米

四、开工时间：2021年1月10日

五、竣工时间：2021年2月1日

六、各项工程预算具体如下：

材料费：50 000元

人工费：50 000元

工程预算合计：人民币壹拾万元整（¥100 000.00）

图 3 - 31

现金收入报账单

单位名称：（公章）　　　　报账日期：2021 年 1 月 6 日　　　　编号:028

缴存银行日期	2021 年 1 月 6 日	票据号码	003	资金来源	一事一议资金类
原始凭证种类	筹资名册		原始凭证张数	30	
摘　　要					
金　　额	人民币：叁万元				¥：30 000.00
备　　注					
资金来源：1. 经营收入类　2. 补助收入类　3. 专款收入类　4. 发包及上交收入类　5. 借入债务类　6. 一事一议资金类　7. 其他收入类　8. 代收款项类　9. 其他类					

第二联　登记备查账

村报账员：　　代理服务机构会计：　　代理服务机构复核人：　　代理服务机构出纳：

图 3－32

××农商银行 现金缴款单（回单）

2021 年 1 月 6 日

收款单位	全称	四平村村民委员会	款项来源	一事一议筹资
	账号	6210001234560001588	款项类别	现金

人民币（大写）	千	百	十	万	千	百	十	元	角	分
叁万元整			¥	3	0	0	0	0	0	0

券别	张数	百	十	万	千	百	十	元	券别	张数	万	千	百	十	元	角	
100 元	200			2	0	0	0	0	5 元								会计　记账
50 元	200			1	0	0	0	0	2 元								
20 元									1 元								复核　出纳
10 元									辅币								

农商银行团结支行
2021.01.06
转讫

图 3－33

银行收款通知单

单位名称：（公章）　　　　报账日期：2021 年 1 月 8 日　　　　编号:032

收款日期	对方单位	资金来源	金额（元）
2021 年 1 月 8 日	XX 县团结镇财政所	一事一议资金类	50 000.00
合计金额	人民币：伍万元		¥：50 000.00
备　注			
资金来源：1. 经营收入类　2. 补助收入类　3. 专款收入类　4. 发包及上交收入类　5. 借入债务类　6. 一事一议资金类　7. 其他收入类　8. 代收款项类　9. 其他类			

农商银行团结支行
2021.01.08
转讫

第二联　登记备查账

村报账员：　　代理服务机构会计：　　代理服务机构复核人：　　代理服务机构出纳：

图 3－34

拨款书

预算所属 月份　　　　第四联：收账通知　　　　签发日期：2021 年 1 月 8 日

收款单位	全称	四平村村民委员会	财政机关	全称	XX 县团结镇财政所
	账号	6210001234560001588		账号	6210005857600052210
	开户银行	农商银行团结支行		开户银行	农商银行团结支行

科目				金额										备注
款	项	目	名称	千	百	十	万	千	百	十	元	角	分	
			一事一议 财政奖补资金				5	0	0	0	0	0	0	
金额（大写）			伍万元整			¥	5	0	0	0	0	0	0	
财政机关签章			财政机关负责人 复核 经办人	金库盖章		主任：			复核：			经办人：		

（印章：农商银行团结支行 2021.01.08 转讫）

此联由金库盖章后交收款机关据以记账

图 3－35

任务四 资金业务实训

任务目标：

（1）能够对资金类原始票据进行整理、查验。

（2）能够将纸质票据转成电子票据影像文件，上传到农村三资平台。

（3）掌握农村三资平台资金业务的处理流程和操作方法。

（4）能够利用农村三资平台完成资金业务的报账、公示、制单和审核。

任务情境：

2021 年 1 月，四平村收到上级拨付的财政专项资金 20 万元，用于示范村建设项目。在示范村建设中，2021 年 1 月 8 日支付环境清理费价税合计 10 900 元，2021 年 1 月 10 日购买村活动室电脑 20 台，价税合计 113 000 元，均取得增值税电子普通发票。

任务准备：

一、工作任务

2021 年 1 月 10 日，三资共享中心接到四平村交来的财政专项资金支出业务的相关票据（见图 3－36 至图 3－38），经认真审核无误后签收。三资共享中心按照业务要求，利用农村三资平台，为四平村的专项资金业务进行报账与制单。

××增值税电子普通发票

机器编号：361234524745

发票代码：010200560147
发票号码：68035739
开票日期：2021年01月08日
校 验 码：40253 03446 50978 10456

购买方	名　　称：四平村村民委员会 纳税人识别号：N2321001MF60001212 地 址、电 话：团结镇四平村56780099 开户行及账号：农商银行团结支行6210001234560001588	密码区	17>89++167+3-60782341>7-+/*4 2<-0</90>250935-1>312*01<09* <+1081*6<3598757*6-14+0//9*8 7*<<0978+<01>045781+37-2>/11

货物或应税劳务、服务名称	规格型号	单位	数量	单价	金额	税率	税额
*生活服务*环境清理费			1	10 283.02	10 283.02	6%	616.98
合　计					¥10 283.02		¥616.98
价税合计（大写）	⊗壹万零玖佰元整				（小写）¥10 900.00		

销售方	名　　称：佳伟物业服务有限公司 纳税人识别号：91100257796000325E 地 址、电 话：振兴街5号51340276 开户行及账号：工商银行大桥支行3512000450089553001	备注	

收 款 人：XXX　　复 核：XXX　　开 票 人：XXX　　销售方：（章）

图 3－36

××增值税电子普通发票

机器编号：547453612342

发票代码：012003466621
发票号码：01235768
开票日期：2021年01月10日
校 验 码：34705 41253 76285 18809

购买方	名　　称：四平村村民委员会 纳税人识别号：N2321001MF60001212 地 址、电 话：团结镇四平村56780099 开户行及账号：农商银行团结支行6210001234560001588	密码区	05>96++245+3-60786027>7-+/*2 0<-0</90>692328-1>312*01<09+ <+1458/6<2509357*6-54+0>>7<1 7*<<5841+<01>045781+37-2>/34

货物或应税劳务、服务名称	规格型号	单位	数量	单价	金额	税率	税额
*电子计算机*电脑		台	10	5 000.00	50 000.00	13%	6 500.00
合　计					¥50 000.00		¥6 500.00
价税合计（大写）	⊗伍万陆仟伍佰元整				（小写）¥56 500.00		

销售方	名　　称：汇融商贸科技有限公司 纳税人识别号：912300580010010303 地 址、电 话：松江街1号85771156 开户行及账号：工商银行和平支行3500025000110009870	备注	

收 款 人：XXX　　复 核：XXX　　开 票 人：XXX　　销售方：（章）

图 3－37

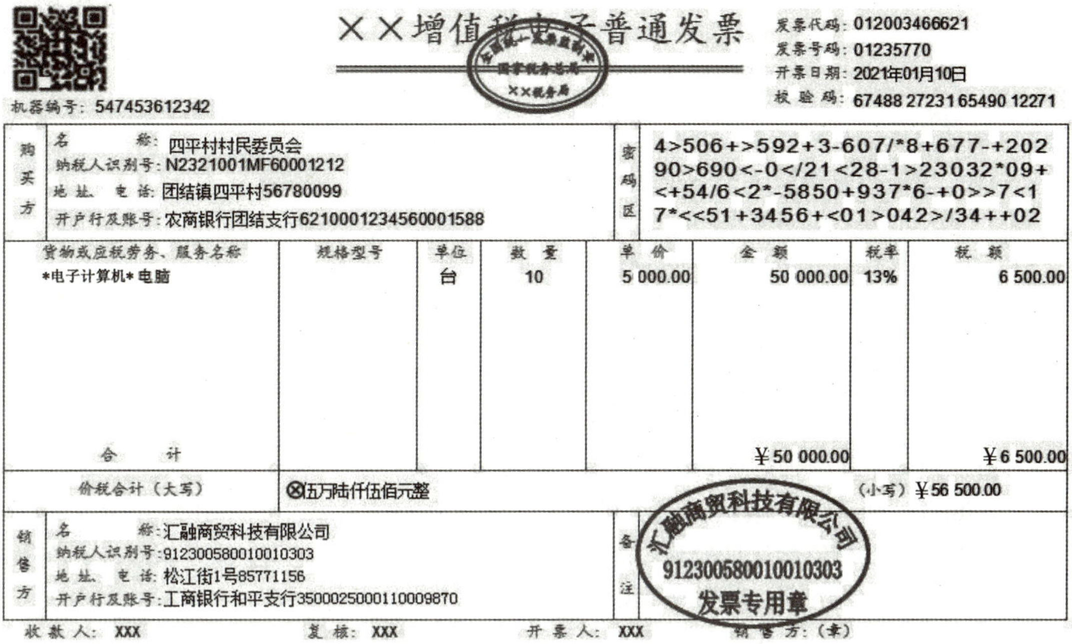

××增值税电子普通发票

发票代码：012003466621
发票号码：01235770
开票日期：2021年01月10日
校验码：67488 27231 65490 12271

机器编号：547453612342

购买方	名称：四平村村民委员会 纳税人识别号：N2321001MF60001212 地址、电话：团结镇四平村56780099 开户行及账号：农商银行团结支行6210001234560001588	密码区	4>506+>592+3-607/*8+677-+202 90>690<-0</21<28-1>23032*09+ <+54/6<2*-5850+937*6-+0>>7<1 7*<<51+3456+<01>042>/34++02

货物或应税劳务、服务名称	规格型号	单位	数量	单价	金额	税率	税额
*电子计算机*电脑		台	10	5 000.00	50 000.00	13%	6 500.00
合计					￥50 000.00		￥6 500.00
价税合计（大写）	⊗伍万陆仟伍佰元整					（小写）	￥56 500.00

销售方	名称：汇融商贸科技有限公司 纳税人识别号：912300580010010303 地址、电话：松江街1号85771156 开户行及账号：工商银行和平支行3500025000110009870	备注	

收款人：XXX　　复核：XXX　　开票人：XXX　　销售方：（章）

图 3－38

二、任务分析

农村集体经济组织的资金管理主要涉及财政专项资金、补助资金与一事一议资金的使用，要求必须专款专用。三项资金的使用实行严格的报账审批，公开公示，接受群众监督。资金业务的处理包括在农村三资平台中进行票据处理、报账、审批、公示、制单及审核。主要工作岗位为资金报账岗和会计核算岗，平台选择报账中心和会计核算两大模块进行业务操作，任务流程如图 3－39 所示。

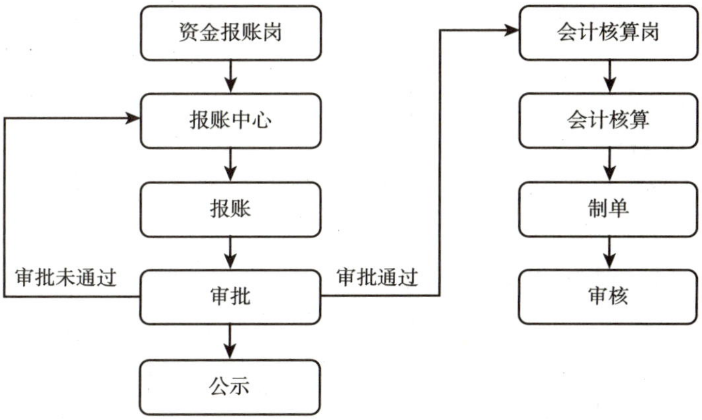

图 3－39　资金业务流程图

任务实施：

一、操作流程

（1）整理原始凭证——查验审核。

（2）纸质凭证扫描拍照——转成电子影像文件。

（3）报账中心模块业务处理——报账——审批——公示。

（4）会计核算模块业务处理——票据制单——审核凭证。

二、操作步骤

（一）原始凭证整理

资金报账岗的员工，即报账员，对收到的原始凭证进行人工查验，审核原始凭证的真实性、完整性和有效性。审查原始凭证所反映的经济业务是否合法，是否违反相关法规、政策、计划和标准。审核原始凭证的内容填写是否完整；文字、数字、金额是否准确；经办单位和经办人员签章是否齐全；是否有涂改、污损等情况。

原始凭证经过审核后，报账员对不符合规定的原始凭证退回，要求重新补办手续；对符合规定的原始凭证，进行分类汇总。

（二）纸质凭证转成电子影像文件

将审核无误的纸质凭证进行拍照或扫描，转成电子影像文件。同时，对电子影像文件再次查验，确保电子影像文件准确无误。

（三）报账中心模块操作

农村集体经济组织的资金管理实行严格的报账与审批制度，必须符合财务公开原则。报账中心的主要操作包括进行资金的报账、审批和公示。

（1）报账员进入农村三资系统，单击应用中心，单击进入报账中心模块，如图 3－40 和图 3－41 所示。

（2）进行“项目配置”，单击【新增】按钮，输入“项目名称”，单击【确定】按钮，如图 3－42 至图 3－44 所示。

（3）单击【我的报销】按钮，单击【新增】按钮，进入报销单填写页面，如图 3－45 所示。

（4）填写报销单时，要正确选择所属会计期间。报销单的填写内容包括三个方面：

①基本信息：逐项填写“报销人”“收支类型”“所属项目”“资金来源”及“报销事由”。财政专项资金的支出应选择正确的“所属项目”。“资金来源”应在下拉菜单中选择“专项资金”，如图 3－46 所示。

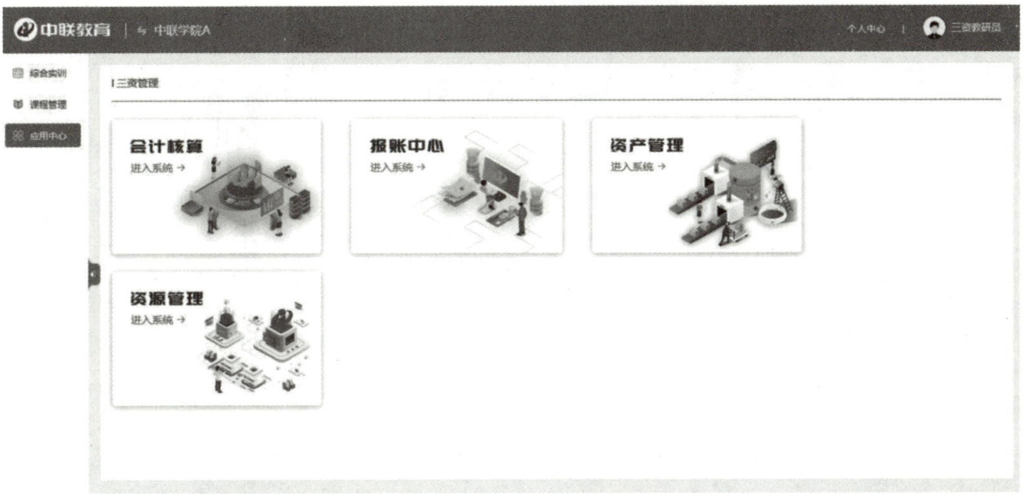

图 3－40　进入报账中心

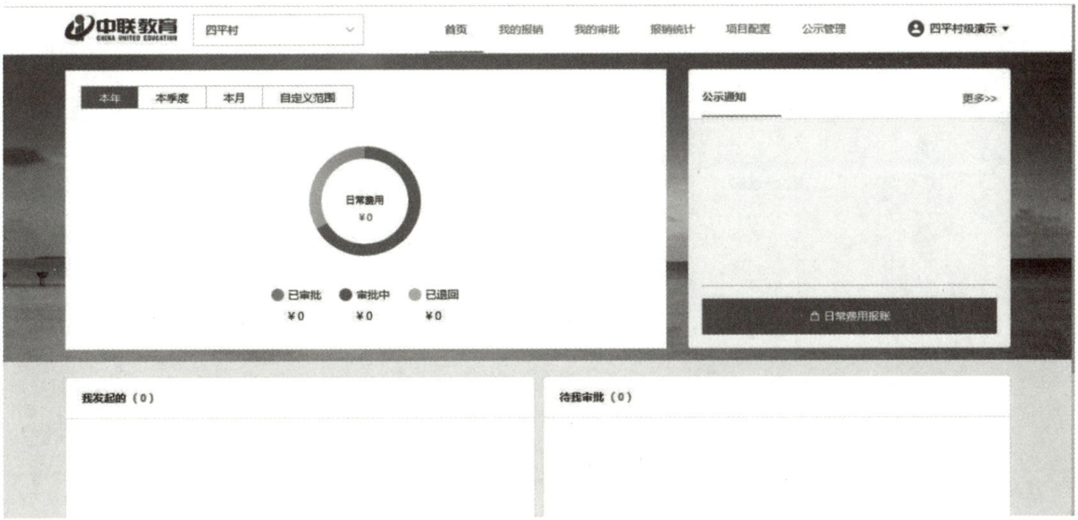

图 3－41　报账中心首页

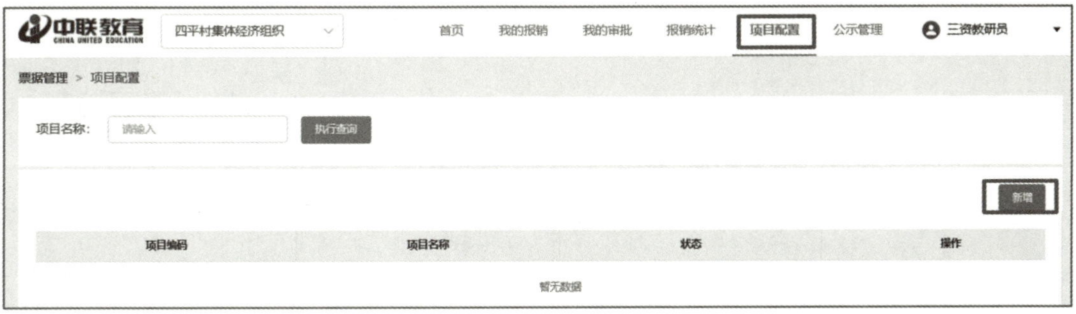

图 3－42　进行项目配置

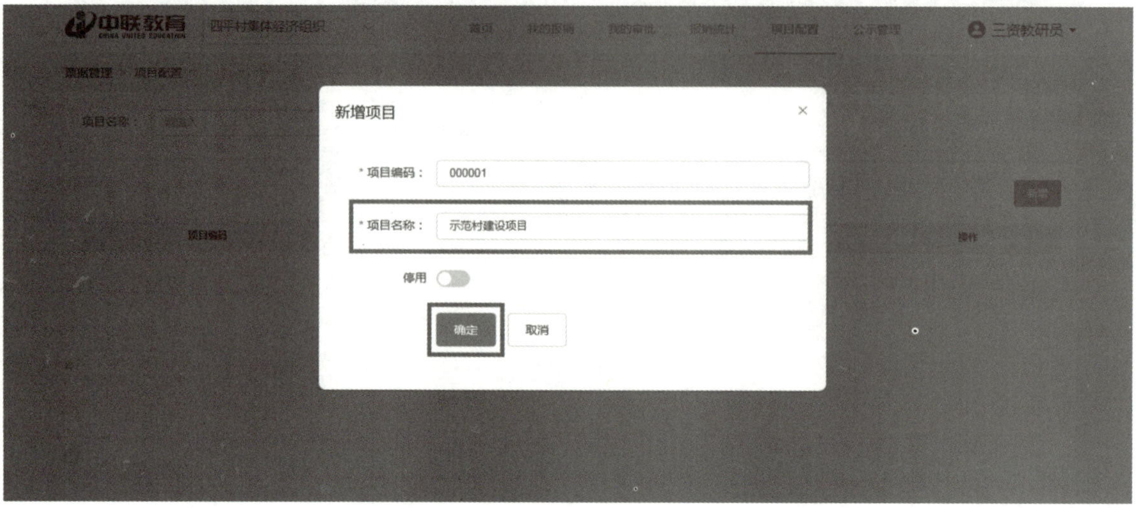

图 3－43　输入新增项目名称

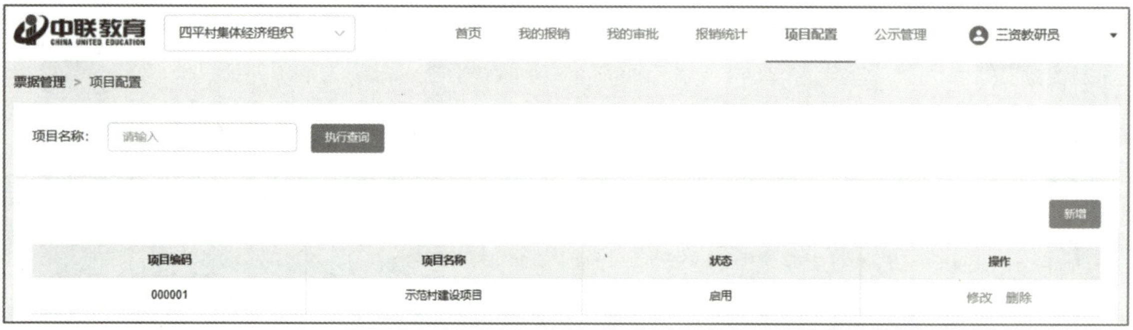

图 3－44　项目名称增加完成

图 3－45　新增报销单

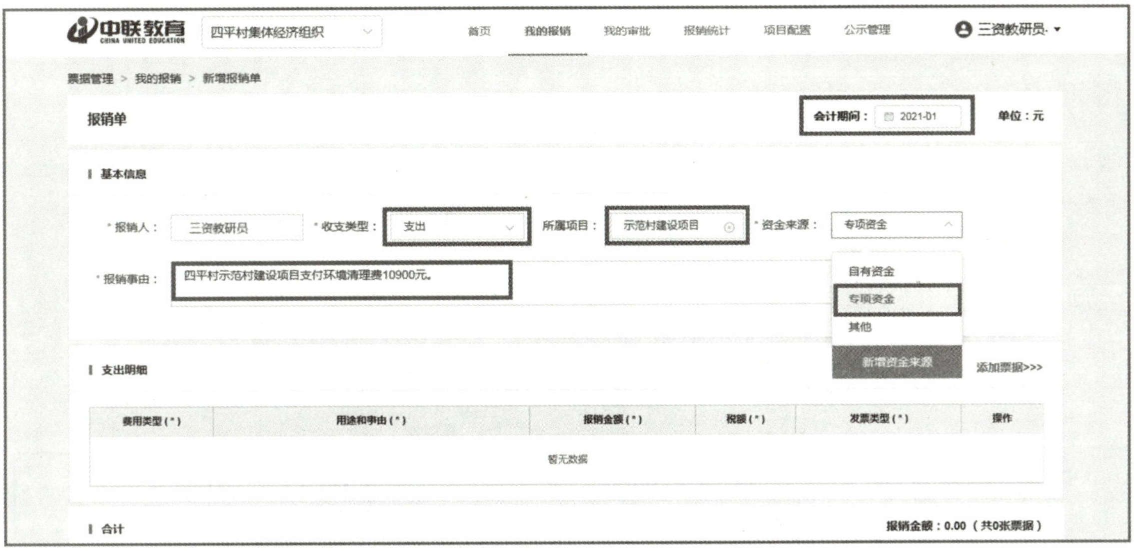

图 3－46　填写报销单基本信息

当农村集体经济组织收到补助资金和一事一议资金时，应新增“资金来源”。方法为在【资金来源】下拉菜单中单击【新增资金来源】按钮，输入相应资金名称并确定，如图 3－47 至图 3－49 所示。

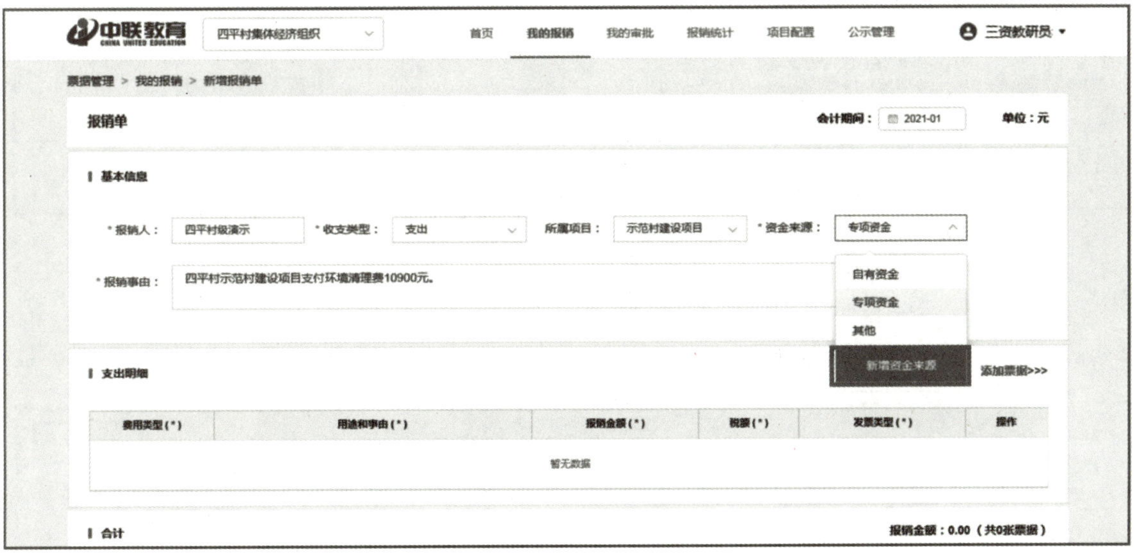

图 3－47　新增资金来源

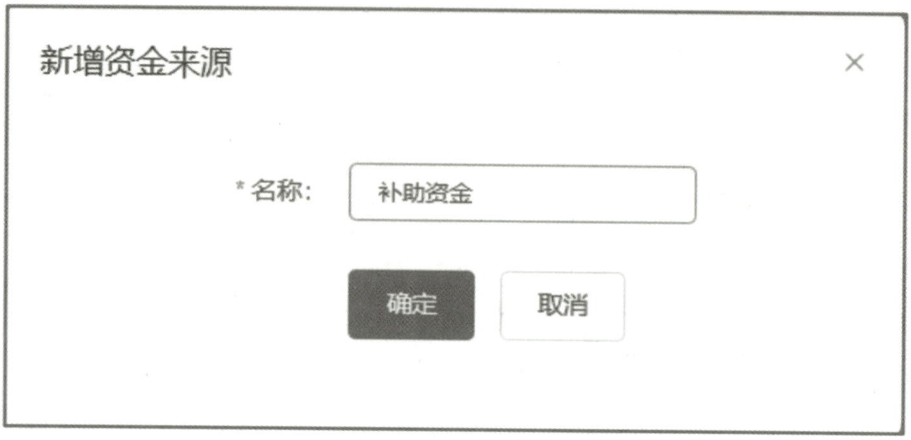

图 3－48　输入新增资金来源名称

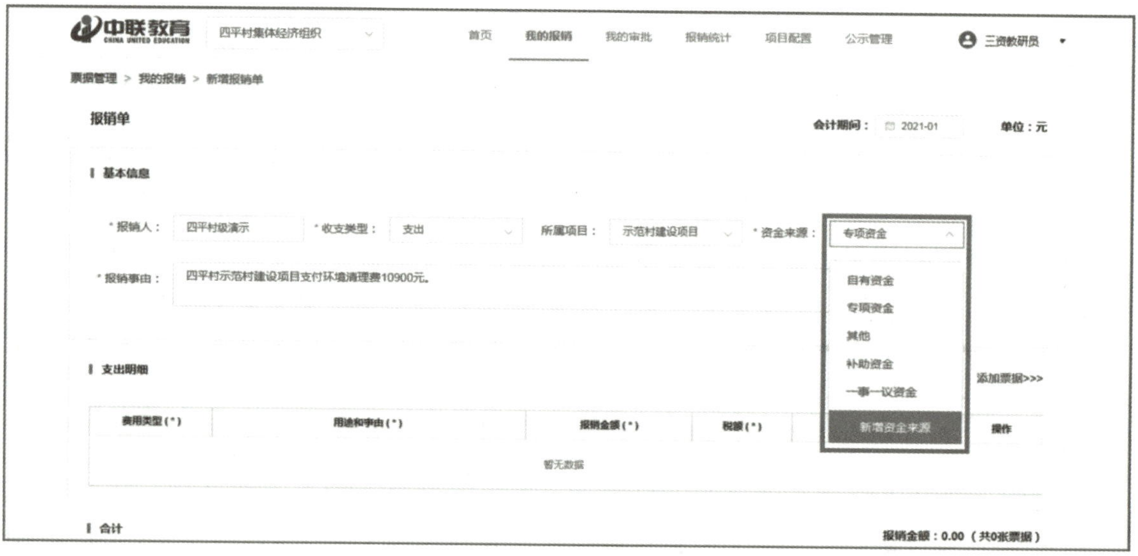

图 3－49　新增资金来源完成

②支出明细：单击【添加票据】按钮，将在电脑中的电子票据上传至三资系统中，并进行查验，如图 3－50、图 3－51 所示。

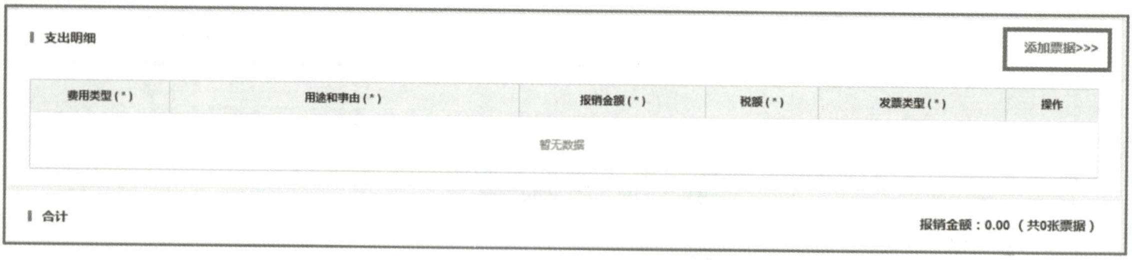

图 3－50　添加电子票据

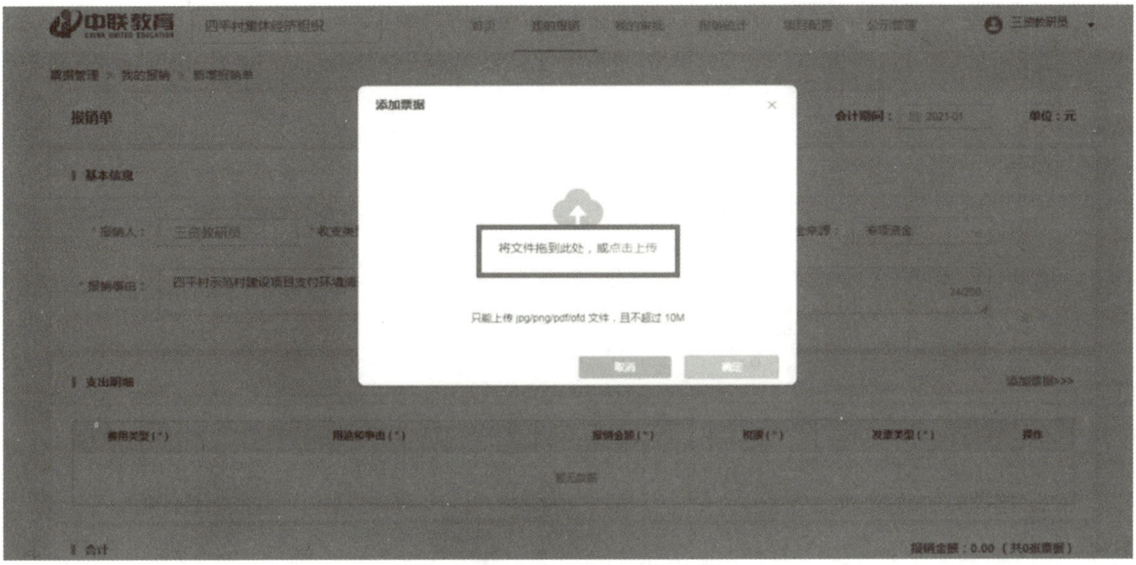

图 3－51　上传电子票据

在电子票据上传后，系统会自动进行识别，但仍需要进行人工查验。对“费用类型”“用途和事由”“发票类型”“开票日期”“发票代码”“发票号码”“金额”“税额”和“价税合计”项目要认真核对，及时手动更正错误信息。确保票据准确无误后，单击【确定】按钮，票据信息就会显示在支出明细栏中，如图 3－52、图 3－53 所示。

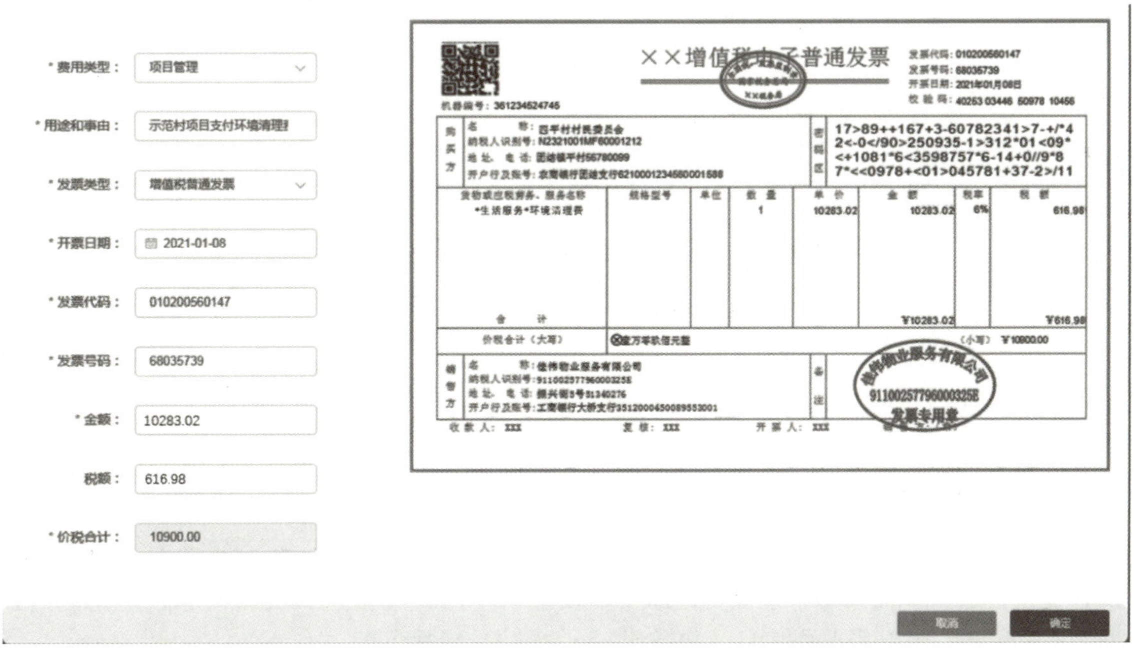

图 3－52　人工查验票据

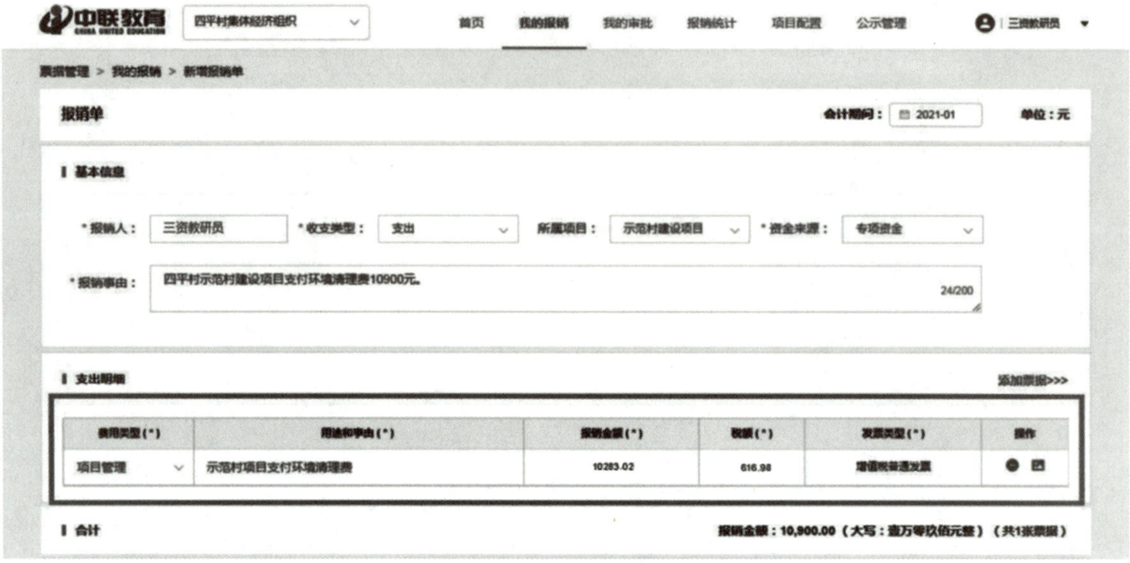

图 3－53 票据查验完成

③附件信息：报账员应将票据业务所附带的审批单、合同附件、劳务工资、非合同附件和其他相关附件进行上传，如图 3－54 所示。

图 3－54 上传附件信息

报账员将报销单填写完整无误后，可以直接单击【提交送审】按钮。此时的报账单处于审批中状态，等待审批员审批，如图 3－55 所示。

(5) 报账单的审批。审批员单击【我的审批】按钮，选择待审批的报账单，单击【审批】按钮，进入审批页面。审批员应逐项审核报销单的详细信息，认真核对原始凭证的日期、资金用途、金额等票面信息，如图 3－56、图 3－57 所示。

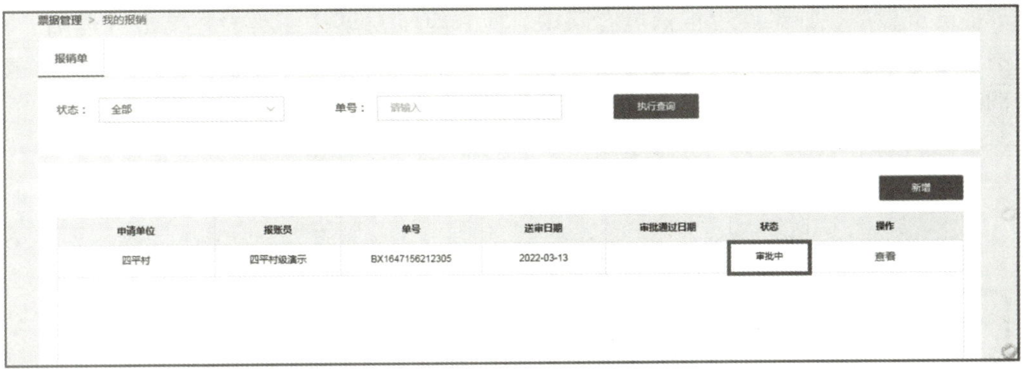

图 3－55　报账单待审批

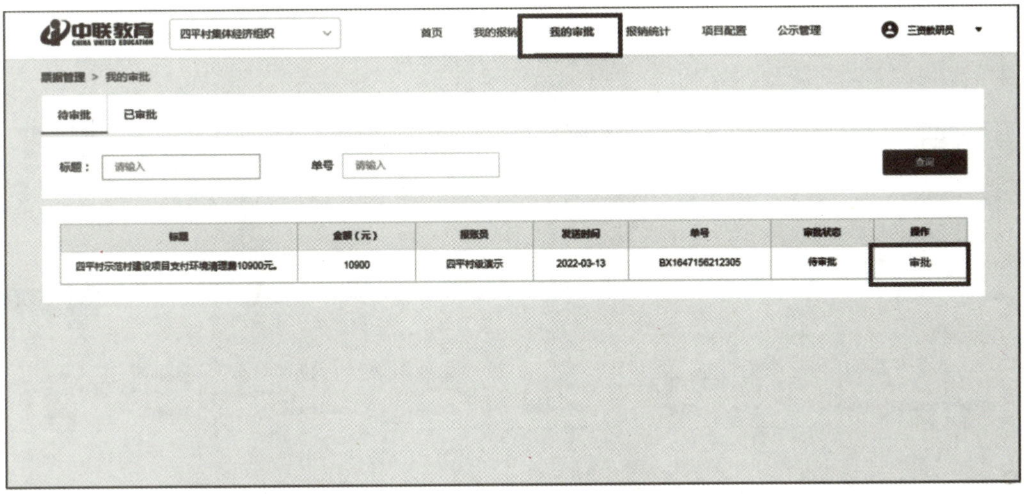

图 3－56　进入“我的审批”

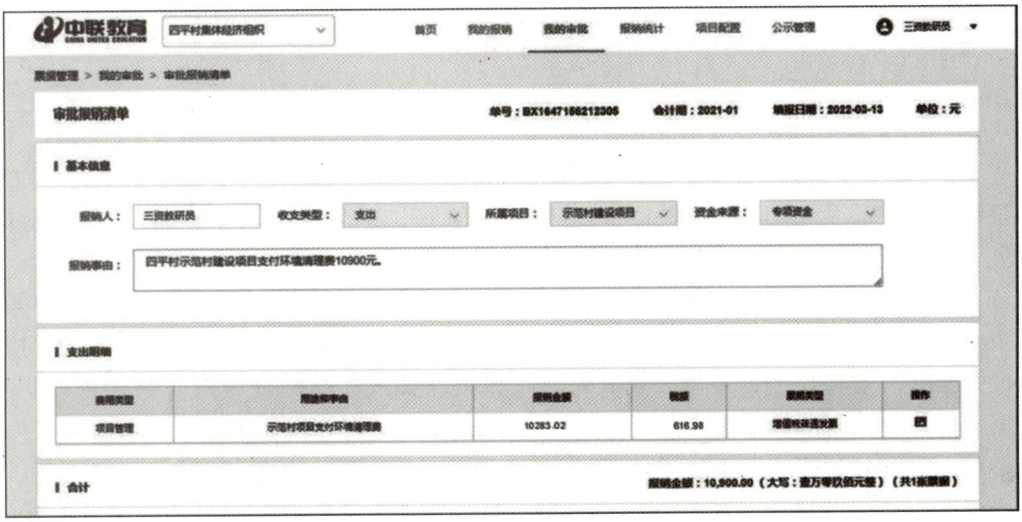

图 3－57　审核报销单信息

审批员审核后，如果发现报销单有问题，应在审批意见栏注明，并单击【退回】按钮，将报销单退回给报账员修改、补充、完善后，重新提交。如审核没有问题的报销单，直接单击【同意】按钮，即审批通过，如图 3－58、图 3－59 所示。

图 3－58　审批报账单

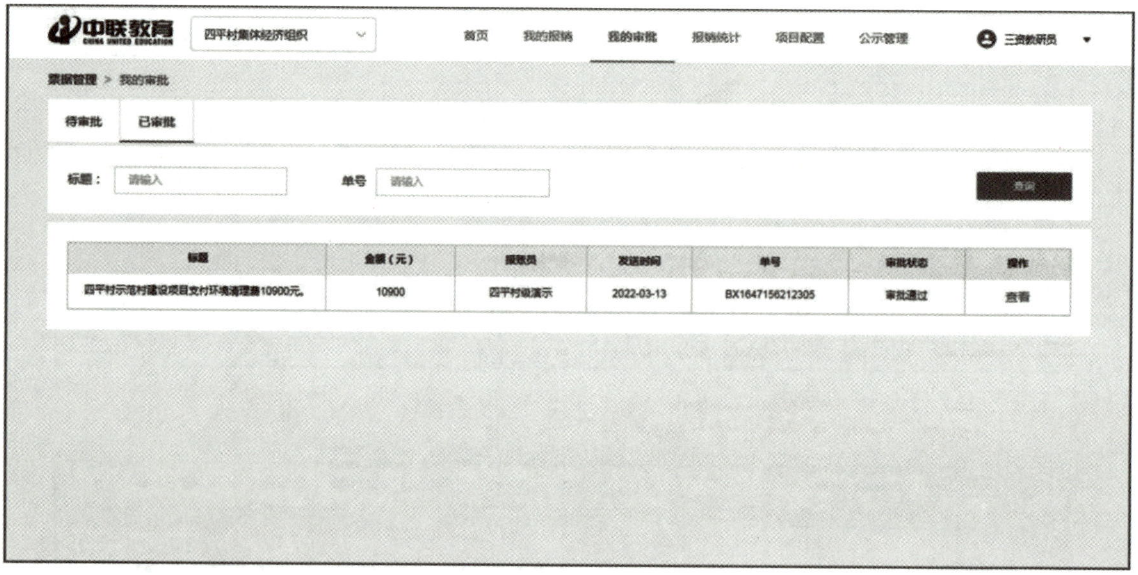

图 3－59　报账单审批通过

报账员在“我的报销”页面中，可以同步看到报销单的审批状态，显示“已通过”或“退回”，如图 3－60 所示。

（6）报账公示。报账单审批通过后，按照《农村集体经济组织财务制度》的要求，应进行资金使用公示。农村集体经济组织财务活动情况及其有关账目，重大经济事项等应当向全体成员公开，实行民主管理和民主监督。报账员在报账中心首页单击【公示管理】按钮，进入页面后，单击【新增】按钮，填写报账公示信息。逐项填写“标题”“类型”“内容”，并上传相关原始凭证等附件。注意类型应选择“公示”，不能选择“通知”。填写后，如需进一步修改，单击【保存】按钮，即形成公示草稿。如信息完整无误，可直接单击【发布】按钮。公示信息就会出现在报账中心模块首页的公示栏中，如图 3－61 至图 3－63 所示。

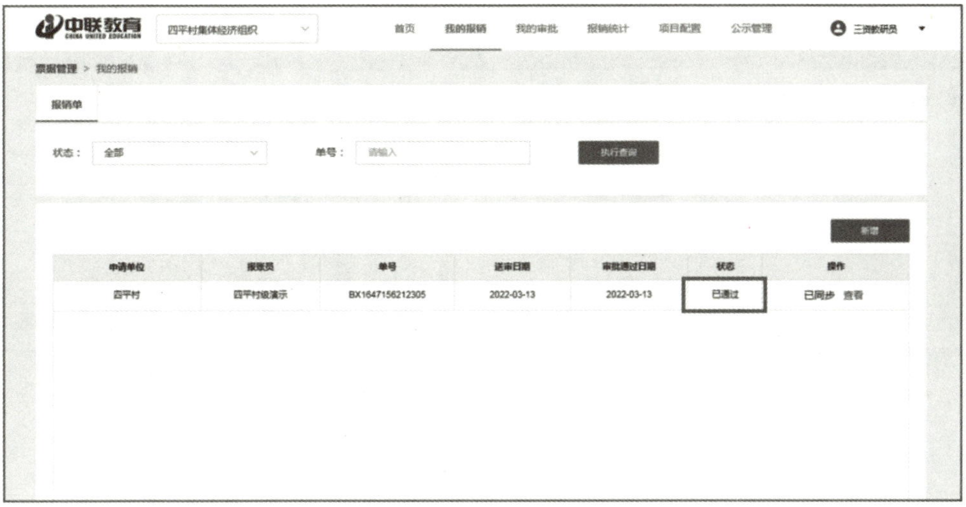

图 3－60　报账单已通过

图 3－61　新增公示

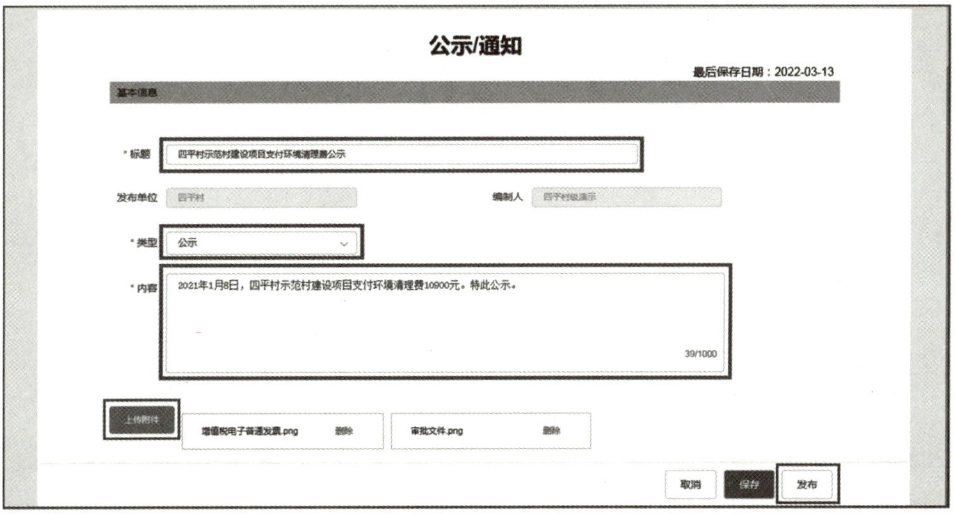

图 3－62　填写公示内容

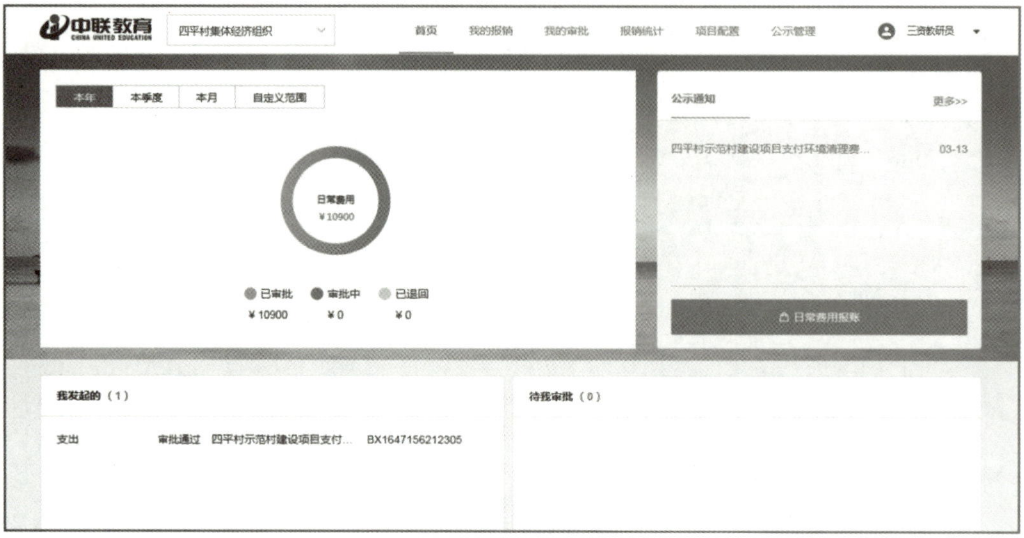

图 3－63　发布公示

经过报账、审批和公示三个步骤，四平村的第一笔专项资金支出业务——支付环境清理费，在报账中心的操作任务就已经完成。接下来，按照上述流程，进行第二笔专项资金支出业务——购买村活动室电脑的操作。该业务的报销单如图 3－64 所示。报账中心操作完成后，首页如图 3－65 所示。

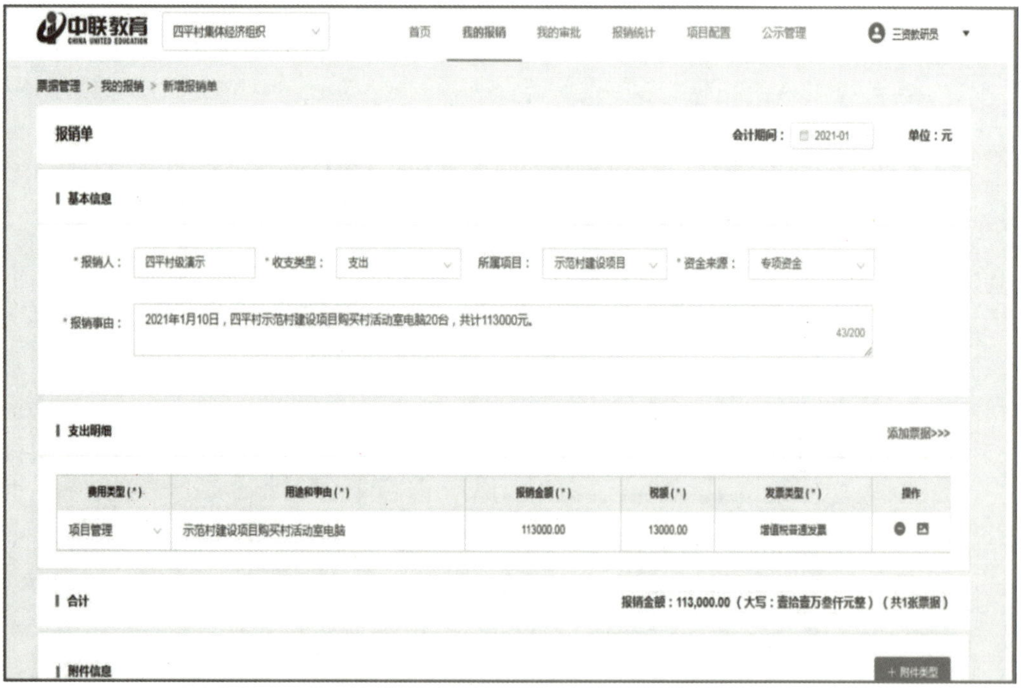

图 3－64　报销单

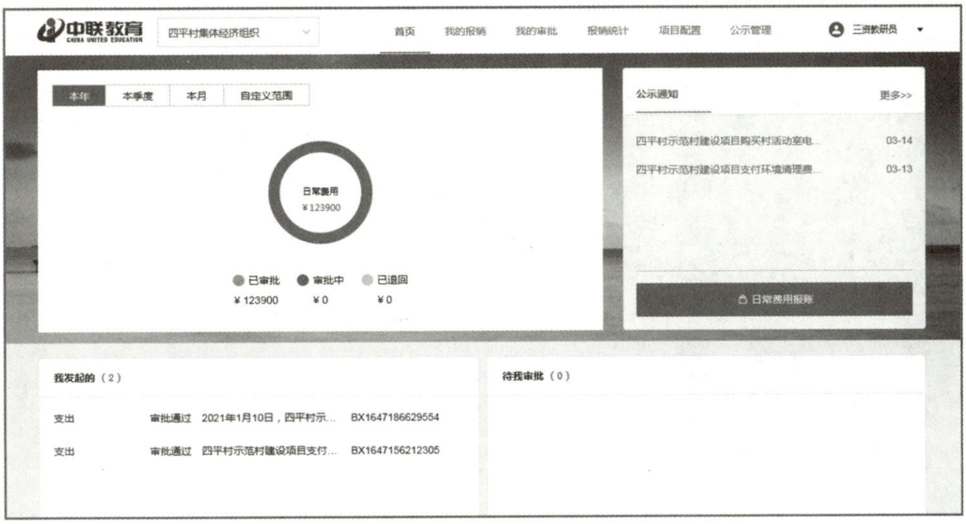

图 3－65　报账中心操作完成首页

（四）会计核算模块操作

当报销单审批通过，会同时显示“已通过”和“已同步”，表示该笔报销单已自动同步到“会计核算”模块中，系统将对其自动制单。但是，会计核算岗的人员应对生成的单据进行检查和人工修正，并进行专项资金的手工结转，最后完成凭证的审核。

1. 票据制单

（1）查询报销单自动生成的凭证：会计核算岗的人员单击【会计核算】模块，进入财天下首页。单击【智能票据】—【票据制单】按钮，选择报销单所对应的“农村集体经济组织账套名称”“会计期间”，单击【查询】按钮，系统会自动显示出该笔制单记录。如图 3－66 至图 3－69 所示。

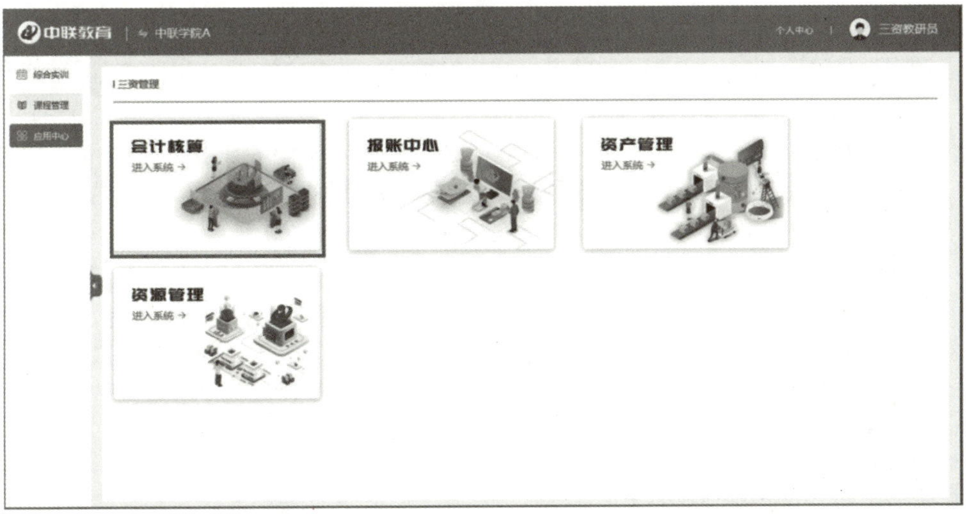

图 3－66　进入会计核算系统

图 3－67　进入票据制单

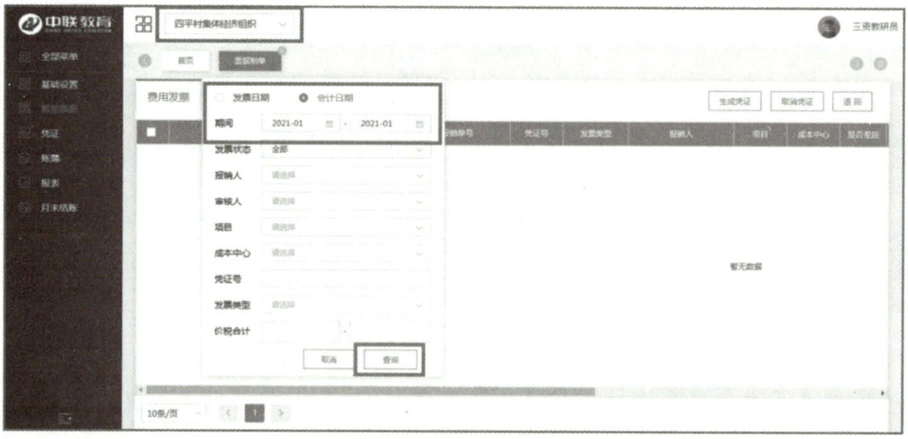

图 3－68　选择会计日期

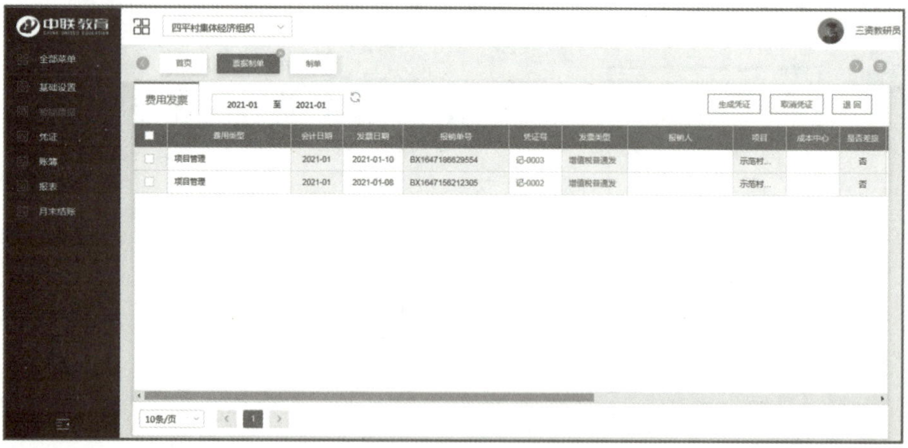

图 3－69　报销单自动生成凭证

单击【发票类型】按钮可查看报销单的原始票据，如图 3－70 所示。

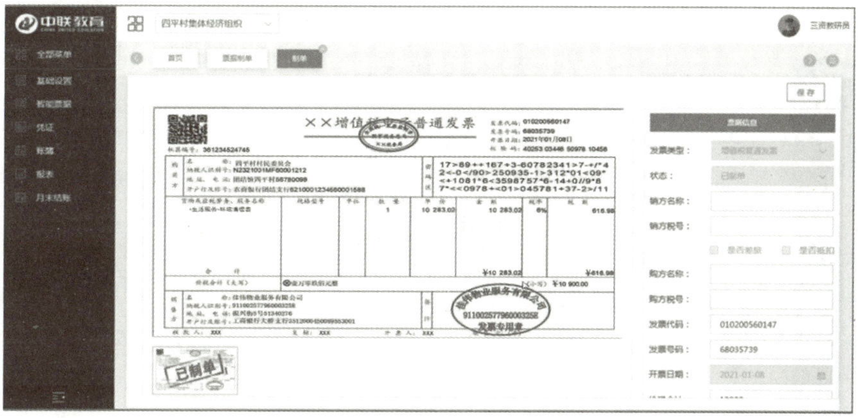

图 3－70　查看报销单原始票据

如果此报销单不符合报销要求，不能报销入账，则勾选后单击【取消凭证】按钮，如图 3－71 所示。同时，填写退回原因，将该报销单予以“退回”，如图 3－72 所示。

图 3－71　取消凭证

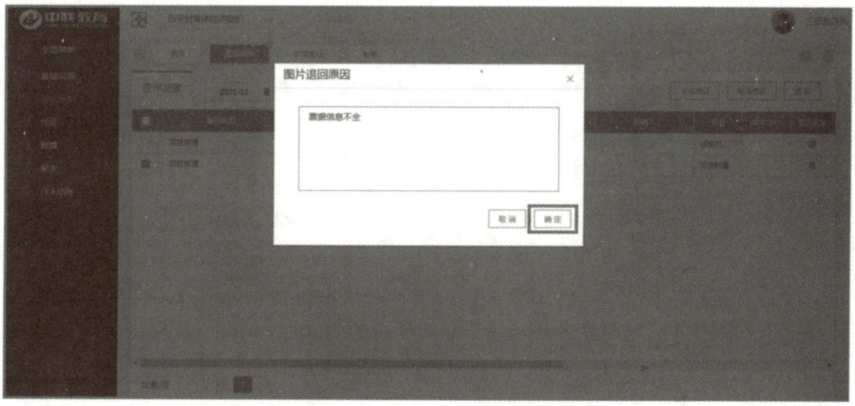

图 3－72　退回报销单

（2）检查修改凭证：单击【凭证】按钮，即可进入记账凭证页面，如图3－73、图3－74所示。

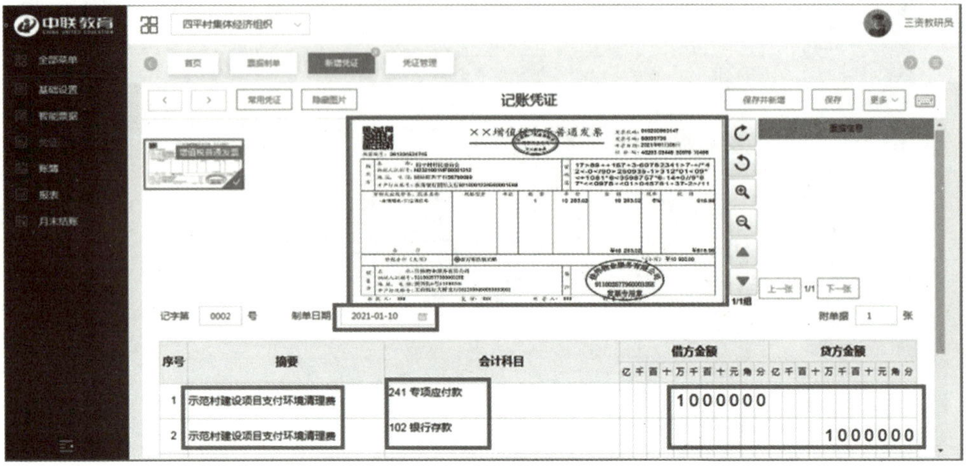

图3－73 查看自动生成的凭证（业务1 支付环境清理费）

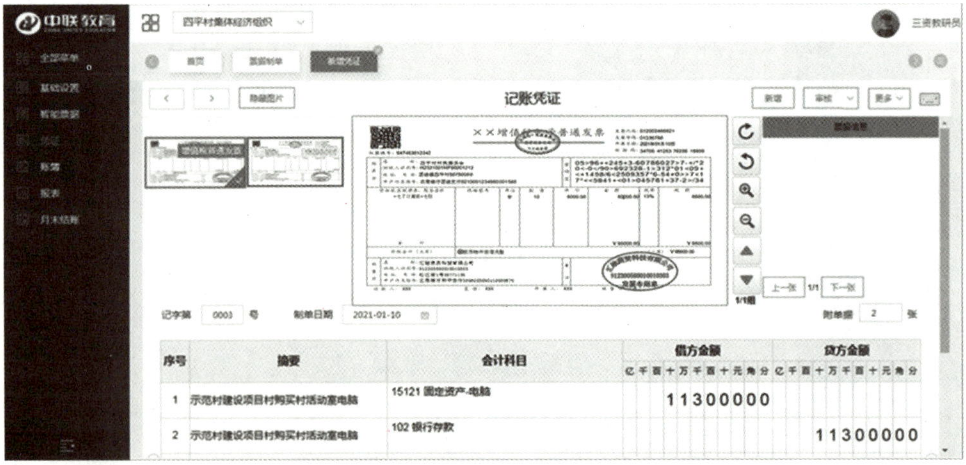

图3－74 查看生成的记账凭证（业务2 购买电脑）

会计人员应核对系统自动生成的凭证信息，对凭证日期、会计科目、金额、摘要、所附单据等项目逐项认真检查，如有错误及时修正，保证账务处理及核算的准确。对于相关资金业务的账务处理，参照本项目的对应例题。经过人工查看，业务1的凭证存在两个错误：

（1）会计科目不准确。财政专项资金应根据项目不同分别设明细科目进行核算。因此，业务1的凭证需要为“专项应付款”新增会计明细科目“示范村建设项目”，如图3－75所示。

（2）金额错误。通过查看原始凭证可见，支出金额应为增值税电子普通发票的价税合计金额10 900元，而不是10 000元。

将错误凭证进行人工修改后，必须单击【保存】按钮，凭证如图3－76所示。

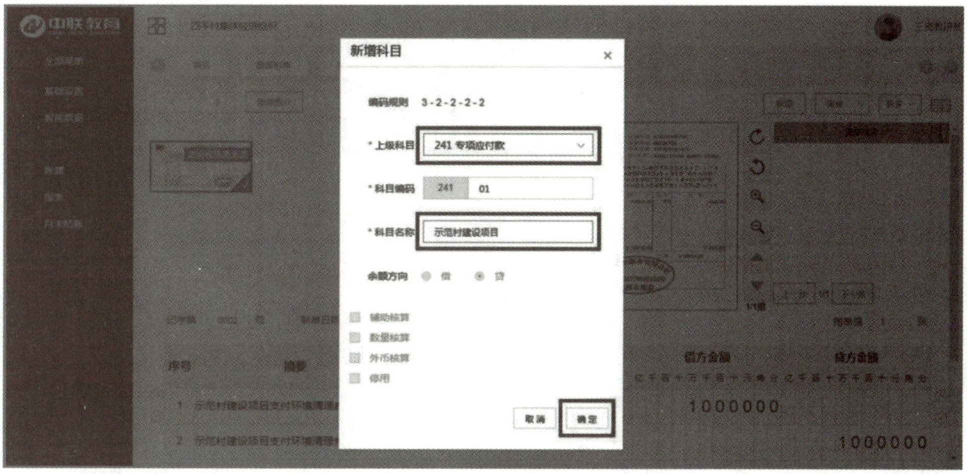

图 3－75　新增会计科目

记字第 0002 号　制单日期 2021-01-10　附单据 1 张

序号	摘要	会计科目	借方金额	贷方金额
1	示范村建设项目支付环境清理费	24101 专项应付款-示范村建设项目	1090000	
2	示范村建设项目支付环境清理费	102 银行存款		1090000
3				
4				
合计:壹万零玖佰元整			1090000	1090000

图 3－76　修正后的凭证

如果有多张报销单时，可以一并勾选，点击【生成凭证】—【按所选单据合并生成凭证】按钮。对所生成的凭证进行人工修正后，点击【保存】按钮，如图 3－77 至图 3－79 所示。

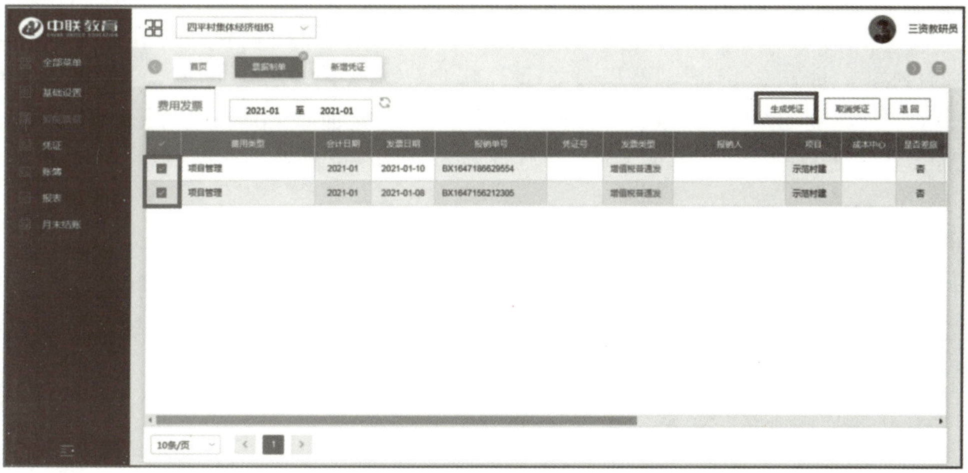

图 3－77　报销单合并生成凭证

图 3－78　按所选单据合并生成凭证

记字第 0002 号　制单日期 2021-01-10　附单据 2 张

序号	摘要	会计科目	借方金额	贷方金额
1	示范村建设项目支出	24101 专项应付款-示范村建设项目	1090000	
2	示范村建设项目支出	15121 固定资产-电脑	11300000	
3	示范村建设项目支出	102 银行存款		12390000
4				
合计:壹拾贰万叁仟玖佰元整			12390000	12390000

图 3－79　合并后的凭证

2. 新增凭证

财政专项资金购买固定资产后，应将专项应付款结转为集体积累。会计账务处理为：借记“专项应付款”账户，贷记“公积公益金”账户，无须附单据。因此，“业务 2　购买电脑”应进行专项资金的结转，在会计核算系统中“新增凭证”，手工填写记账凭证。操作方法为：点击【凭证】—【新增凭证】—【填写凭证信息】—【保存】，如图 3－80、图 3－81 所示。

3. 审核凭证

会计核算岗的人员点击【凭证】—【凭证管理】按钮，选择正确的会计期间，勾选需要审核的凭证，点击查看无误后，单击【审核】按钮，凭证上显示“已审核”，则完成，如图 3－82 至图 3－84 所示。

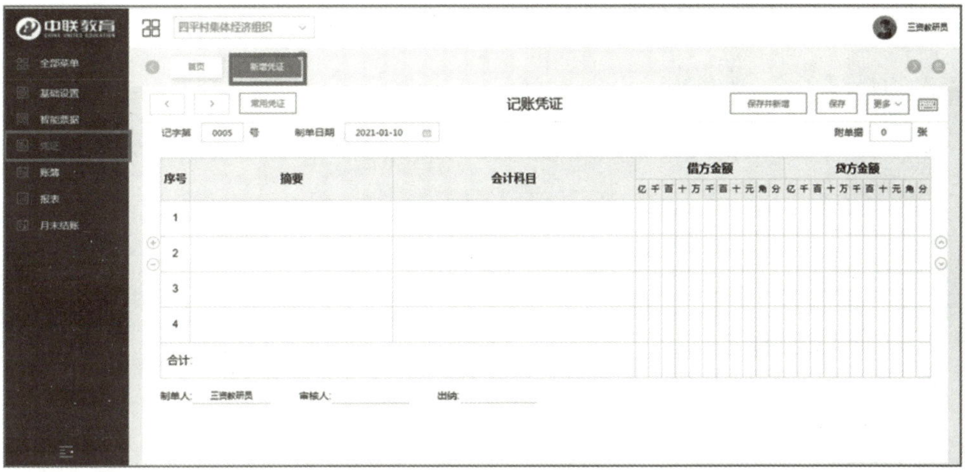

图 3－80　新增凭证

图 3－81　手工填写记账凭证

图 3－82　进入凭证管理

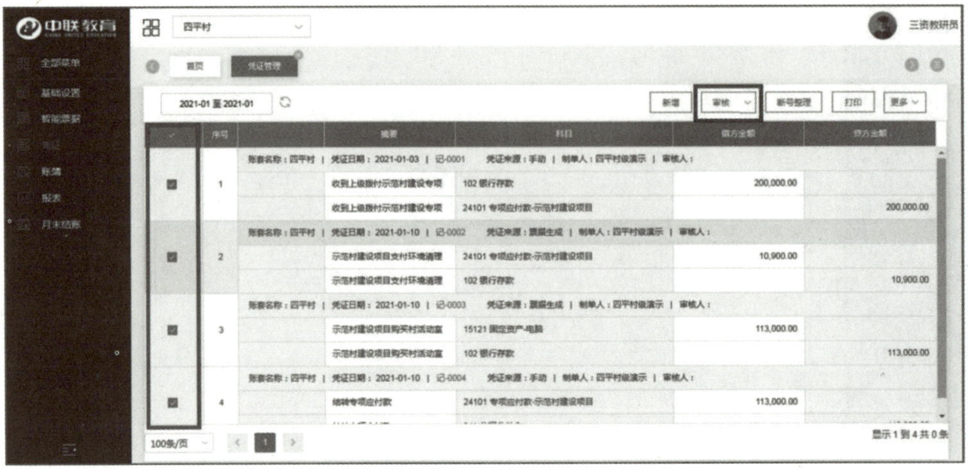

图 3－83 审核凭证

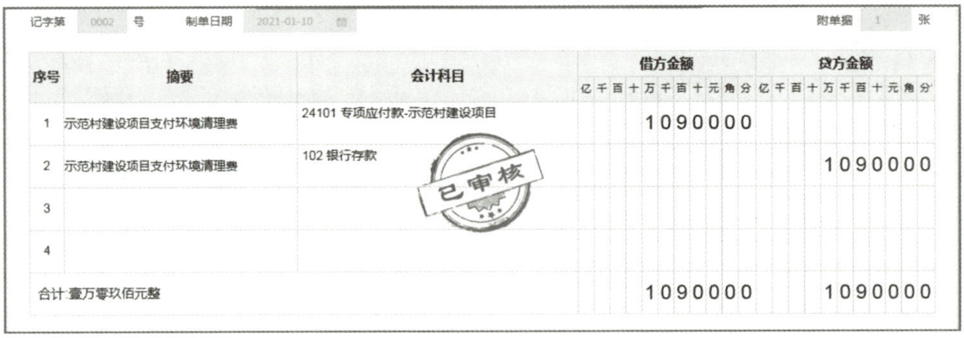

图 3－84 已审核的凭证

任务评价：

"资金业务实训"任务评价表

工作任务清单	完成情况	评价等级
对原始票据进行整理、查验		
将纸质凭证转成电子影像文件并查验		
资金业务报账单的填写与审批		
资金业务票据制单的生成与审核		

备注：能完成打"√"，对应等级为合格；不能完成打"×"，对应等级为不合格。

任务拓展：

【拓展任务 1】 2021 年 1 月，四平村收到上级拨付防火护林补助 20 000 元，植树绿化补助 10 000 元，款项已存入农村集体经济组织资金专用账户。2021 年 1 月 12 日，四平村支付防火护林补助 19 210 元。2021 年 1 月 15 日，四平村对购买树苗进行植树绿化，支付 10 000 元，增值税电子普通发票如图 3－85、图 3－86 所示。

请利用农村三资平台为四平村补助资金业务进行报账和制单。

××增值税电子普通发票

全国统一发票监制章 国家税务总局 ××税务局

机器编号：607823416859

发票代码：010147932789
发票号码：80363681
开票日期：2021年01月12日
校 验 码：28953 30454 01798 13326

购买方	名　　称：四平村村民委员会 纳税人识别号：N2321001MF60001212 地 址、电 话：团结镇四平村56780099 开户行及账号：农商银行团结支行6210001234560001588	密码区	1889>+167+3-6078+2341>+1*-/5 2<-0</90>-1092531>128*<*0109 <+*61144<757*63598-+0//*8149 7*<<09+<01>+3778-2>/11045781

货物或应税劳务、服务名称	规格型号	单位	数量	单价	金额	税率	税额
*公共安全设备*森林灭火器		台	15	1 000.00	15 000.00	13%	1 950.00
*服装*防护服		套	20	100.00	2 000.00	13%	260.00
合　　计					￥17 000.00		￥2 210.00
价税合计（大写）	⊗壹万玖仟贰佰壹拾元整				（小写）￥19 210.00		

销售方	名　　称：润林防火设备有限公司 纳税人识别号：91201004000100579B 地 址、电 话：乐民路5号82345108 开户行及账号：工商银行胜利支行350069860015007100	备注	润林防火设备有限公司 91201004000100579B 发票专用章

收 款 人：XXX　　复 核：XXX　　开 票 人：XXX　　销 售 方：（章）

图 3－85

××增值税电子普通发票

全国统一发票监制章 国家税务总局 ××税务局

机器编号：607823416859

发票代码：010147932789
发票号码：80363681
开票日期：2021年01月15日
校 验 码：28953 30454 01798 13326

购买方	名　　称：四平村村民委员会 纳税人识别号：N2321001MF60001212 地 址、电 话：团结镇四平村56780099 开户行及账号：农商银行团结支行6210001234560001588	密码区	039>+1679+44622+8175>6+-/*3 </290<-025>-109>12731*<*0197 *61<+144<757*69578-+0//*8149 8-+<01>+-23364>/35785<<09135

货物或应税劳务、服务名称	规格型号	单位	数量	单价	金额	税率	税额
*农业产品*树苗		株	5 000	2.00	10 000.00	免税	***
合　　计					￥10 000.00		***
价税合计（大写）	⊗壹万元整				（小写）￥10 000.00		

销售方	名　　称：绿丰源苗圃基地 纳税人识别号：92101722MA0500347G 地 址、电 话：前进路8号88653910 开户行及账号：工商银行新城支行3510021800920011196	备注	绿丰源苗圃基地 92101722MA0500347G 发票专用章

收 款 人：XXX　　复 核：XXX　　开 票 人：XXX　　销 售 方：（章）

图 3－86

【拓展任务2】2021 年 1 月，四平村农村集体经济组织通过一事一议筹集资金 20 万元用于自来水改造工程项目，款项已存入农村集体经济组织专用账户。2021 年 1 月 5 日，四平村自来水改造项目开工，支付工程款 99 000 元。2021 年 1 月 31 日，项目完工，支付其余的工程款 98 000 元，增值税电子普通发票见图 3－87、图 3－88。

请利用农村三资平台为四平村一事一议资金业务进行报账和制单。

××增值税电子普通发票

发票代码：024006900345
发票号码：81295853
开票日期：2021年01月05日
校验码：36754 01326 54739 29010

机器编号：521071464379

购买方	名称：四平村村民委员会 纳税人识别号：N2321001MF60001212 地址、电话：团结镇四平村56780099 开户行及账号：农商银行团结支行6210001234560001588	密码区	446+103>6979>6++28175-/*32+ 73<90<-02295>-109>121*<*01/7 *1<<63427*120/78-+14/*89+144 8-+<0-2385<364>/357<021>+562

货物或应税劳务、服务名称	规格型号	单位	数量	单价	金额	税率	税额
建筑服务 工程款					96 116.50	3%	2 883.50
合计					¥96 116.50		¥2 883.50
价税合计（大写）	⊗玖万玖仟元整				（小写）¥99 000.00		

销售方	名称：顺通水利工程有限公司 纳税人识别号：91510102573257988K 地址、电话：向阳路16号80378428 开户行及账号：工商银行永新支行3529043236129039200	备注	

收款人：XXX　　复核：XXX　　开票人：XXX　　销售方：（章）

图 3－87

××增值税电子普通发票

发票代码：024006900345
发票号码：12489389
开票日期：2021年01月31日
校验码：76898 24679 55467 31901

机器编号：521071464379

购买方	名称：四平村村民委员会 纳税人识别号：N2321001MF60001212 地址、电话：团结镇四平村56780099 开户行及账号：农商银行团结支行6210001234560001588	密码区	786+1>9080>6++32679-/*32+03 02<7390<-2950>-9>789*<*101/7 *0<<99620/77*128-+14/*8+1298- +<53<029>/124<021>+7892-283

货物或应税劳务、服务名称	规格型号	单位	数量	单价	金额	税率	税额
建筑服务 工程款					95145.63	3%	2854.37
合计					¥95145.63		¥2854.37
价税合计（大写）	⊗玖万捌仟元整				（小写）¥98000.00		

销售方	名称：顺通水利工程有限公司 纳税人识别号：91510102573257988K 地址、电话：向阳路16号80378428 开户行及账号：工商银行永新支行3529043236129039200	备注	

收款人：XXX　　复核：XXX　　开票人：XXX　　销售方：（章）

图 3－88

实战演练

4 单元四 农村集体经济组织资产管理

职业能力目标：

1. 知识目标

（1）了解《村集体经济组织会计制度》《农村集体资产管理条例》等相关财务制度及管理条例。

（2）熟悉农村集体经济组织资产管理操作流程。

（3）确定折旧计提范围、计提方法，编制折旧计算表。

2. 技能目标

（1）掌握资产登记管理方法。

（2）掌握资产变动管理方法。

（3）能够处理资产管理会计事项。

（4）能够收集发票、固定资产验收入库单等票据，进行分类、整理与甄别。

3. 素养目标

教育学生做农村集体经济资产的守护者，用心服务村民，坚持客观严谨的职业操守，履行财务制度，践行“工匠精神”。

典型工作任务：

（1）固定资产登记与变动处理。

（2）农业资产登记与变动处理。

（3）无形资产登记与变动处理。

（4）在建工程登记与变动处理。

实施途径：

（1）通过学习资产登记管理、资产变动管理，教育学生要做农村集体经济资产的守护者。

（2）通过对资产管理会计事项处理的学习，培养学生客观严谨的职业操守。

情境概览：

某县农村三资共享服务中心（以下简称“三资共享中心”）是为下属乡镇单位提供三资

管理代理的中心，该中心共设四个工作岗位，即票据岗、核算岗、管家/审核岗和分析岗。三资共享中心根据票据岗接到四平村的资产相关票据，进行增减登记，并交由核算岗进行资产变动相关业务的账务处理。

任务一 固定资产登记与变动处理

任务目标：

（1）了解固定资产相关基础知识、固定资产的入账价值。

（2）掌握计提固定资产折旧的方法，熟悉固定资产登记变动工作流程。

（3）能够收集固定资产发票、财政票据、银行回单等纸质原始凭证并进行初步分类与整理，正确进行甄别。

（4）对纸质原始凭证进行拍照或扫描上传电子影像文件，或导入原始电子发票，对单据电子影像进行识别与核验操作，按审批流程进行审批操作。

（5）能够利用三资管理的资产管理系统进行固定资产变动的处理。

任务情境：

一、任务场景

三资共享中心员工于2021年×月×日接到四平村交来的固定资产相关业务票据，经认真审核无误后签收。

二、任务布置

三资共享中心员工按照业务要求对四平村固定资产相关业务原始单据整理分类并进行制单处理。具体要求如下：

（1）对固定资产票据进行分类、汇总；

（2）对每张纸质票据进行影像采集并人工校验；

（3）利用三资平台进行固定资产登记、增减变动相关操作及记账凭证填制与审核。

任务准备：

一、知识准备

（一）固定资产基础知识

固定资产是农村集体重要生产要素之一，是农村集体的物质基础，固定资产的结构、管理水平等直接影响农村集体的经济效益，科学管理和核算固定资产，能推动农村集体经济水平发展。

农村集体经济组织的房屋、建筑物、机器、设备、工具、器具和农业基本建设设施等劳动资料，凡使用年限在一年以上，单位价值在500元以上的列为固定资产。有些主要生产工具和设备，单位价值虽低于规定标准，但使用年限在一年以上的，也可列为固定资产。

"固定资产"账户用来核算农村集体经济组织拥有或控制的固定资产的原始价值。该账户借方登记增加固定资产的原始价值，贷方登记减少固定资产的原始价值，期末余额在借方，表示农村集体经济组织期末现有固定资产的原始价值。

农村集体经济组织的固定资产按用途可以分为五类：生产经营用、管理用、公益用、支农用、未使用。

（二）固定资产入账价值

农村集体经济组织应当根据具体情况分别确定固定资产的入账价值：

（1）购入的固定资产，不需要安装的，按实际支付的买价加采购费用和缴纳的相关税金等计价；需要安装或改装的，还应加上安装费或改装费。

（2）新建的房屋及建筑物、农业基本建设设施等固定资产，按竣工验收的决算价计价。

（3）接受捐赠的固定资产，应按发票所列金额加上实际发生的运输费、保险费、安装调试费和应支付的相关税金等计价；无所附凭据的，按同类固定资产的市价加上应支付的相关税费计价。

（4）在原有固定资产基础上进行改造、扩建的，按原有固定资产的价值，加上改造、扩建工程而增加的支出，减去改造、扩建工程中发生的变价收入计价。

（5）投资者投入的固定资产，按照合同或协议约定的投资各方确认价值计价。

（6）盘盈的固定资产，按同类资产的市价计价。

一事一议筹资筹劳建设增加的固定资产，按工程建设实际花费的一事一议筹资金额加上一事一议筹劳作价支出（总花费筹劳工日数乘以当地工价）计价。

（三）固定资产折旧计提

农村集体经济组织必须建立固定资产折旧制度，按年或按季、按月提取固定资产折旧。固定资产的折旧方法可在"年限平均法""工作量法"等方法中任选一种，但是一经选定，不得随意变更。

农村集体经济组织的下列固定资产应当计提折旧：

（1）房屋和建筑物；

（2）在用的机械、机器设备、运输车辆、工具器具；

（3）季节性停用、大修理停用的固定资产；

（4）融资租入和以经营租赁方式租出的固定资产。

农村集体经济组织的下列固定资产不计提折旧：

（1）房屋、建筑物以外的未使用、不需用的固定资产；

（2）以经营租赁方式租入的固定资产；

（3）已提足折旧继续使用的固定资产；

（4）国家规定不提折旧的其他固定资产。

农村集体经济组织当月增加的固定资产，当月不提折旧，从下月起计提折旧；当月减少的固定资产，当月照提折旧，从下月起不提折旧。

固定资产提足折旧后，不管能否继续使用，均不再提取折旧；提前报废的固定资产，也不再补提折旧。

（四）固定资产管理职责

农村集体经济组织应当按照有关法律、法规、政策以及组织章程建立健全固定资产的内控制度、清查制度、规范资产核算及处置程序，加强固定资产购建、使用、处置管理，落实经营管理责任，依法合规计提折旧，加强农村集体固定资产的管理，严防固定资产流失。农村集体经济组织应当确定专人负责固定资产实物管理工作，履行下列主要职责：

（1）强化固定资产的日常管理工作，保证安全完整，并定期与会计核对，保证实物与账目相符；

（2）及时办理增加固定资产的验收和登记工作；

（3）对于闲置和待报废固定资产的申报工作；

（4）做好调出、报废固定资产的登记工作；

（5）负责整理和保管固定资产档案；

（6）固定资产管理人员工作变动时，要认真做好实物、账目的清点移交工作。

（五）固定资产登记变动工作流程

固定资产登记变动工作流程见图 4－1，此流程为固定资产增加变动的流程图，关于固定资产减少部分的流程见固定资产清理章节。

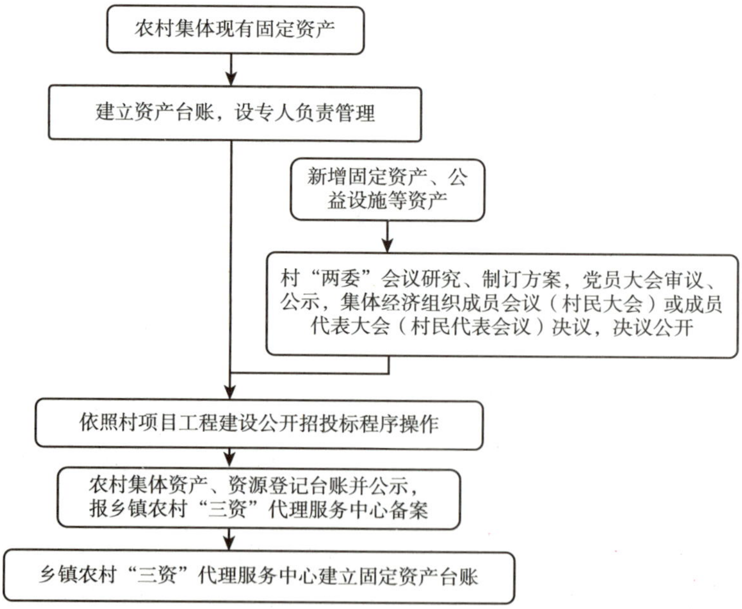

图 4－1　固定资产登记（增加）变动工作流程图

（六）相关法律法规

《财政票据管理办法》（财政部令第 70 号）（2012 年）
《会计基础工作规范》（中华人民共和国财政部令第 98 号）（2019 年修订）
《农村集体经济组织财务制度》（财农［2021］121 号）
《村集体经济组织会计制度》（财会［2004］12 号）

二、业务要领

为了及时、准确、完整地反映和监督农村集体经济组织固定资产变动情况，应设置“固定资产”“累计折旧”“在建工程”等账户进行核算。

（一）固定资产登记与变动涉及的常用原始凭证票样（见图 4－2 至图 4－6）

大额（转账）支出申请书

申请单位：（公章）　　　申请日期：　年　月　日　　　编号：

支出项目				
申请金额	人民币：　佰　拾　万　仟　佰　拾　元　角　分 ￥：			
申请后存款余额	人民币：　佰　拾　万　仟　佰　拾　元　角　分 ￥：			
转账业务填写	收款单位			
	开户行		账号	
单位理财小组审核意见	复核人签名： 日期：　年　月　日		单位负责人	负责人签名： 日期：　年　月
代理服务机构复核意见	复核人：　　　日期：　年　月　日			
备注				

第二联 登记备查账

村报账员：　　　代理服务机构会计：　　　代理服务机构出纳：

图 4－2　大额（转账）支出申请书票样

固定资产增加报账单

单位名称：（公章）　　　报账日期：　年　月　日　　　编号：

增加日期	增加类型	品名	规格	型号	价值（元）
增加类型	1. 盘盈　2. 购买　3. 受捐赠　4. 其他				
备　注					

村报账员：　　　代理服务机构会计：　　　代理服务机构复核人：

图 4－3　固定资产增加报账单票样

固定资产折旧计算表

年　月　日

固定资产类别	名称	上月折旧额	上月增加固定资产		上月减少固定资产		本月折旧额
			原价	折旧	原价	折旧	
生产经营用	机器设备						
	运输工具						
管理用	办公设备						
	运输工具						
公益用	房屋建筑						
合计							

图 4－4　固定资产折旧计算表票样

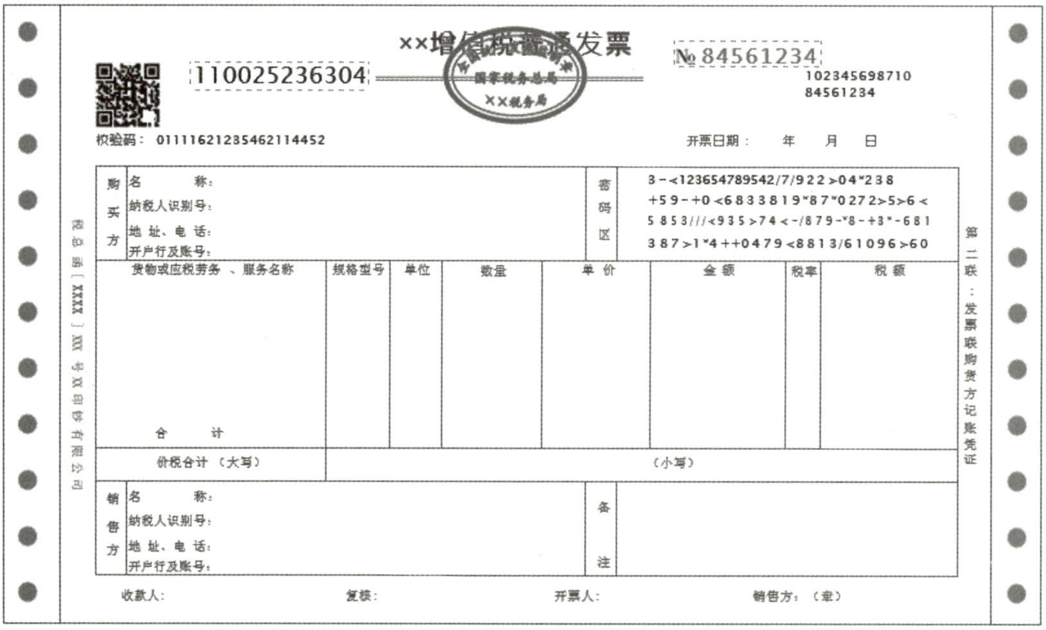
××增值税普通发票
1100252363O4
№84561234
102345698710
84561234
校验码：01111621235462114452
开票日期：　年　月　日
购买方 名称：
纳税人识别号：
地址、电话：
开户行及账号：
密码区
3－<123654789542/7/922>04*238
+59－+0<6833819*87*0272>5>6<
5853///<935>74<－/879－*8－+3*－681
387>1*4++0479<8813/61096>60
货物或应税劳务、服务名称 | 规格型号 | 单位 | 数量 | 单价 | 金额 | 税率 | 税额
合计
价税合计（大写）　（小写）
销售方 名称：
纳税人识别号：
地址、电话：
开户行及账号：
备注
收款人：　复核：　开票人：　销售方：（章）
税总函〔XXXX〕XXX号XX印务有限公司
第二联：发票联购货方记账凭证

图 4－5　增值税普通发票票样

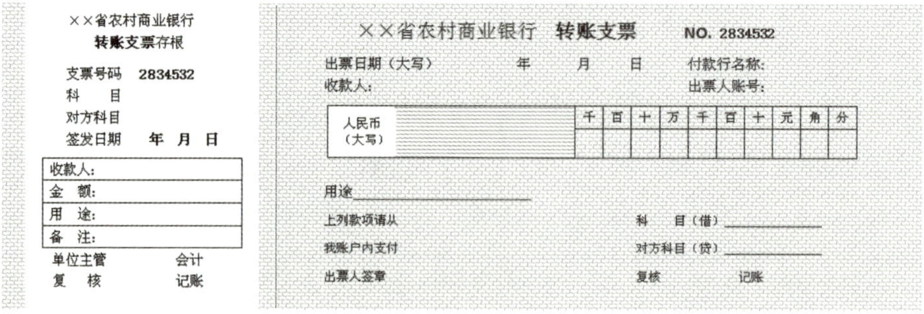
××省农村商业银行
转账支票存根
支票号码 2834532
科　目
对方科目
签发日期　年　月　日
收款人：
金　额：
用　途：
备　注：
单位主管　会计
复　核　记账

××省农村商业银行　转账支票　NO. 2834532
出票日期（大写）　年　月　日　付款行名称：
收款人：　出票人账号：
人民币（大写）　千 百 十 万 千 百 十 元 角 分
用途
上列款项请从
我账户内支付
出票人签章
科　目（借）
对方科目（贷）
复核　记账

图 4－6　支票票样

（二）固定资产增加的核算

1. 外购固定资产

农村集体经济组织购买不需要安装固定资产时，按购买时取得的增值税发票（增值税普通发票、增值税电子普通发票）、运输业统一发票等有关单据确定固定资产入账价值。

【例 4-1】 2021 年 1 月 10 日，四平村“两委”集体研究并经村民代表大会表决同意购入履带式旋耕机（双链轨直连 192 柴油）一台，增值税发票价税合计 5 450 元，另支付运杂费 170 元，签发转账支票付款。

借：固定资产——支农用（履带式旋耕机）	5 620	
贷：银行存款		5 620

2. 投资者投入固定资产

【例 4-2】 2021 年 1 月 12 日，四平村收到红光机械有限公司投入的封装机一台，双方确认价 20 000 元，经村民大会决议，红光机械有限公司出资额占四平村注册资本（1 900 000 元）的 1%，假设无其他税费。

借：固定资产——生产经营用（封装机）	20 000	
贷：资本——红光机械有限公司		19 000
公积公益金——其他		1 000

3. 接受捐赠固定资产

【例 4-3】 2021 年 1 月 12 日，四平村收到爱心基金会捐赠的公共健身器材，增值税发票价税合计 7 270 元，另以现金支付运杂费 150 元。

借：固定资产——公益用（公共健身器材）	7 420	
贷：公积公益金——接受捐赠资产		7 270
现金——人民币		150

4. 盘盈固定资产

【例 4-4】 2021 年 1 月 14 日，四平村对资产进行盘点，“固定资产盘盈盘亏报告单”记录账外笔记本电脑一台，重置完全价值为 3 100 元。

借：固定资产——管理用（笔记本电脑）	3 100	
贷：其他收入——固定资产盘盈		3 100

（三）固定资产减少的核算

1. 投资转出固定资产

【例 4-5】 2021 年 1 月 14 日，四平村“两委”集体研究并经村民代表大会表决同意，将闲置的货车一辆向红旗农业发展有限公司进行投资，原值 57 000 元，已提折旧 19 700 元，双方合同约定的评估确认价为 35 700 元。

借：长期投资	35 700	
累计折旧	19 700	
公积公益金——对外投资	1 600	
贷：固定资产——生产经营用（货车）		57 000

2. 对外捐赠固定资产

【例 4-6】 2021 年 1 月 25 日，四平村经村民大会决议，向贫困村三江村捐赠拖拉机一台，原值 12 000 元，已提折旧 7 000 元。

借：固定资产清理	5 000	
累计折旧	7 000	
贷：固定资产——生产经营用（拖拉机）		12 000
借：其他支出——捐赠支出	5 000	
贷：固定资产清理		5 000

3. 盘亏固定资产

【例 4-7】 2021 年 1 月 31 日，四平村对资产进行盘点，发现盘亏发电机一台，原价 4 000 元，已提折旧 1 800 元，经查是程宇保管不利，应由其赔偿 600 元。

借：累计折旧	1 800	
内部往来——程宇	600	
其他支出——固定资产盘亏	1 600	
贷：固定资产——生产经营用（发电机）		4 000

【知识链接】

农村集体经济组织不单独设置“内部往来”账户的，农村集体经济组织与内部各独立核算单位及农户之间发生的经济往来，可以用“应收款”和“应付款”账户核算。

（四）固定资产折旧计提的核算

1. 固定资产折旧的影响因素

（1）固定资产原值，是指固定资产的原始成本。

（2）固定资产的净残值，是指假定固定资产预计使用寿命已满并处于使用寿命终了时的预期状态，农村集体经济组织目前从该项固定资产处置中获得的（清理收入）扣除预计处置费用（清理费用）后的金额。由于在计算折旧时，对固定资产的残余价值和清理费用是人为估计的，所以净残值的确定有一定的主观性，固定资产净残值占固定资产原值的比例一般在 3% ~5%。

（3）固定资产减值准备，是指由于固定资产市价持续下跌，或固定资产发生损坏、技术陈旧及其他原因，导致其可收回金额低于其账面价值的差额。

（4）固定资产的使用年限或工作量，是指自固定资产投入使用至报废为止，农村集体经济组织估计使用固定资产的年限；或预计该固定资产所能生产产品或提供劳务的数量。

2. 固定资产折旧计提方法

年限平均法：又称直线法，是按固定资产的应计折旧额在其预计使用年限内平均分摊到各期的一种方法。计算公式如下：

$$\text{年折旧额}=\frac{\text{固定资产原值}-\text{预计净残值}}{\text{预计使用年限}}$$

在会计工作中，固定资产折旧额是根据折旧率计算的。

$$年折旧率 = \frac{1-预计净残值率}{预计使用年限} \times 100\%$$

月折旧率 = 年折旧率/12

月折旧额 = 固定资产原值 × 月折旧率

其中：

$$预计净残值率 = \frac{预计净残值}{固定资产原值} \times 100\%$$

【例 4-8】 2021 年 1 月 31 日，四平村有一台生产设备，原价 400 000 元，预计可使用 10 年，预计净残值 24 880 元。该项固定资产的月折旧额计算如下：

$$预计净残值率 = \frac{24\ 880}{400\ 000} \times 100\% = 6.22\%$$

$$年折旧率 = \frac{1-6.22\%}{10} \times 100\% = 9.378\%$$

$$月折旧率 = \frac{9.378\%}{12} = 0.781\ 5\%$$

月折旧额 = 400 000 × 0.781 5% = 3 126（元）

工作量法：是指根据固定资产所能提供的工作量（如汽车的行驶总里程、机器设备的总工作台班等）计算折旧额的一种方法。计算公式如下：

$$单位工作量折旧额 = \frac{固定资产原值 \times（1-预计净残值率）}{预计总工作量}$$

某项固定资产月折旧额 = 该项目固定资产当月工作量 × 单位工作量折旧额

【例 4-9】 2021 年 1 月 31 日，四平村有一辆货运卡车，原价 150 000 元，预计行驶总里程为 40 万千米，预计净残值率为 5%，当月行驶里程为 5 000 千米。该项固定资产的月折旧额计算如下：

$$单位行驶里程折旧额 = \frac{150\ 000 \times (1-5\%)}{400\ 000} = 0.356\ 25（元/千米）$$

货运卡车月折旧额 = 5 000 × 0.356 25 = 1 781.25（元）

3. 固定资产折旧的账务处理

【例 4-10】 2021 年 1 月 31 日，四平村折旧计算如表 4-1 所示。

表 4-1 固定资产折旧计算表

2021 年 1 月 31 日

固定资产类别	名称	上月折旧额	上月增加固定资产		上月减少固定资产		本月折旧额
			原价	折旧	原价	折旧	
生产经营用	机器设备	3 126	40 000	270			3 396
	运输工具	1 781.25					1 781.25
管理用	办公设备	2 200			10 000	200	2 000
	运输工具	1 000					1 000
公益用	房屋建筑	2 700					2 700
合计		10 807.25	40 000	270	10 000	200	10 877.25

借：经营支出　5 177.25
　　管理费用　3 000
　　其他支出　2 700
　　贷：累计折旧　10 877.25

【知识链接】

农村集体经济组织要建立固定资产折旧制度，固定资产要统一采用“年限平均法”或“工作量法”按月计提折旧；生产经营用固定资产计提的折旧，记入“生产（劳务）成本”或“经营支出”账户；管理用固定资产计提的折旧，记入“管理费用”账户；公益性用途固定资产计提的折旧，记入“其他支出”账户。

任务实施：

一、固定资产登记与变动页面的进入

从教学平台首页的【快速入口】页面，找到【智慧农村三资—综合实训】按钮，单击进入智慧农村三资综合实训平台，如图 4－7 所示。

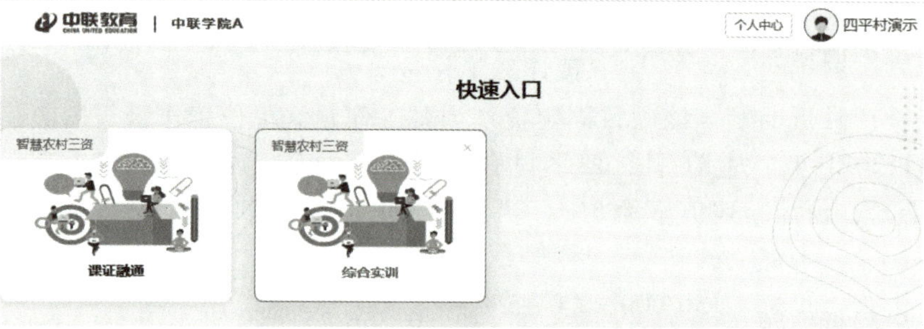

图 4－7　教学平台首页快速入口页面

点击左侧的【应用中心】按钮，单击【资产管理—进入系统】按钮，进入资产管理模块首页，如图 4－8 所示。

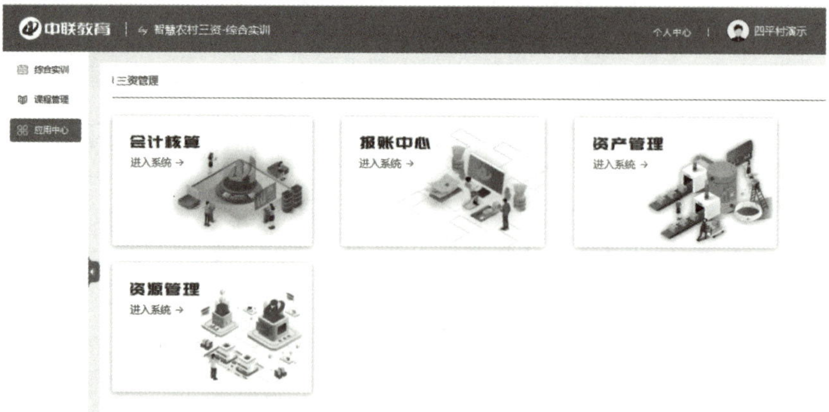

图 4－8　教学平台智慧农村三资—综合实训三资管理页面

在资产管理模块首页左侧的【资产管理流程】或上方的【资产登记】【资产调整】【资产盘点】【资产核算】菜单，为固定资产登记与变动处理的操作按钮，如图 4－9 所示。

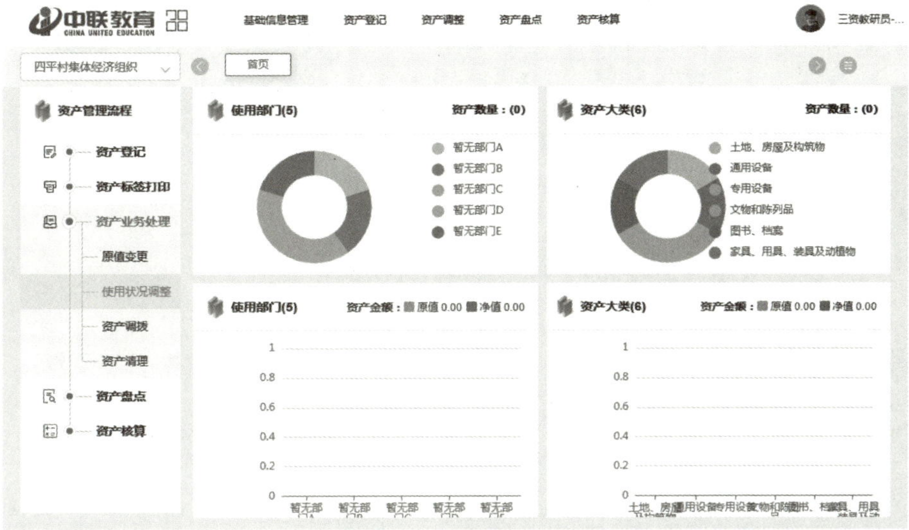

图 4－9　资产管理模块首页

二、固定资产登记与变动操作

（一）固定资产登记

在教育平台资产管理页面首页点击【资产登记】—单击【固定资产登记】—单击【新增】—点击【资产大类】—勾选【固定资产种类】—单击【确定】—单击【资产分类】—【新增资产分类】—选择【固定资产】—进入新增资产分类操作页面—单击【确定】—登记【固定资产基本信息】—上传固定资产影像资料—登记【固定资产财务信息】—单击【保存】，如图 4－10 至图 4－22 所示。

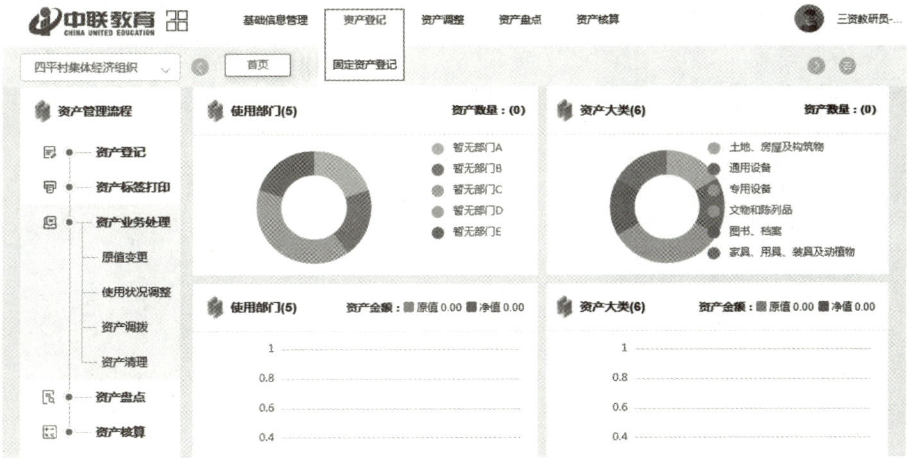

图 4－10　资产管理页面找到“资产登记”下的固定资产登记

图 4－11　新增固定资产登记

图 4－12　单击资产大类

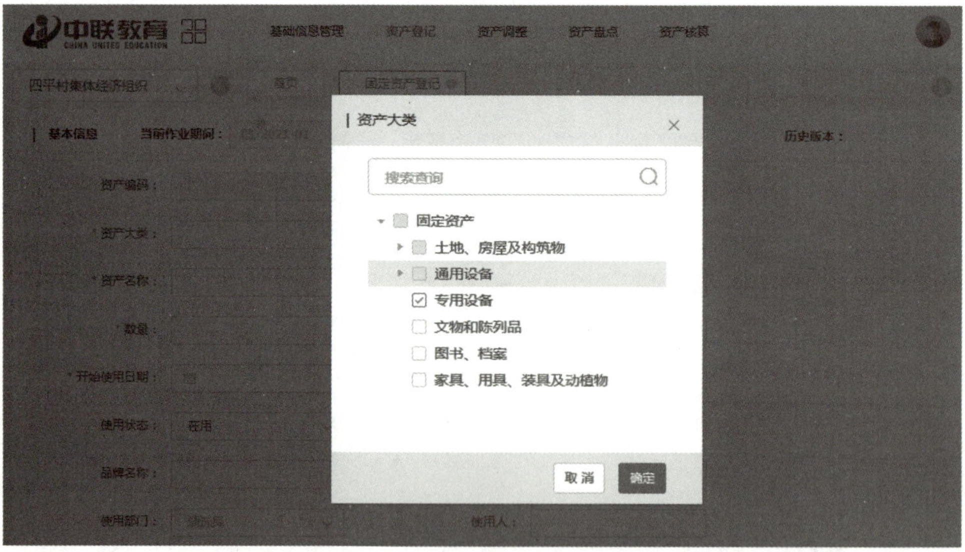

图 4－13　资产大类操作页面勾选固定资产种类

图 4－14　选择资产分类

图 4－15　选择新增资产分类

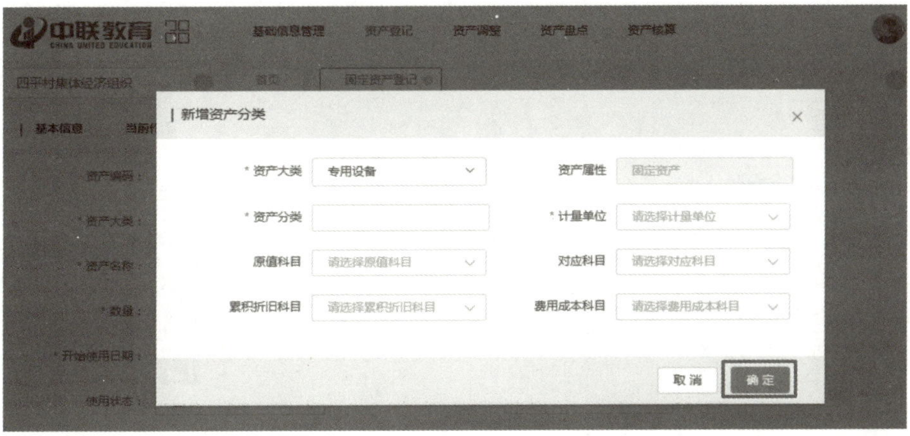

图 4－16　登记新增资产分类操作页面

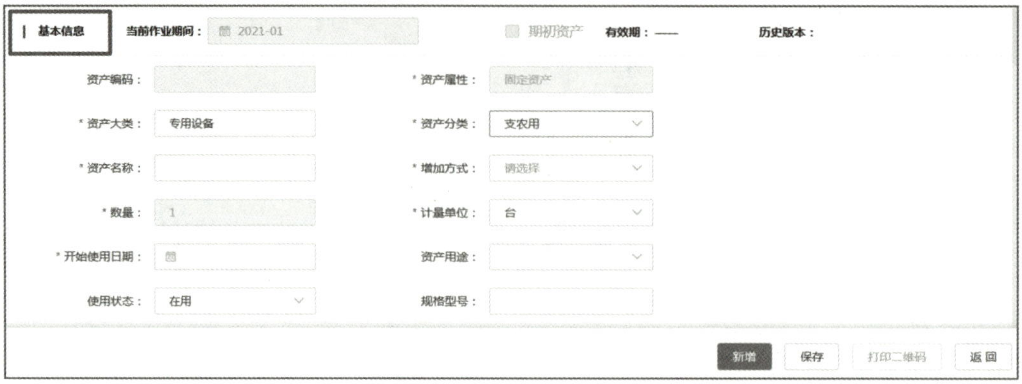

图 4－17　固定资产登记操作页面登记基本信息

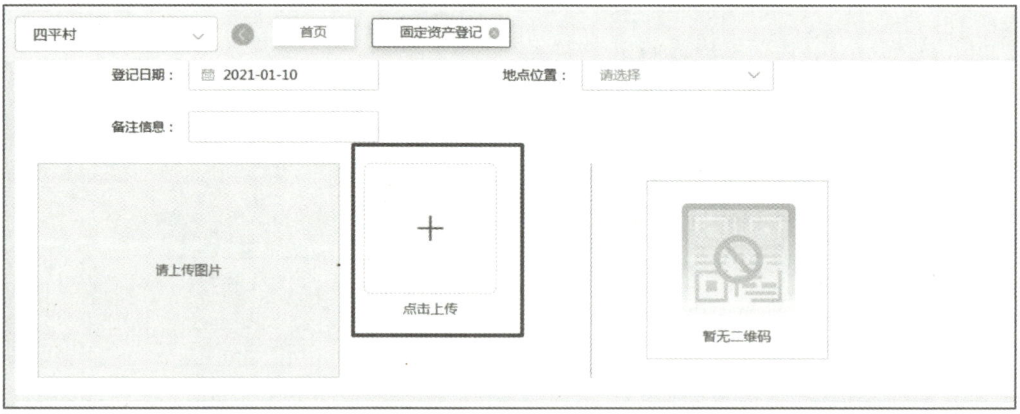

图 4－18　上传原始凭证

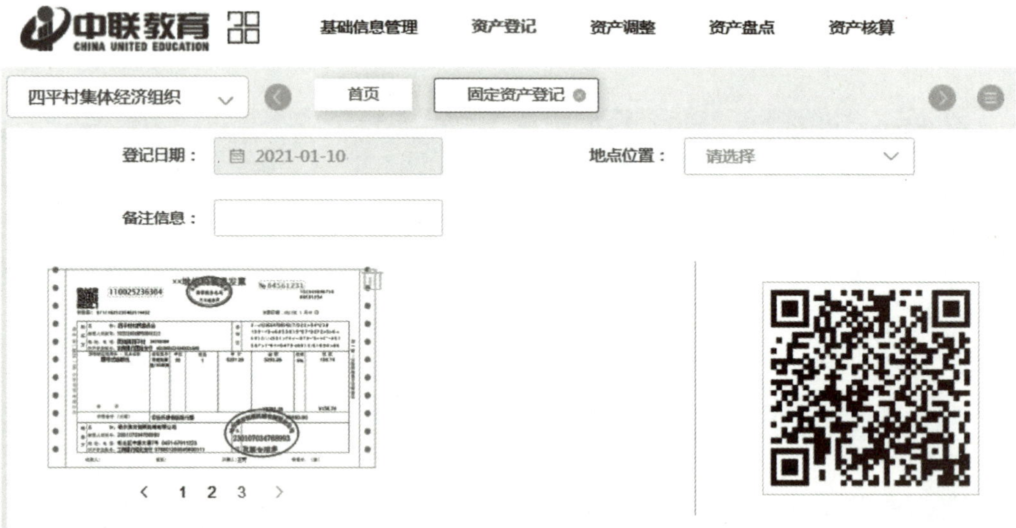

图 4－19　原始凭证上传成功

图 4－20　登记财务信息

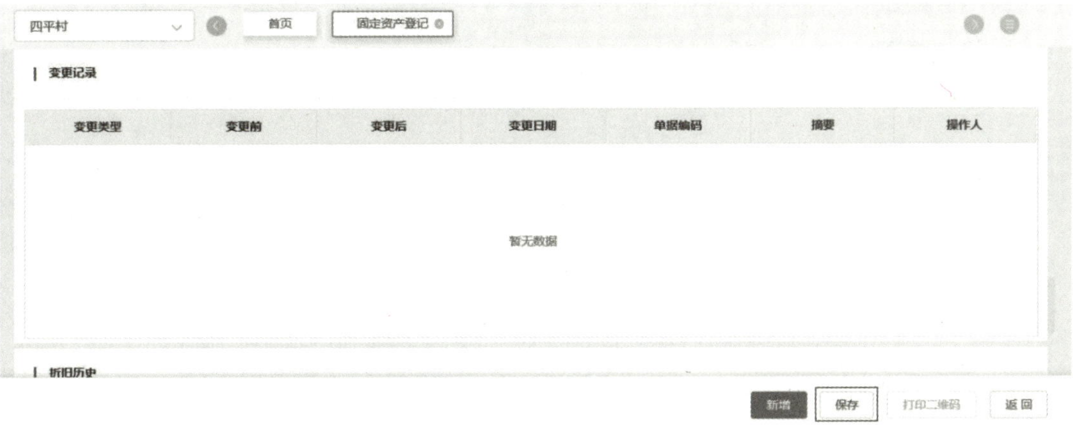

图 4－21　点击保存

图 4－22　新增固定资产登记完毕

固定资产登记的操作也可点击资产管理主页面左侧【资产管理流程】中的【资产登记】，快速进入固定资产登记操作页面，如图4－23、图4－24所示。

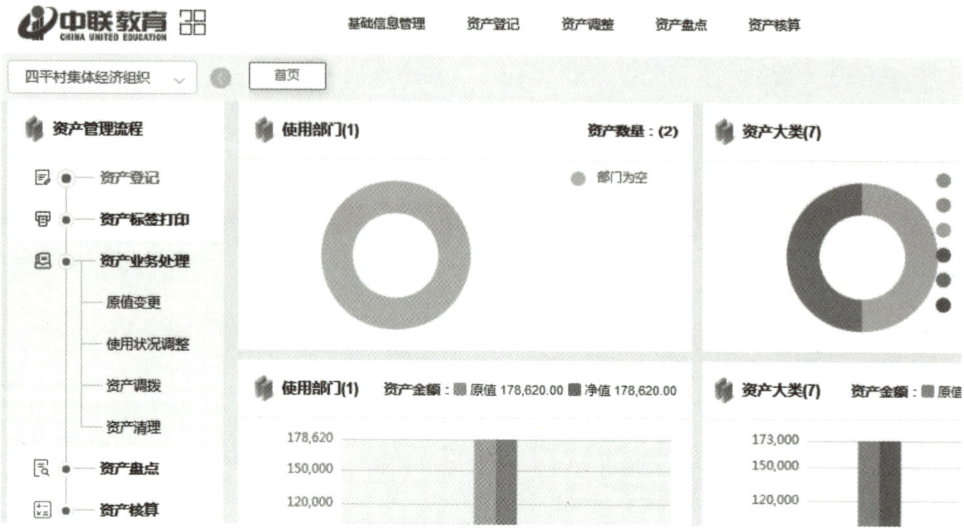

图4－23 资产管理模块首页

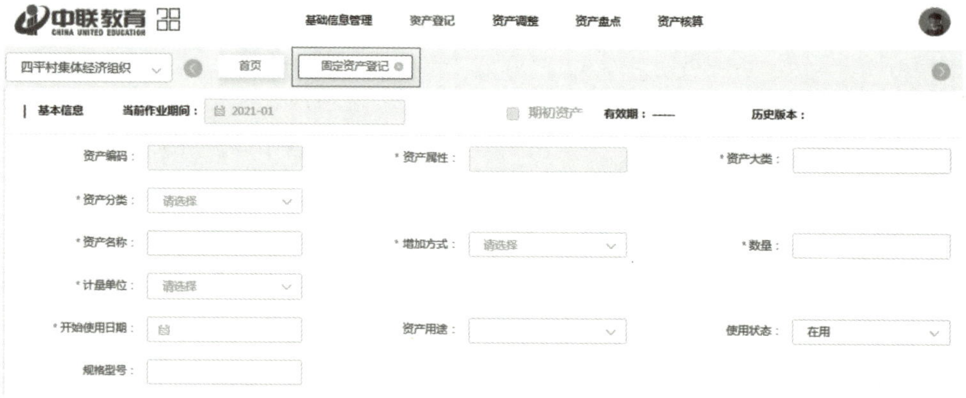

图4－24 固定资产登记页面

（二）固定资产原值变更

在资产管理模块首页，单击上方【资产调整】或左侧【资产业务处理】—【原值变更】，进入“资产管理—原值变更”的操作页面，如图4－25所示。

在【原值变更】页面—单击【新增】—进入原值变更操作窗口—选择【资产属性】为“固定资产”—双击【资产编码】—进入【资产列表】—勾选【变更原值的固定资产卡片】—单击【确定】—选择【单据日期】—选择原值变更【增减方式】—填写【变更原因】—【变更数量】—输入新的【变更原值】—单击【确定】—点击【转总账】生成新的凭证—点击【保存】，如图4－26至图4－30所示。

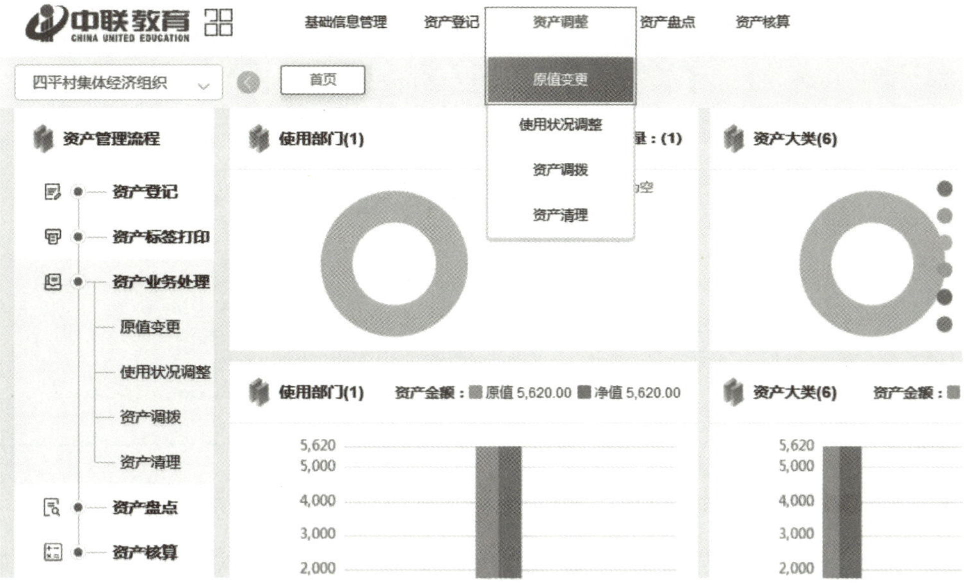

图 4－25　教学平台资产管理模块首页

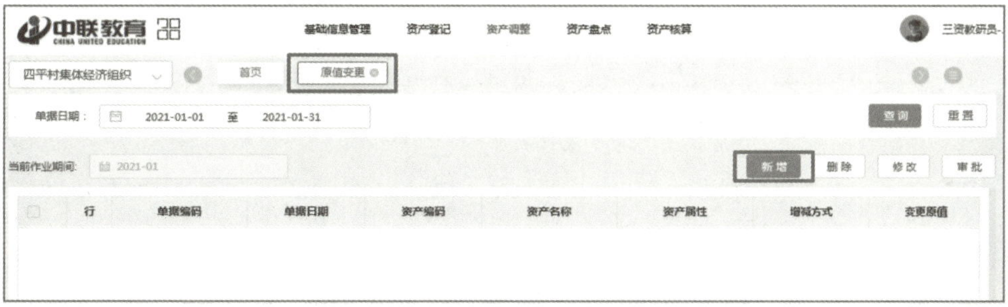

图 4－26　资产管理模块原值变更页面

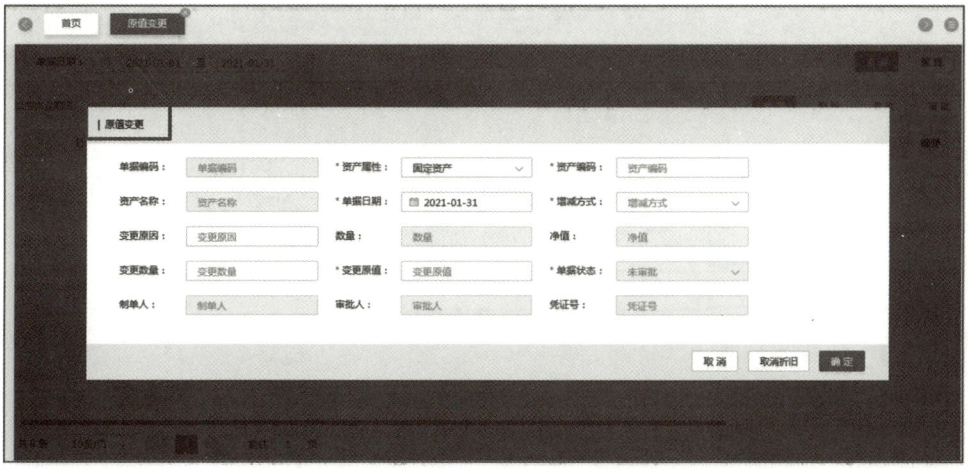

图 4－27　登记固定资产原值变更信息

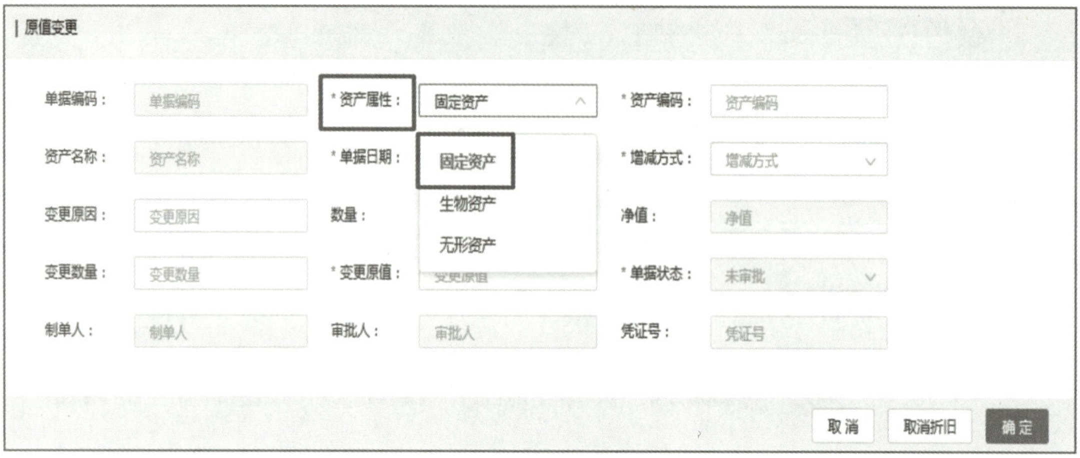

图 4－28　选择资产属性

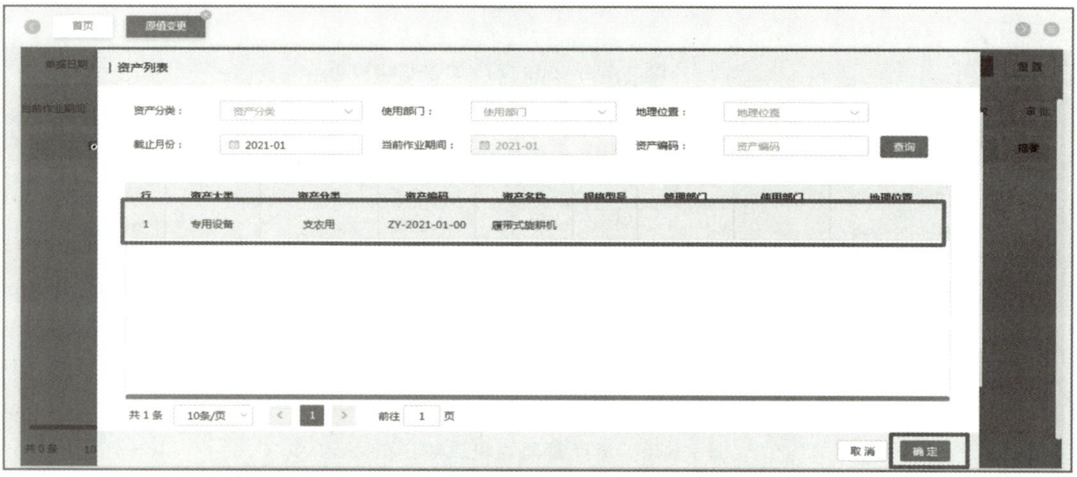

图 4－29　勾选变更原值“固定资产”卡片

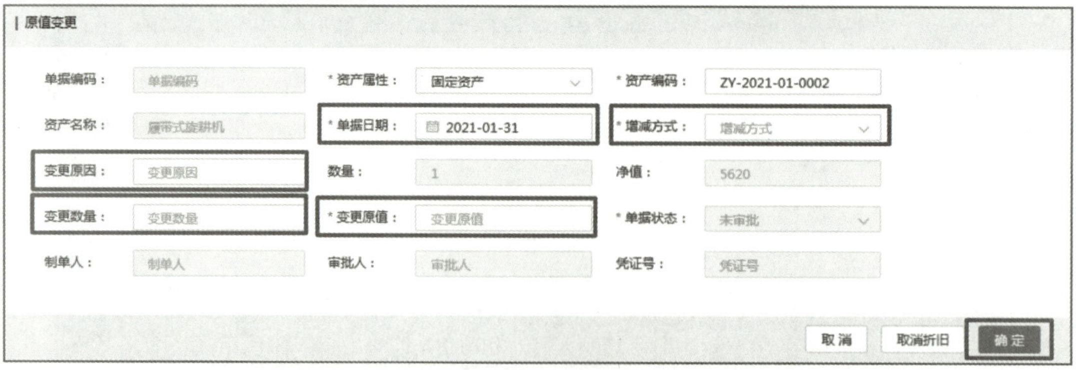

图 4－30　原值变更详细设置

（三）固定资产折旧

在资产管理模块首页，单击【资产核算】—单击【计提及结账】，进入“资产管理—计提及结账”的操作页面，选择【折旧月份】，单击【折旧】按钮，计提当月折旧，如图 4－31、图 4－32 所示。

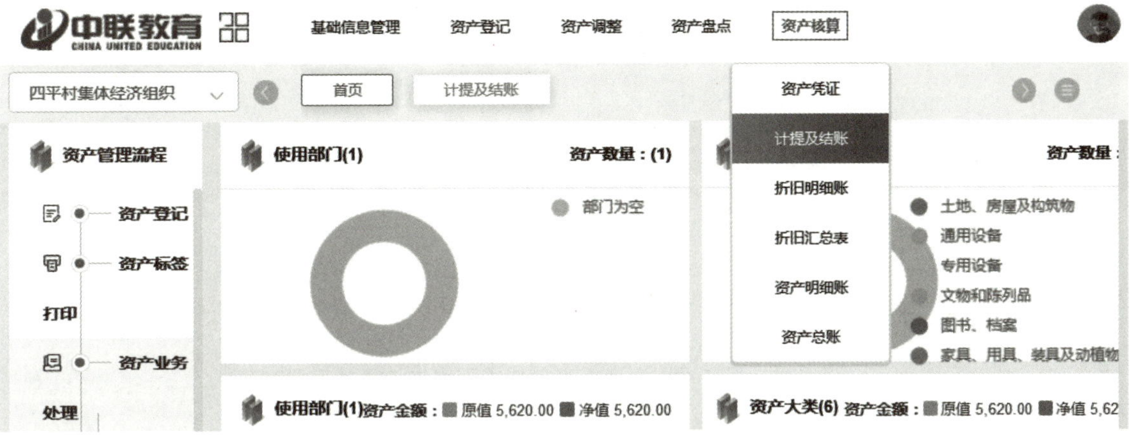

图 4－31　选择资产核算下的计提及结账

图 4－32　选择计提折旧的月份

（四）固定资产使用状况调整

在资产管理模块首页，单击左侧【资产管理流程】中资产业务处理下的【使用状况调整】或【资产调整】菜单下的【使用状况调整】，进入“资产管理—使用状况调整”的操作页面，如图 4－33 所示。

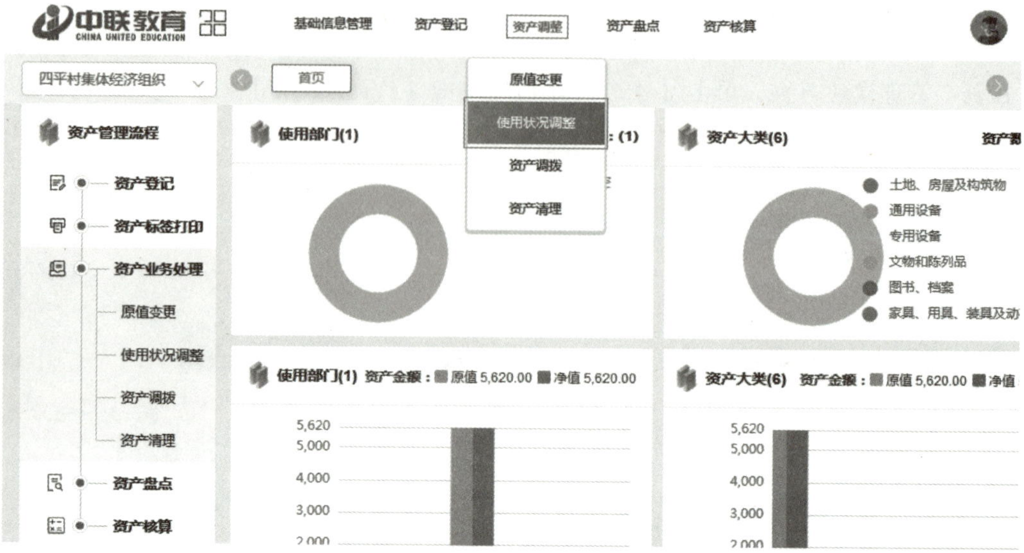

图 4－33 教育平台资产管理模块首页点击使用状况调整

在资产管理【使用状况调整】页面，单击【新增】按钮，进入资产使用状况调整操作窗口页面，填写固定资产调整资料，单击【确定】按钮，如图 4－34、图 4－35 所示。

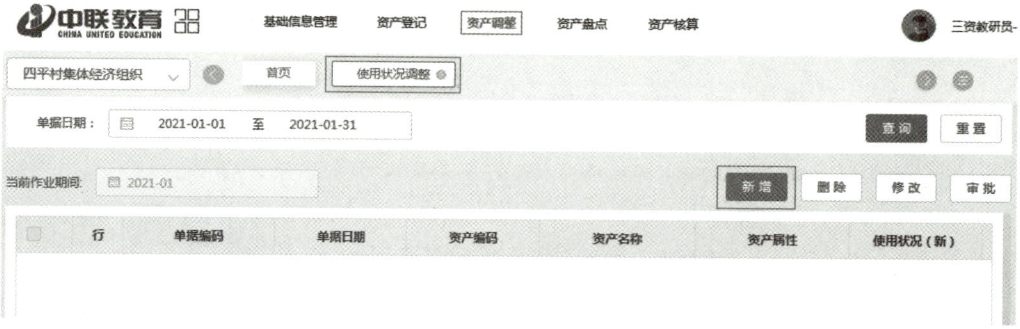

图 4－34 在使用状况调整页面点击新增

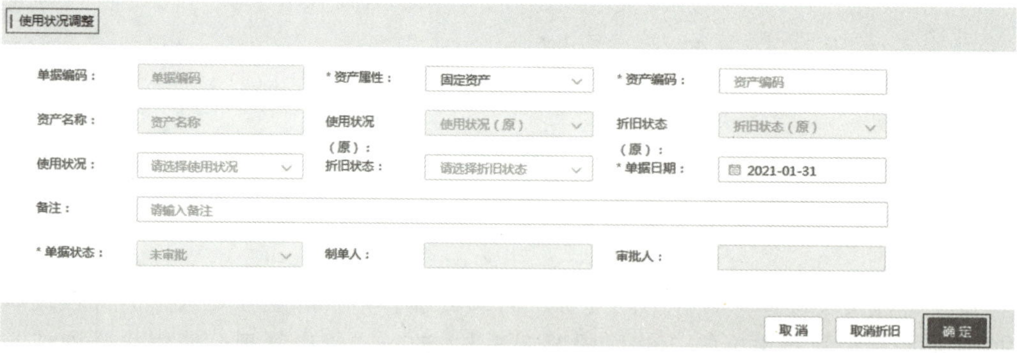

图 4－35 使用状况调整录入页面，填写固定资产调整资料

（五）固定资产调拨

在资产管理模块首页，单击左侧【资产管理流程】中，资产业务处理下的【资产调拨】或【资产调整】菜单下的【资产调拨】，进入"资产管理—资产调拨"的操作页面，如图4-36所示。

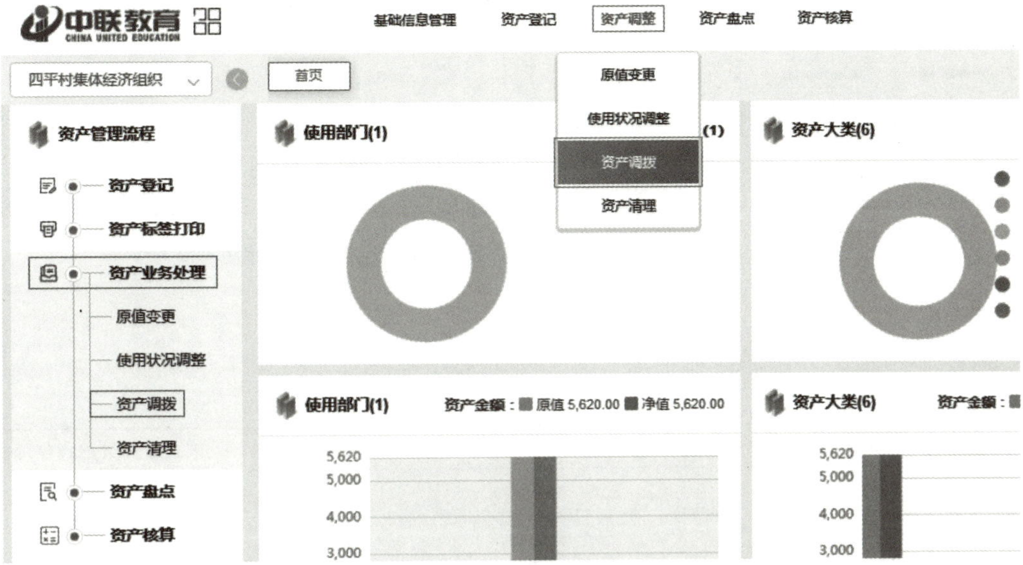

图4-36 教育平台资产管理模块首页点击资产调拨

在资产管理【资产调拨】页面，单击【新增】按钮，进入资产调拨操作窗口页面，填写固定资产调拨资料，单击【确定】按钮，如图4-37、图4-38所示。

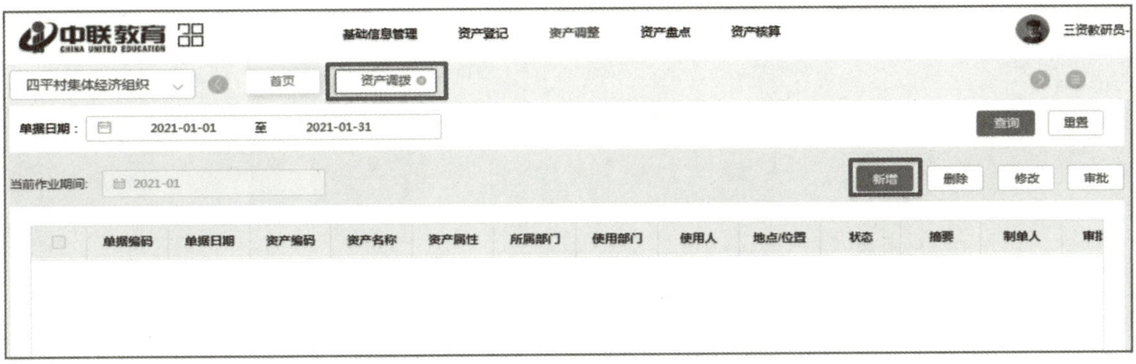

图4-37 资产管理模块资产调拨操作页面单击【新增】按钮

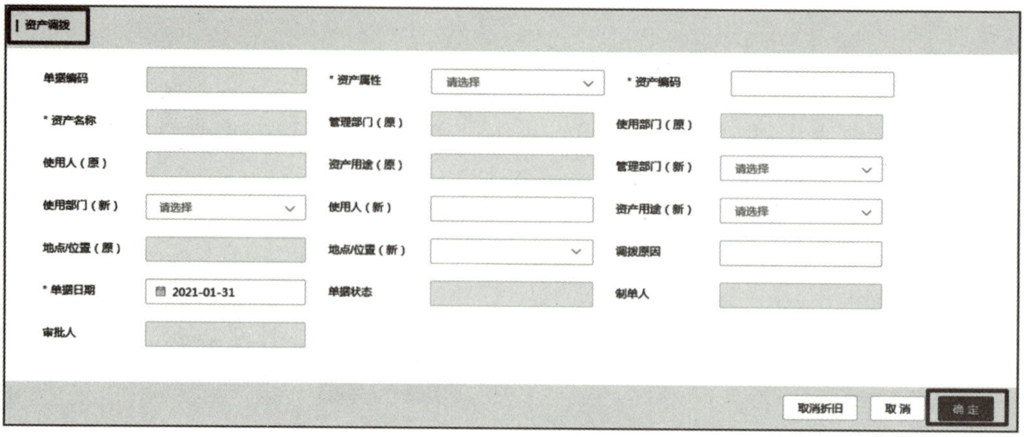

图 4－38 资产调拨录入操作页面，填写固定资产调拨资料

三、固定资产登记与变动案例操作流程

【例 4－1】案例操作页面	固定资产登记操作流程
	【例 4－1】： 在教育平台首页，单击【智慧农业三资—综合实训】—点击【应用中心】—单击【资产管理】—进入“资产管理”页面单击【资产登记】—单击【固定资产登记】—单击【新增】—进入“固定资产登记”操作页面
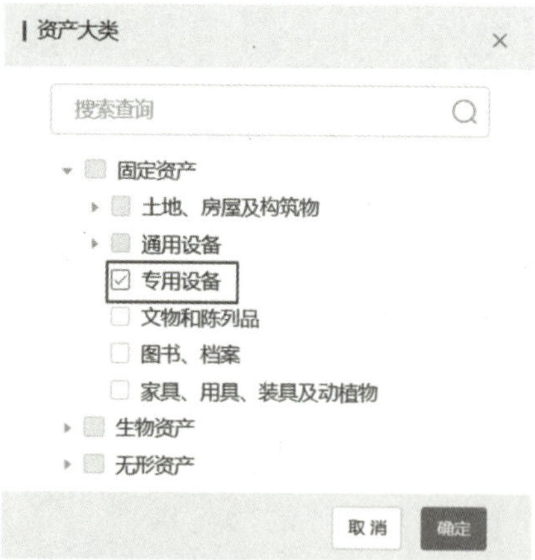	在“固定资产登记”操作页面，先登记固定资产【基本信息】—单击【资产大类】—选择【固定资产】—选择【专用设备】—单击【确定】按钮

续表

<table>
<tr><th>【例 4－1】案例操作页面</th><th>固定资产登记操作流程</th></tr>
<tr><td>

</td><td>在“固定资产登记”基本信息操作页面，单击【资产分类】—选择资产分类，如果需要增加资产分类，单击【新增资产分类】—填写【资产分类】—选择【计量单位】—选择【原值科目】—选择【对应科目】—选择【累计折旧科目】—选择【费用成本科目】—单击【确定】按钮</td></tr>
<tr><td>

</td><td>新增资产分类后，返回“固定资产登记”基本信息操作页面，选择刚刚新增的【资产分类】—填写【资产名称】—选择【增加方式】—填写【开始使用日期】—选择【资产用途】—选择【使用状态】—填写【规格型号】—上传资料图片</td></tr>
<tr><td>

</td><td>在“固定资产登记”页面，拖动鼠标至财务信息处，登记【财务信息】—选择【价值类型】—选择【折旧方法】—选择【折旧状态】—选择【首月是否折旧】—填写【资产原值】—填写【残值率】—填写【预计使用年限】—选填【累计减值金额】【财政拨款】【扶贫项目】等信息—单击【保存】按钮</td></tr>
</table>

任务评价：

“固定资产登记与变动”任务评价表

工作任务清单	完成情况	评价等级
固定资产增加变动的业务类型和账务处理		
固定资产减少变动的业务类型和账务处理		
采用“年限平均法”计算月折旧额		
采用“工作量法”计算月折旧额		
编制“固定资产折旧计算表”并做账务处理		
用“三资”平台完成固定资产登记和变动操作		

备注：能完成打“√”，对应等级为合格；不能完成打“×”，对应等级为不合格。

任务拓展：

2021 年 1 月 19 日，四平村外购办公用复印机一台，假设你是四平村报账员，请你根据相关资料（见图 4－39 至图 4－41），完成纸质固定资产增加报账单的填报。

【资料】

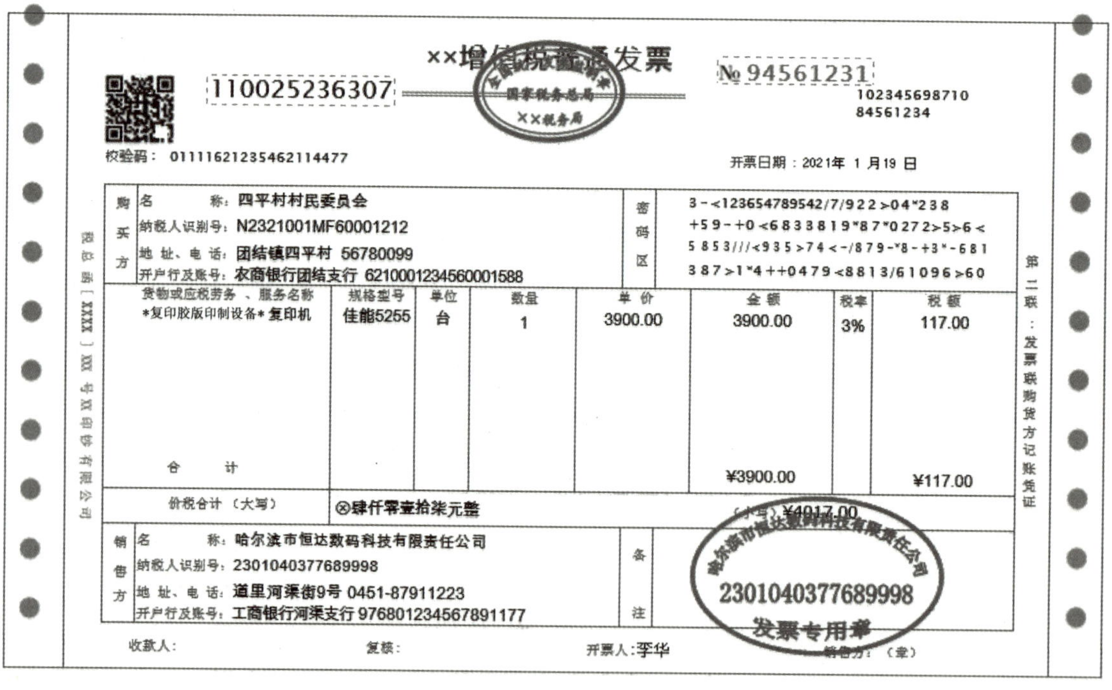

××增值税专用发票

1100025236307　№ 94561231　1023456987108 4561234

校验码：01111621235462114477　开票日期：2021年 1 月19 日

购买方	名称：四平村村民委员会 纳税人识别号：N2321001MF60001212 地址、电话：团结镇四平村 56780099 开户行及账号：农商银行团结支行 6210001234560001588			密码区	3-<123654789542/7/922>04*238 +59-+0<6833819*87*0272>5>6< 5853///<935>74<-/879-*8-+3*-681 387>1*4++0479<8813/61096>60		
货物或应税劳务、服务名称	规格型号	单位	数量	单价	金额	税率	税额
*复印胶版印制设备*复印机	佳能5255	台	1	3900.00	3900.00	3%	117.00
合计					¥3900.00		¥117.00
价税合计（大写）	⊗肆仟零壹拾柒元整				（小写）¥4017.00		
销售方	名称：哈尔滨市恒达数码科技有限责任公司 纳税人识别号：230104037768998 地址、电话：道里河渠街9号 0451-87911223 开户行及账号：工商银行河渠支行 976801234567891177			备注			

收款人：　复核：　开票人：李华　销售方：（章）

第二联：发票联　购货方记账凭证

图 4－39

××省农村商业银行
转账支票存根

支票号码　2834532
科　　目
对方科目
签发日期 2021 年 01 月 19 日

收款人：	哈尔滨市恒达数码科技有限责任公司
金　额：	¥ 4 017.00
用　途：	支付货款
备　注：	

单位主管　李为民　会计
复　　核　　　　　记账

图 4－40

【试一试】

固定资产增加报账单

单位名称：（公章）　　　报账日期：　年　月　日　　　编号：

增加日期	增加	品名	规格	型号	价值（元）
增加类型	1. 盘盈　2. 购买　3. 受捐赠　4. 其他				
备 注					

村报账员：　　　代理服务机构会计：　　　代理服务机构复核人：

图 4－41

任务二　农业资产登记与变动处理

任务目标：

1. 了解农业资产的分类，掌握农业资产的计价原则，熟练掌握农业资产的核算方法。
2. 能进行票据采集与核验，按审批流程进行审批操作。
3. 能够根据实际情况进行农业资产变动业务的账务处理。

任务情境：

一、任务场景

三资共享中心员工于2021年×月×日接到四平村交来的农业资产相关业务票据，经认真审核无误后签收。

二、任务布置

三资共享中心员工按照业务要求对四平村原始单据整理分类，进行农业资产登记与变动操作，并进行相关业务的账务处理。

任务准备：

一、知识准备

（一）农业资产基础知识

农村集体经济组织的农业资产主要包括牲畜（禽）资产和林木资产。农业资产价值构成与其他资产的价值构成有明显差别，主要体现在生物的成长期间增加了农业资产价值。

农业资产一般按原始价值、饲养价值、培植价值、摊余价值计价。

原始价值是指购入农业资产的购买价及相关税费的总和；饲养价值是指在产役畜成龄之前的饲养过程中发生的费用；培植价值是指经济林木投产前、非经济林木郁闭前发生的培植费用；摊余价值是指农业资产的原始价值加饲养价值或培植价值减去农业资产累计摊销后的余额，反映农业资产的现有价值。

（二）农业资产的计价原则

农业资产主要遵循以下计价原则：

（1）购入的农业资产按照购买价及相关税费等计价。

（2）幼畜及育肥畜的饲养费用、经济林木投产前的培植费用、非经济林木郁闭前的培植费用按实际成本计入相关资产成本。

（3）产役畜、经济林木投产后，应将其成本扣除预计残值后的部分在其正常生产周期内按直线法分期摊销，预计净残值率按照产役畜、经济林木成本的5%确定。

（4）已提足折耗但未处理仍继续使用的产役畜、经济林木不再摊销。

（5）农业资产死亡毁损时，按规定程序批准后，按实际成本扣除应由责任人或者保险公司赔偿的金额后的差额，记入其他收入或其他支出账户。

（6）农村集体经济组织其他农业资产，可以比照牲畜（禽）资产和林木资产的计价原则处理。

（三）相关法律法规

《财政票据管理办法》（财政部令第70号）（2012年）

《会计基础工作规范》（中华人民共和国财政部令第 98 号）（2019 年修订）
《农村集体经济组织财务制度》（财农［2021］121 号）
《村集体经济组织会计制度》（财会［2004］12 号）

二、业务要领

（一）农业资产变动涉及的常用原始凭证票样（见图 4－42、图 4－43）

销售发票

2021 年 01 月 22 日

购货单位：四平村村民委员会　　　　　　发票号码 001156478

品名	规格	数量	单价	金额							
				十	万	千	百	十	元	角	分
杨梅树苗		400	70		2	8	0	0	0	0	0
合计人民币（大写）	贰万捌仟元整			¥	2	8	0	0	0	0	0

②发票联

销售单位：扬江果苗基地　　　　　　开票人：×××

（印章：国家税务总局 ××税务局；扬江果苗基地 321300222513578 发票专用章）

图 4－42　销售发票票样

现金支出凭证

总字第　号
现支第　号

账户　　　　明细户　　　　年　月　日

支款单位或支款人		金额							
		十	万	千	百	十	元	角	分
说明									
金额（大写）	拾　万　仟　佰　拾　元　角　分								

附支款凭证　张

负责人　　　　会计　　　　出纳　　　　经手人

图 4－43　现金支出凭证票样

（二）牲畜（禽）资产的核算

牲畜（禽）资产是指农村集体经济组织农业资产中的动物资产，主要包括役畜、产畜（禽）、幼畜（禽）和育肥畜（禽）等。农村集体经济组织的牲畜（禽）资产核算须通过“牲畜（禽）资产”账户进行。

“牲畜（禽）资产”账户属资产类账户，用来核算农村集体经济组织购入或培育的牲畜（禽）的成本。本账户设置“幼畜及育肥畜”和“产役畜”两个二级明细账户，并按牲畜（禽）的种类设置三级明细账，进行明细分类核算。该账户借方登记农村集体经济组织增加的牲畜（禽）资产的成本及幼畜和育肥畜的饲养费用，贷方登记减少的牲畜（禽）资产的成本及产役畜的成本摊销。期末余额在借方，反映农村集体经济组织幼畜及育肥畜和产役畜的账面余额。

农村集体经济组织购入幼畜及育肥畜时，按照买价及相关税费，借记“牲畜（禽）资产——幼畜及育肥畜”账户，贷记“现金”“银行存款”“应付款”等账户；发生的饲养费用，借记“牲畜（禽）资产——幼畜及育肥畜”账户，贷记“应付工资”“库存物资”等账户。

【例4-11】四平村购入幼羊一批，价款6 000元以银行存款支付。

借：牲畜（禽）资产——幼畜及育肥畜　　6 000

　　贷：银行存款　　6 000

【例4-12】四平村饲养幼羊发生饲养费用9 000元，其中包括应付固定员工工资2 000元，领用库存饲料7 000元。

借：牲畜（禽）资产——幼畜及育肥畜　　9 000

　　贷：库存物资——饲料　　7 000

　　　　应付工资　　2 000

幼畜成龄转作产役畜时，按实际成本借记“牲畜（禽）资产——产役畜”账户，贷记“牲畜（禽）资产——幼畜及育肥畜”账户；产役畜在饲养过程中所发生的饲养费用不再记入“牲畜（禽）资产”，应直接记入当期损益，即借记“经营支出”账户，贷记“应付工资”“库存物资”等账户。

【例4-13】四平村饲养的幼羊成龄转作产畜，饲养期内共发生费用11 700元，结转产役畜成本。

借：牲畜（禽）资产——产役畜　　11 700

　　贷：牲畜（禽）资产——幼畜及育肥畜　　11 700

【例4-14】四平村本月饲养山羊共发生饲养费用13 000元，其中应付固定员工工资5 000元，领用库存饲料8 000元。

借：经营支出　　13 000

　　贷：库存物资——饲料　　8 000

　　　　应付工资　　5 000

产役畜的成本扣除预计残值后的部分应在其正常生产周期内，按照直线法分期摊销，借记“经营支出”账户，贷记“牲畜（禽）资产——产役畜”账户。

【例4-15】四平村饲养的山羊成本30 000元，预计生产期5年，净残值率为成本的5%，按月摊销饲养成本。

该批山羊预计净残值 = 30 000 × 5% = 1 500（元）

每月应摊销的金额 =（30 000 - 1 500）÷ 5 ÷ 12 = 475（元）

借：经营支出　　475

　　贷：牲畜（禽）资产——产役畜　　475

（三）林木资产的核算

林木资产是指农村集体经济组织购入或营造的林木，包括经济林木、非经济林木。

“林木资产”账户属资产类账户，用来核算农村集体经济组织购入或营造的林木的成本，该账户设置“经济林木”和“非经济林木”两个二级明细账户，按林木的种类设置明细账户，进行明细分类核算。借方登记增加的林木资产成本，以及经济林木投产前、非经济林木郁闭前的培植费用，贷方登记减少的林木资产的成本，以及经济林木的成本摊销。期末余额在借方，为农村集体经济组织购入或营造的林木资产的账面余额。

1. 经济林木的核算

农村集体经济组织购入经济林木时，按购买价及相关税费，借记“林木资产——经济林木”账户，贷记“现金”“银行存款”等账户；购入或营造的经济林木投产前发生的培植费用，记入林木资产的成本，借记“林木资产——经济林木”账户，贷记“应付工资”“库存物资”等账户。

【例 4-16】 四平村购入杨梅树苗一批，价值 32 000 元，款项尚未支付。

借：林木资产——经济林木——杨梅树苗　32 000
　　贷：应付款　32 000

【例 4-17】 四平村以现金支付外请杨梅树苗育苗工的人工费 1 200 元。

借：林木资产——经济林木——杨梅树苗　1 200
　　贷：现金　1 200

经济林木投产后发生的管护费用，不再记入“林木资产”账户，应直接记入当期损益，即借记“经营支出”账户，贷记“应付工资”“库存物资”等账户。

【例 4-18】 四平村杨梅树发生管护费用 3 600 元，其中固定员工工资 2 000 元，现金支付外聘养护人员人工费 700 元，领用库存肥料 900 元。

借：经营支出　3 600
　　贷：应付工资　2 000
　　　　库存物资——肥料　900
　　　　现金　700

经济林木投产后，其成本扣除预计残值后的部分应在其正常生产周期内按照直线法摊销，借记“经营支出”账户，贷记“林木资产——经济林木”账户。

【例 4-19】 四平村年末按直线法摊销本年度投产的果树成本 80 000 元，预计可产果 10 年，预计净残值率 5%。

该批果树预计净残值 = 80 000 × 5% = 4 000（元）

本年应摊销额 = (80 000 − 4 000) ÷ 10 = 7 600（元）

借：经营支出　7 600
　　贷：林木资产——经济林木　7 600

2. 非经济林木的核算

农村集体经济组织购入非经济林木时，按购买价及相关税费，借记“林木资产——非经济林木”账户，贷记“现金”“银行存款”等账户；购入或营造的非经济林木在郁闭前发生的培植费用，借记“林木资产——非经济林木”账户，贷记“应付工资”“库存物资”等账户。

非经济林木郁闭后发生的管护费用，不再记入“林木资产”账户，应直接计入当期损益，即借记“其他支出”账户，贷记“应付工资”“库存物资”等账户。

【例 4-20】 四平村购入榆树树苗一批，价款 40 000 元以银行存款支付。

借：林木资产——非经济林木　　40 000

　　贷：银行存款　　40 000

【例 4 - 21】四平村以现金支付管护郁闭后非经济林木固定资产员工工资 4 000 元。

计提时：

借：其他支出　　4 000

　　贷：应付工资　　4 000

支付时：

借：应付工资　　4 000

　　贷：库存现金　　4 000

【知识链接】

经济林木和非经济林木的区别：

经济林木是指能够重复地生产出相应的产品，其成本是通过不断地生产出的产品的售出而获利补偿，其性质与固定资产类似。因此，我们将经济林木资产称为生产性林木资产；非经济林木是指不能够重复地生产出相应的产品，只有通过砍伐售出后才能获得其成本补偿，其性质与存货类似，我们将此类林木资产称为消耗性林木资产。

任务实施：

农业资产属于生物资产，是与农村集体经济组织的农业生产相关的有生命的动物和植物，是农村集体经济组织资产的重要组成部分。生物资产其自身具有生长、发育、繁殖、成长、成熟和衰退的自然规律，具有自然增值的特点。但是在其存续期内受自然环境条件影响，也存在很多不确定因素，因此，其对未来经济利益的影响也具有很强的不确定性及很高的风险性，在进行管理时，需要正确区别生产性生物资产和消耗性生物资产，并分别管理。

农村集体经济组织须建立健全农业资产管理制度，指派专人对农村集体经济组织农业资产进行管理。须建立农业资产账册，坚持定期盘点，对资产变动情况及时登记，做到账实相符。同时实行民主管理，定期公布账目，接受农村集体经济组织群众监督。农村集体经济组织农业资产具体登记与变动方法可参照固定资产进行操作。

任务评价：

"农业资产登记与变动"任务评价表

工作任务清单	完成情况	评价等级
农业资产的增加变动的业务类型和账务处理		
农业资产的减少变动的业务类型和账务处理		

备注：能完成打"√"，对应等级为合格；不能完成打"×"，对应等级为不合格。

任务拓展：

四平村非经济林木在郁闭前进行养护，领用库存药剂 1 200 元，原始凭证见图 4 - 44。

领　料　单　　№5562236

领用部门：村委会　　2021 年 9 月 22 日

编号	品名及规格	单位	库存数量	实领数量	单价	金额	备注
1	农用杀虫喷剂	瓶	50	20	60	1 200	
合计金额（大写）	佰 拾 ⊗ 万壹仟贰佰零拾零元零角零分					¥ 1 200.00	

第三联记账

主管：×××　　发料人：×××　　领料人：×××

图 4－44

试根据该业务相关资料做会计分录。

任务三　无形资产登记与变动处理

任务目标：

（1）能够收集无形资产发票、财政票据、银行回单等纸质原始凭证并进行初步分类与整理，正确进行甄别。

（2）对纸质原始凭证进行拍照或扫描上传电子影像文件，或导入原始电子发票，对单据电子影像进行识别与核验操作，按审批流程进行审批操作。

（3）能够利用三资管理的资产管理系统进行无形资产变动的处理。

任务情境：

一、任务场景

三资共享中心员工于 2021 年 × 月 × 日接到四平村交来的无形资产相关业务票据，经认真审核无误后签收。

二、任务布置

三资共享中心员工按照业务要求对四平村无形资产原始单据整理分类并进行制单处理。具体要求如下：

（1）对无形资产票据进行分类、汇总；

（2）对每张纸质票据进行影像采集并人工校验；

（3）利用三资平台进行无形资产登记、增减变动相关操作及记账凭证填制与审核。

任务准备：

一、知识准备

（一）无形资产基础知识

农业技术是农业发展的第一推动力，大力推进农业机械化、智能化，给农业现代化插上科技的翅膀，是农村经济快速持续发展的关键。因此，农业科技在农村发展的位置更加突出，使得无形资产在农村集体经济资产中所占比重在不断增加，加强对农村集体无形资产的管理与核算就越发重要了。

无形资产是指农村集体经济组织拥有或者控制的没有实物形态的可辨认非货币性资产。农村集体经济组织设置“无形资产”账户用来核算农村集体经济组织拥有或控制的无形资产的入账价值。该账户借方登记增加无形资产的入账价值，贷方登记减少无形资产的账面价值，期末余额在借方，表示农村集体经济组织期末尚未摊销无形资产的价值。

农村集体经济组织的无形资产包括：专利权、非专利技术、商标权、著作权、特许权、土地使用权等。

（二）无形资产的基本特征

（1）无形资产不具有实物形态。无形资产看不见、摸不着，通过自身所具有的技术等优势为农村集体经济组织带来未来经济利益，无形资产通常表现为某种权利、某项技术或是某种获取超额利润的综合能力，不具有实物形态是无形资产有别于其他资产的特征之一，也是确认无形资产的基本依据。

（2）无形资产具有可辨认性。无形资产必须能够单独辨认，能够区别于其他资产，符合下列条件之一的，则认为该项资产具有可辨认性：一是能够从农村集体经济组织中分离或者划分出来，并能单独或者与相关合同、资产或负债一起，用于出售、转让、授予许可、租赁或者交换；二是源自合同性权利或其他法定权利，无论这些权利是否可以从农村集体经济组织或其他权利或义务中转移或者分离。

（3）无形资产属于非货币性资产。非货币性资产，是指农村集体经济组织持有的货币资金和将以固定或可确定的金额收取的资产以外的其他资产。无形资产的使用年限在一年以上，属于非货币性长期资产，由于其能够在多个会计期间为农村集体经济组织带来经济利益，无形资产的价值也应在受益期内进行摊销。

（4）无形资产创造未来经济利益的不确定性。作为资产，无形资产是能够为农村集体经济组织带来经济利益的，但是由于无形资产没有发达的交易市场，一般不容易转化成现金，且其所能创造的经济利益还受外部因素影响，如新技术更新换代的速度等，所以无形资产在持有过程中为农村集体经济组织带来的未来经济利益情况不确定，不属于以固定或可确定的金额收取的资产。

（三）无形资产入账价值

农村集体经济组织应当根据具体情况分别确定无形资产的入账价值：

（1）外购的无形资产。农村集体经济组织应按取得时实际支付的价款及相关税费作为入账价值。

（2）自行研发的无形资产。农村集体经济组织自行研究开发无形资产，应当严格区分研究阶段和开发阶段。研究阶段发生的支出应当费用化，计入当期损益；开发阶段发生的支出，符合资本化条件的，计入无形资产成本，不符合资本化条件的，计入当期损益。自行研发无形资产初始入账价值为开发中形成的无形资产，其成本由可直接归属于该资产的创造、生产并使该资产能够以管理层预定的方式运作的所有必要支出组成，包括开发该资产时耗费的材料、劳务成本、注册费、使用其他专利权和特许权的摊销、按规定的资本化利息支出以及为使该资产达到预定用途前所发生的其他费用。自行开发并按法律程序申请取得的无形资产，按取得时发生的注册费、聘请律师费、资本化费用等，作为无形资产的实际成本。

（3）投资者投入的无形资产。农村集体经济组织取得投资者投入的无形资产应按照合同或协议约定的投资各方确认的价值作为入账成本，但投资合同或协议约定价值不公允的情况下，按无形资产的公允价值入账。

（4）接受捐赠的无形资产。捐赠方提供了发票等所附凭据的，应按发票等凭据所列金额加上应支付的相关税费计价；无所附凭据的，按其市价或同类、类似无形资产的市价加上应支付的相关税费计价。

（5）债务重组方式取得的无形资产。农村集体经济组织接受的债务人以非现金资产抵偿债务方式取得的无形资产，应当以公允价值和应支付的相关税费作为换入无形资产的入账价值，公允价值与换出资产账面价值的差额计入当期损益。

（6）非货币性资产交换取得的无形资产。农村集体经济组织以非货币性资产交易取得的无形资产应区分两种情况确定实际成本：

一是同时满足以下两个条件的：①该项交易具有商业实质；②换入资产或换出资产的公允价值能够可靠地计量。应当以换出资产的公允价值和应支付的相关税费加上支付的补价或减去收到的补价作为实际成本入账，如果有证据表明换入资产的公允价值更加可靠，则应以换入资产的公允价值作为换入资产成本的基础。换出资产账面价值与其公允价值之间的差额，计入当期损益。

二是未同时满足上述两个条件的，应当以换出资产的账面价值和应支付的相关税费（并加上支付的补价，或减去收到的补价）作为取得无形资产的实际成本。

（四）无形资产的摊销

无形资产是可辨认的非货币性长期资产，能给农村集体经济组织带来较长时期的经济效益。通常无形资产也有一定的有效期限，在这个期限内，无形资产的价值会发生转移，为此需要对不同性质的无形资产采用不同的方法进行摊销。

（1）使用寿命有限的无形资产，其应摊销金额应当在使用寿命内系统合理摊销。

（2）使用寿命不确定的无形资产不应摊销。

应当在每个会计期间对使用寿命不确定的无形资产的使用寿命进行复核。如果有证据表明无形资产的使用寿命是有限的，应当估计其使用寿命，并按《会计准则》规定处理。

无形资产的摊销方法有直线法和生产总量法。选择无形资产摊销方法，应当考虑反映与该项无形资产有关的经济利益的预期实现方式。对无法可靠确定预期实现方式的，应当采用直线摊销法，摊销无形资产一般均采用此方法。

（五）无形资产管理原则

农村集体经济组织为保证农村集体经济利益，加强无形资产的管理，必须坚持“三个基本管理原则”：一是民主管理的原则；二是公平、公开的原则；三是依法监督的原则。

（六）相关法律法规

《财政票据管理办法》（财政部令第 70 号）（2012 年）
《会计准则——无形资产》（财会［2006］18 号）
《会计基础工作规范》（中华人民共和国财政部令第 98 号）（2019 年修订）
《农村集体经济组织财务制度》（财农［2021］121 号）
《村集体经济组织会计制度》（财会［2004］12 号）

二、业务要领

为了及时、准确、完整地反映和监督农村集体经济组织无形资产变动情况，应设置“无形资产”账户进行核算。

（一）无形资产登记与变动涉及的常用原始凭证票样（见图 4－45 至图 4－47）

无形资产摊销计算表

年 月 日

项目	应摊销金额	摊销期限	月摊销额
合计			

图 4－45 无形资产摊销计算表票样

承 包 费 收 据 №0008051

20 年 月 日

交款人（单位）： 收款方式＿＿＿＿＿＿

人民币（大写）＿＿＿＿＿＿＿＿＿＿＿＿＿＿＿＿ ¥＿＿＿＿＿＿

承包项目及事由＿＿＿＿＿＿＿＿＿＿＿＿＿＿＿＿＿＿＿＿

农村集体经济组织财务印鉴	财务负责人	村会计	经办人	收款人

第三联 单位记账

图 4－46 承包费收据票样

大额（转账）支出报账单

申请单位：（公章） 报账日期： 年 月 日 编号：

支出项目名称	支出资金性质	原始单据张数（张）	申请报销金额（元）
申请报销金额合计	人民币： 佰 拾 万 仟 佰 拾 元 角 分 ¥：		
复核报销金额合计	人民币： 佰 拾 万 仟 佰 拾 元 角 分 ¥：		
代理服务机构复核意见	复核人： 日期： 年 月 日		
资金性质	1. 正常性经费 2. 专款 3. 一事一议资金 4. 公积公益金 5. 应付福利费		
备 注			

第二联 登记备查账

村报账员： 代理服务机构会计： 代理服务机构出纳：

图 4－47 大额（转账）支出报账单票样

（二）无形资产增加的核算

1. 外购无形资产

农村集体经济组织外购专利权、商标权、非专利技术、特许权、土地使用权等无形资产时，按取得的增值税发票（增值税普通发票、增值税电子普通发票）、相关税费等有关单据确定无形资产价值。

【例 4－22】2021 年 1 月 10 日，四平村因加工农产品需要，经村“两委”集体研究并通过村民代表大会表决同意，以银行存款购入微生物育种专利权一项，其中转让费 170 000 元，登记手续费 3 000 元。

借：无形资产——微生物育种专利权 173 000

　　贷：银行存款 173 000

【知识链接】

农村集体经济组织外购无形资产的购置成本包括购买价款、进口关税、其他税费以及直接归属于使该项资产达到预定用途所发生的其他支出。其中，直接归属于使该项资产达到预定用途所发生的其他支出包括使无形资产达到预定用途所发生的专业服务费用、测试无形资产是否能够正常发挥作用的费用等，但不包括为引入新产品进行宣传发生的广告费、管理费用及其他间接费用，也不包括在无形资产已经达到预定用途以后发生的费用。

2. 自行研发无形资产

【例 4－23】2021 年 1 月 12 日，四平村经村民大会决议，自行研发一项水稻育种新技术，研究过程中发生临时人工费 5 700 元，其他费用 13 000 元，开发过程中发生注册费 6 000 元，律师费 900 元，其他费用、注册费、律师费均以银行存款支付。

研究阶段会计分录：

借：管理费用	18 700	
贷：应付款——临时员工报酬		5 700
银行存款		13 000

开发阶段会计分录：

借：无形资产——水稻育种技术	6 900	
贷：银行存款		6 900

【知识链接】

农村集体经济组织应付给其管理人员及固定员工的报酬总额应记入“应付工资”账户；对于农村集体经济组织与外单位和外部个人发生的临时工资报酬应记入“应付款”账户。

3. 投资者投入无形资产

【例 4－24】 2021 年 1 月 15 日，四平村收到新宇商贸有限公司投入商标权一项，合同约定的双方确认价 120 000 元，经村民大会决议，新宇商贸有限公司出资额占四平村注册资本（1 900 000 元）的 5%，假设无其他税费。

借：无形资产——商标权	120 000	
贷：资本——新宇商贸有限公司		95 000
公积公益金——其他		25 000

4. 接受捐赠无形资产

农村集体经济组织收到捐赠无形资产时，应按捐赠方提供发票等凭据所列金额加上应支付的相关税费或未提供凭据的按其市价或同类、类似无形资产的市价加上应支付的相关税费，借记“无形资产”账户，贷记“公积公益金”“银行存款”等账户。

（三）无形资产减少的核算

1. 投资转出无形资产

【例 4－25】 2021 年 1 月 16 日，四平村“两委”集体研究并经村民代表大会表决同意，向前进农村集体经济组织投资果树嫁接栽培技术一项，该技术账面价值 4 260 元，双方合同约定的确认价值 4 900 元。

借：长期投资	4 900	
贷：无形资产——果树嫁接栽培技术		4 260
公积公益金——对外投资		640

2. 对外捐赠无形资产

【例 4－26】 2021 年 1 月 25 日，四平村经村民大会决议，向贫困村三江村捐赠蘑菇无土栽培专利权一项，该专利账面价值 4 060 元。

借：其他支出——捐赠支出	4 060	
贷：无形资产——蘑菇无土栽培专利权		4 060

（四）无形资产摊销的核算

1. 无形资产的摊销期限

农村集体经济组织的无形资产摊销期限应当自无形资产可供使用时起，至不再作为无形资产确认时止。即当月增加的无形资产当月开始摊销，当月减少的无形资产当月不再摊销。

【知识链接】

农村集体经济组织无形资产摊销期限按如下原则确定：

第一，合同规定收益年限但法律没有规定有效年限的，摊销年限不应超过合同规定的收益年限；第二，合同没有规定收益年限但法律规定有效年限的，摊销年限不应超过法律规定的有效年限；第三，合同规定了收益年限，法律也规定了有效年限的，摊销年限则不应超过其中年限较短者；第四，如果合同没有规定收益年限，法律也没有规定有效年限的，摊销年限不应小于10年。

2. 无形资产的摊销方法

农村集体经济组织的无形资产采用直线法进行摊销，即无形资产应当自取得当月起在预计使用年限内分期平均摊销。

3. 无形资产摊销计算公式

直线法是将无形资产的应摊销金额均衡地分配于每一会计期间的一种方法。其计算公式如下：

无形资产年摊销额 = 无形资产取得时的入账价值 ÷ 摊销年限

无形资产月摊销额 = 无形资产年摊销额 ÷ 12

【例4-27】 2021年1月31日，四平村有一项商标权，取得时的成本为120 000元，该商标权的使用期限为20年，不考虑其他因素，该项无形资产的月摊销额计算如下：

商标权年摊销额 = 120 000 ÷ 20 = 6 000（元）

商标权月摊销额 = 6 000 ÷ 12 = 500（元）

4. 无形资产摊销的账务处理

【例4-28】 2021年1月31日，四平村无形资产摊销计算如表4-2所示。

表4-2　无形资产摊销计算表

2021年1月31日　　　单位：元

项目	应摊销金额	摊销期限	月摊销额
土地使用权	4 800 000	40	10 000
专利权	115 200	10	960
商标权（闲置）	120 000	20	600
合计	5 035 200	—	11 560

借：经营支出　　10 960
　　管理费用　　600
　　贷：无形资产　　11 560

【知识链接】

农村集体经济组织应根据无形资产的用途按月计算无形资产的摊销额，生产经营用无形资产的摊销额，记入“经营支出”账户；闲置的无形资产摊销额，记入“管理费用”账户；公益性用途的无形资产摊销，记入“其他支出”账户。

任务实施：

一、无形资产登记与变动页面的进入

首先，无形资产登记与变动业务的操作需要从教学平台首页【快速入口】页面，找到【智慧农村三资—综合实训】按钮，单击进入智慧农村三资—综合实训平台，如图 4－48 所示。

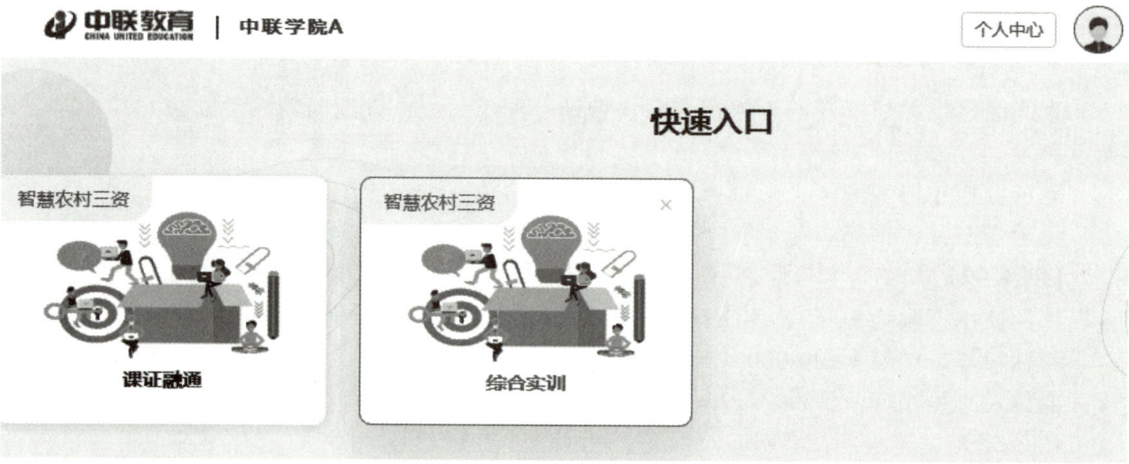

图 4－48　教学平台快速入口页面

其次，在智慧农村三资—综合实训平台，第一步：点击左侧的【应用中心】，进入智慧农村三资管理操作页面；第二步：单击【资产管理—进入系统】按钮，进入资产管理模块首页，如图 4－49 所示。

最后，在资产管理模块左侧的【资产管理流程】或上方的【资产登记】【资产调整】【资产盘点】【资产核算】菜单，为无形资产登记与变动处理的操作按钮，如图 4－50 所示。

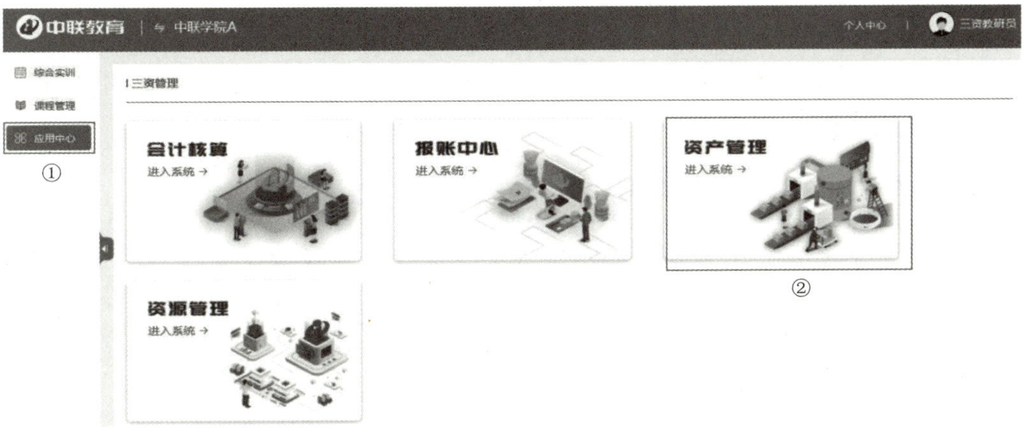

图 4－49　智慧农村三资—综合实训平台三资管理页面

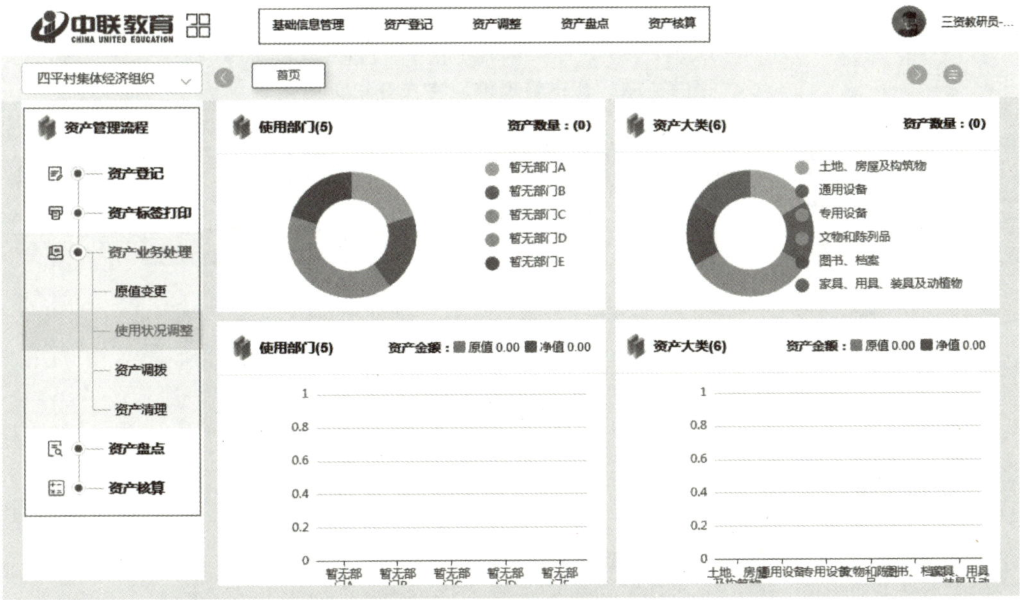

图 4－50　资产管理模块首页

二、无形资产登记与变动操作

（一）无形资产登记

在资产管理模块首页—单击【资产登记】—单击【资产大类】—选择【无形资产】—单击【资产分类】—单击【新增资产分类】—单击【无形资产】—进入新增资产分类操作页面—单击【确定】—登记【无形资产基本信息】—上传无形资产影像资料—登记【无形资产财务信息】—单击【保存】，如图 4－51 至图 4－60 所示。

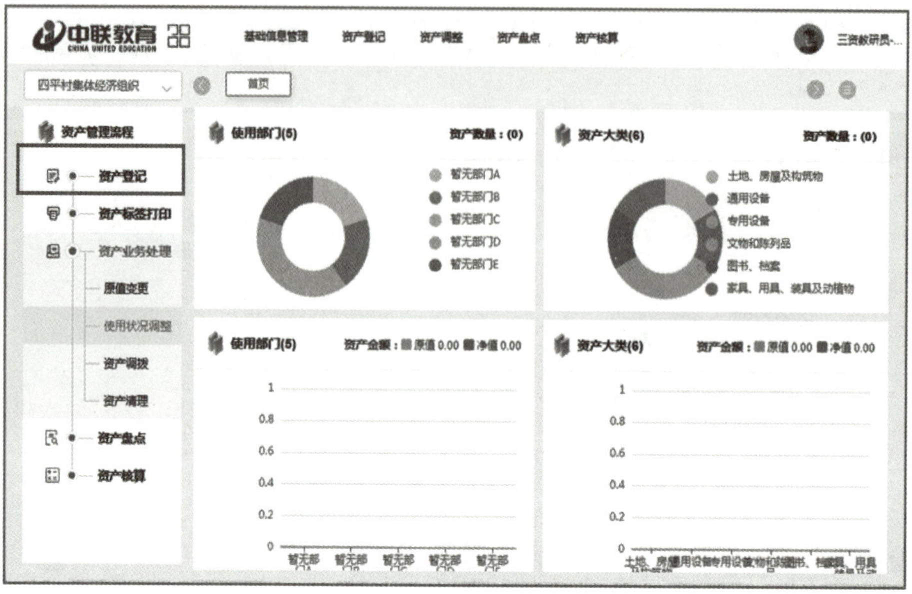

图 4－51　资产管理模块资产登记页面

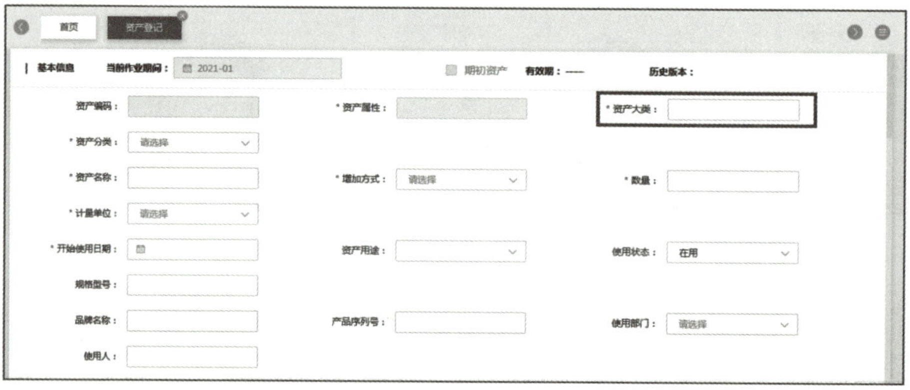

图 4－52　资产管理模块资产登记页面选择资产大类

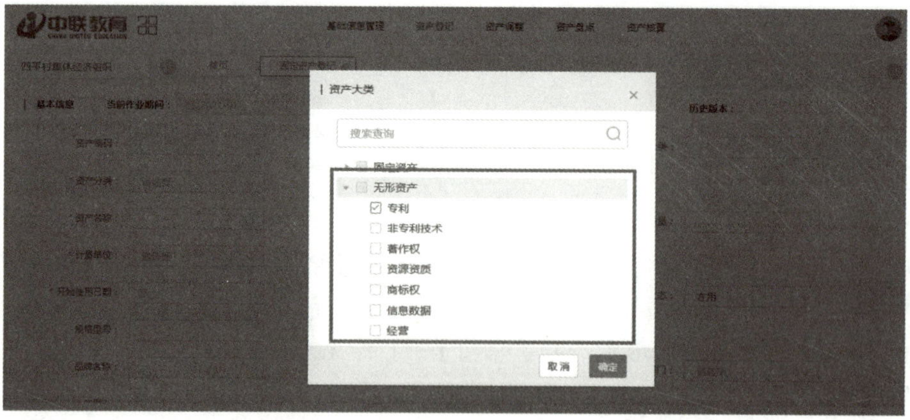

图 4－53　资产大类页面勾选无形资产

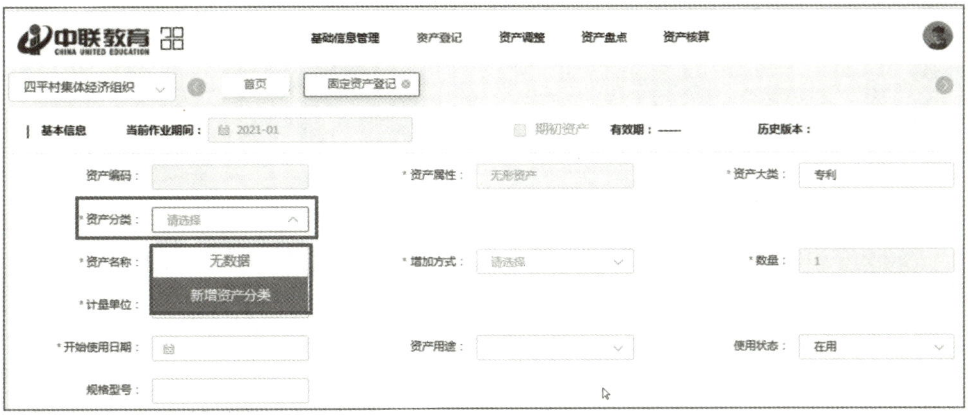

图 4－54　资产登记操作页面点击资产分类

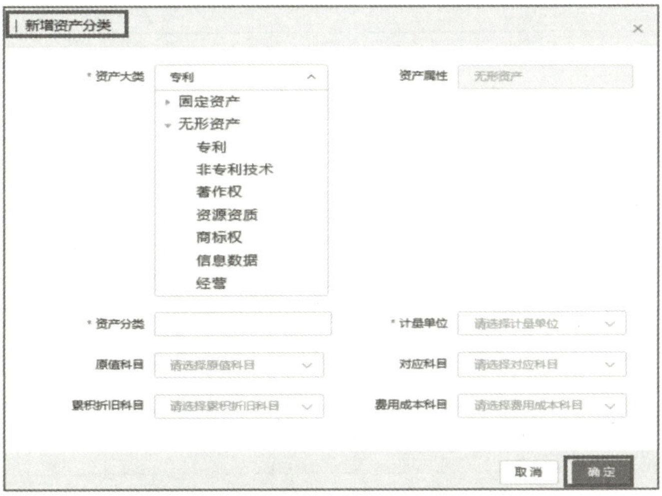

图 4－55　新增资产分类操作页面

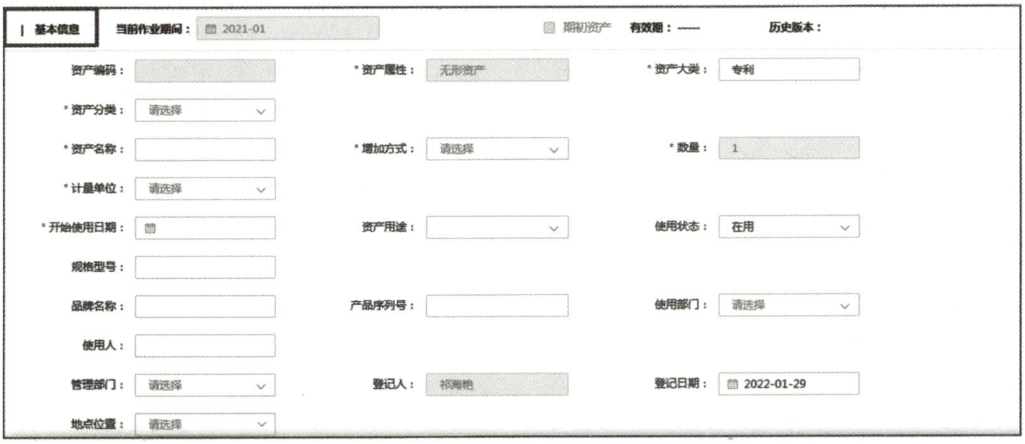

图 4－56　资产登记基本信息录入页面

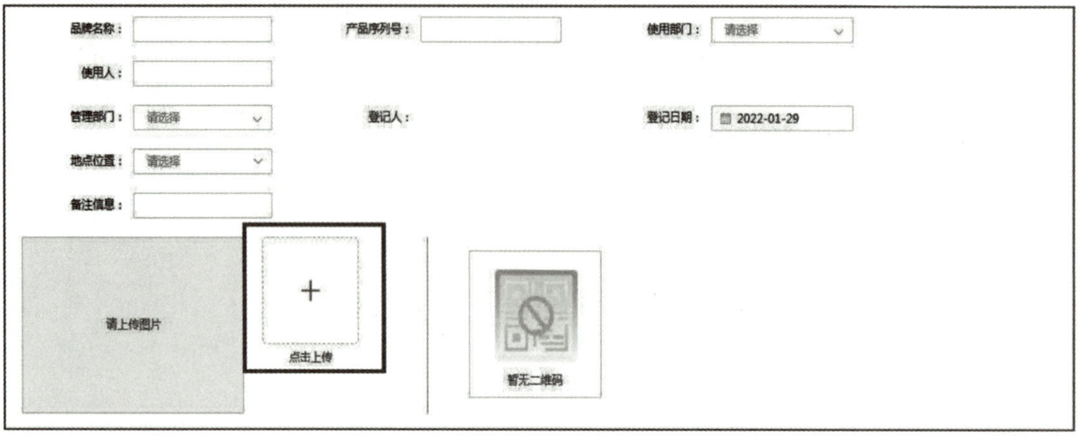

图 4－57　资产登记上传原始资料页面

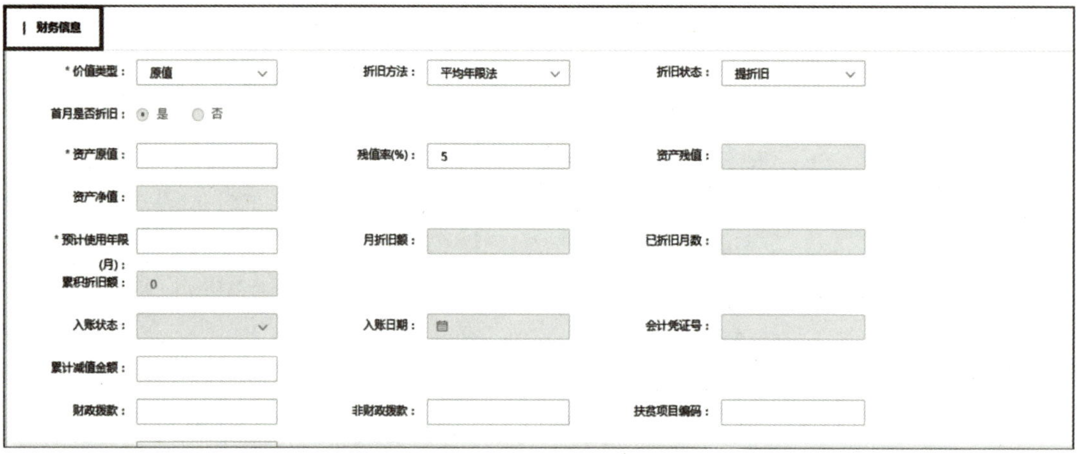

图 4－58　资产登记财务信息录入页面

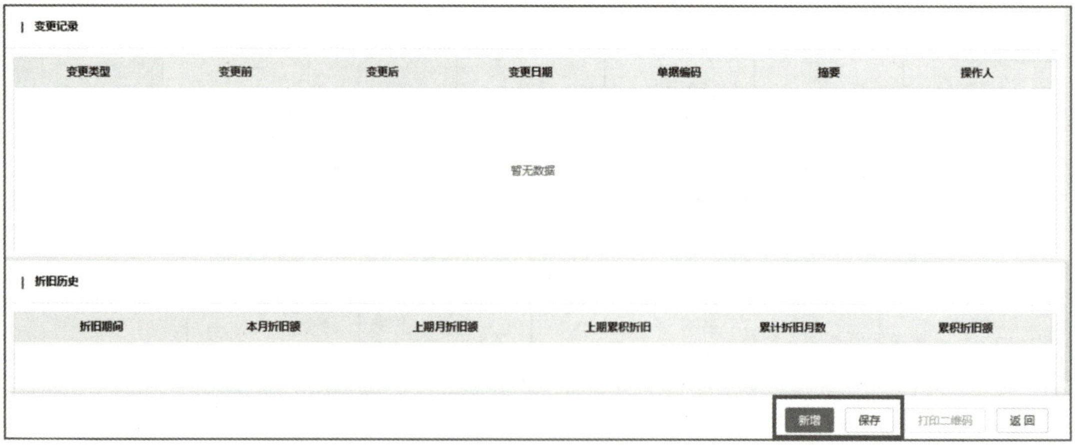

图 4－59　资产登记变更记录和折旧历史页面

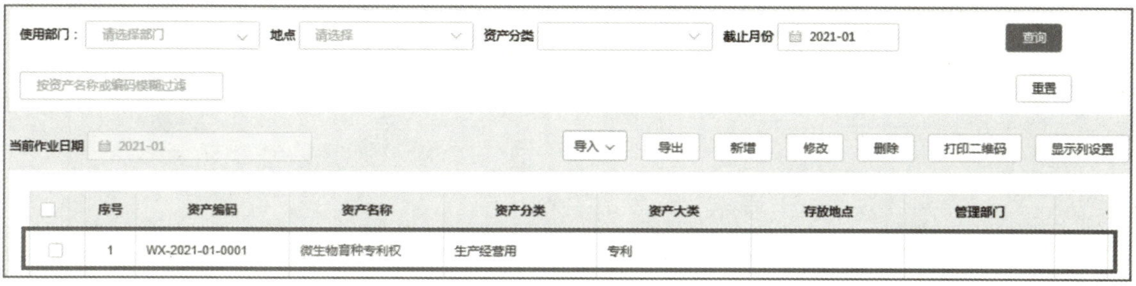

图 4－60　无形资产登记完毕

无形资产登记的操作也可点击资产管理模块上方的【资产登记】进入资产登记操作页面，操作过程在固定资产登记图片展示，这里不再复述。

（二）无形资产原值变更

在资产管理模块首页，单击上方【资产调整】或左侧【资产业务处理】—【原值变更】，进入“资产管理—原值变更”的操作页面，如图 4－61 所示。

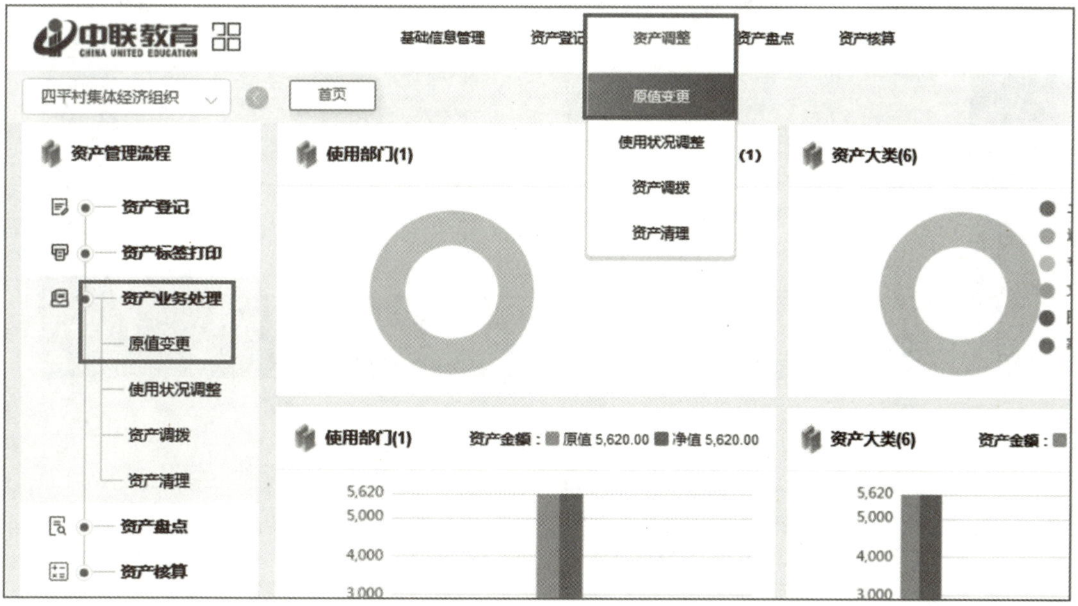

图 4－61　教育平台首页点击原值变更

在【原值变更】页面—单击【新增】—进入原值变更操作窗口—选择【资产属性】为“无形资产”—点击【资产编码】—进入【资产列表】—勾选【变更原值的无形资产】—单击【确定】—选择【单据日期】—选择原值变更【增减方式】—填写【变更原因】—【变更数量】—输入新的【变更原值】—单击【确定】—点击【转总账】生成新的凭证—点击【保存】，如图 4－62 至图 4－67 所示。

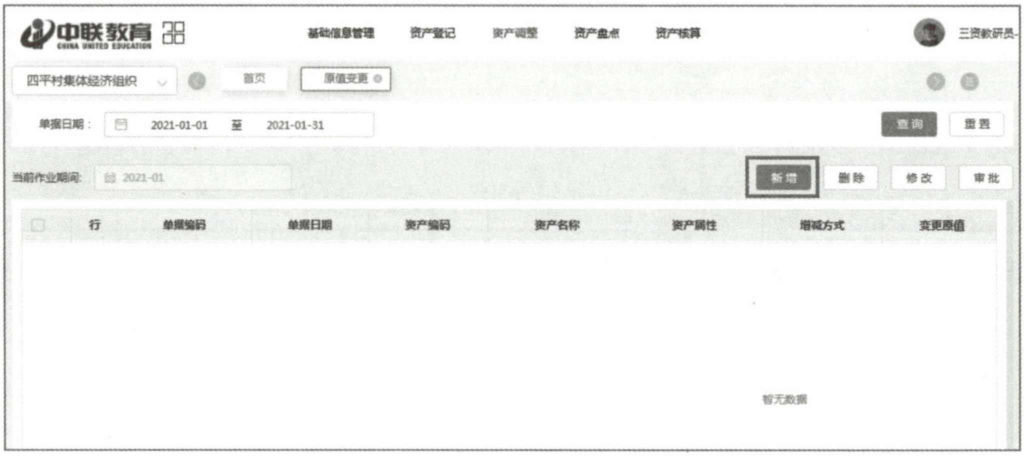

图 4－62　资产调整原值变更页面单击“新增”

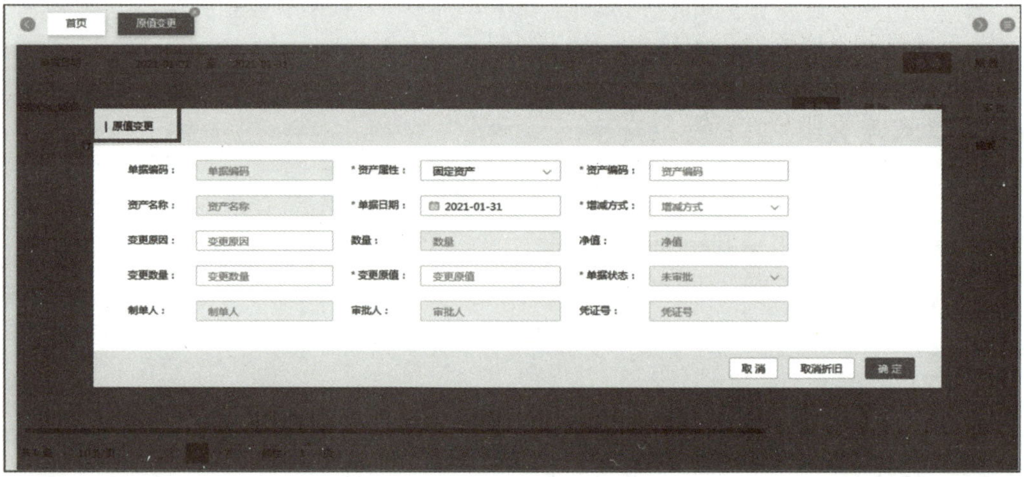

图 4－63　原值变更操作页面

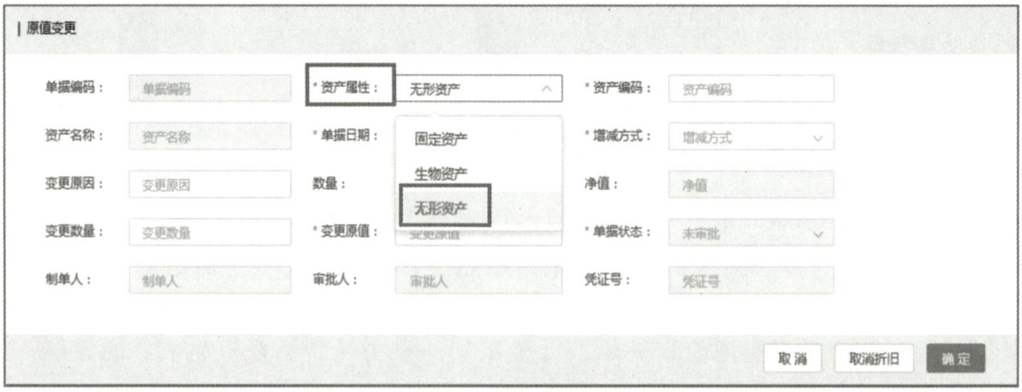

图 4－64　勾选资产属性

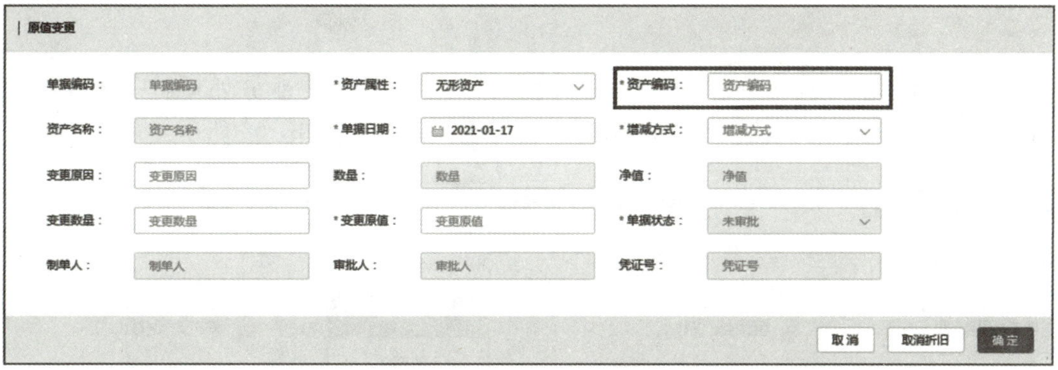

图 4－65　点击资产编码

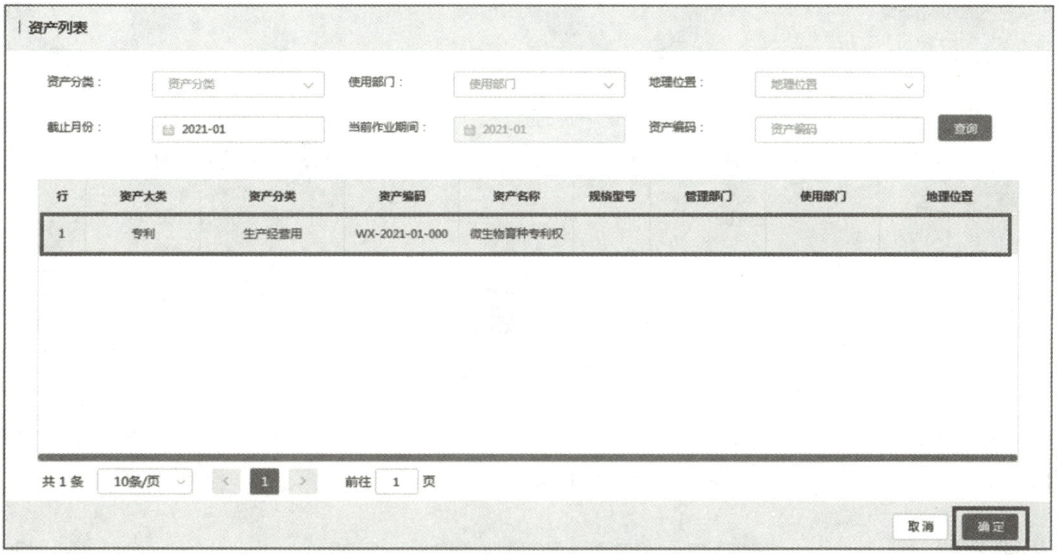

图 4－66　在资产列表中勾选变更原值的无形资产

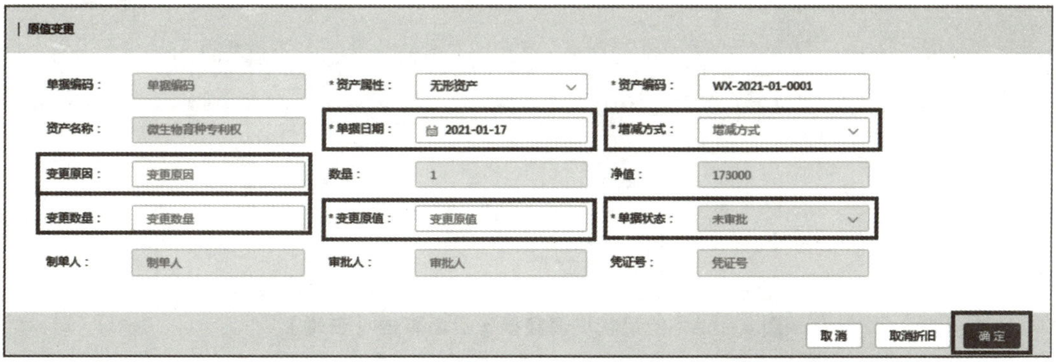

图 4－67　原值变更页面录入无形资产信息

（三）无形资产使用状况的调整

在资产管理模块首页，单击上方【资产调整】或左侧【资产业务处理】—【使用状况的调整】，进入“资产管理—使用状况的调整”的操作页面，如图4－68所示。

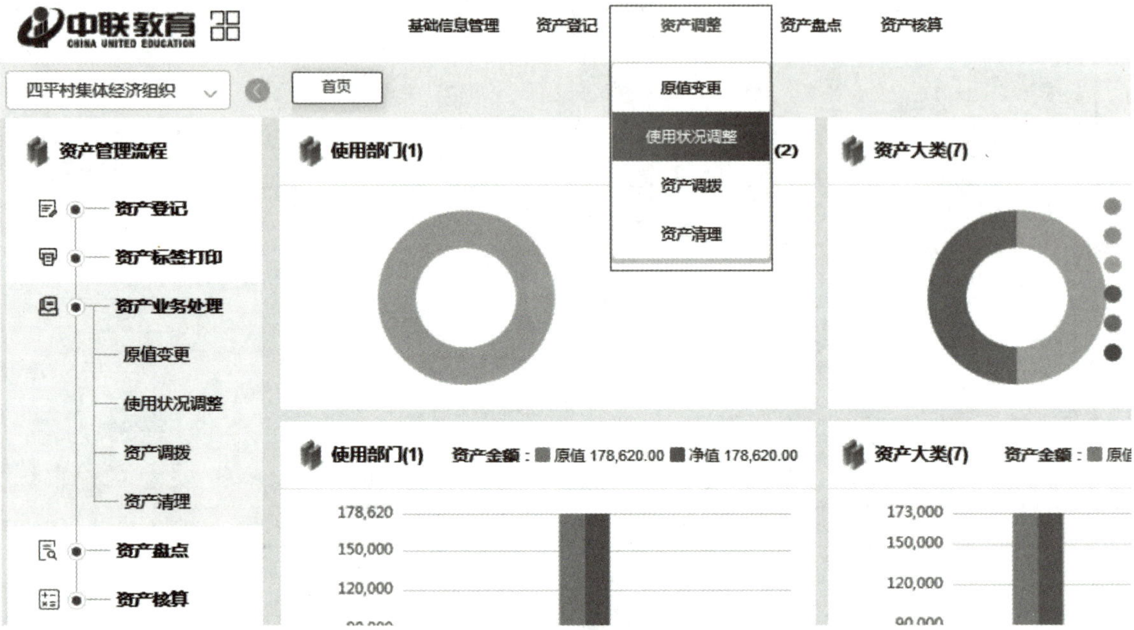

图4－68　资产管理模块首页点击使用状况调整

在资产管理【使用状况调整】页面，单击【新增】按钮，进入资产使用状况调整操作窗口页面，填写无形资产调整资料，单击【确定】按钮，如图4－69、图4－70所示。

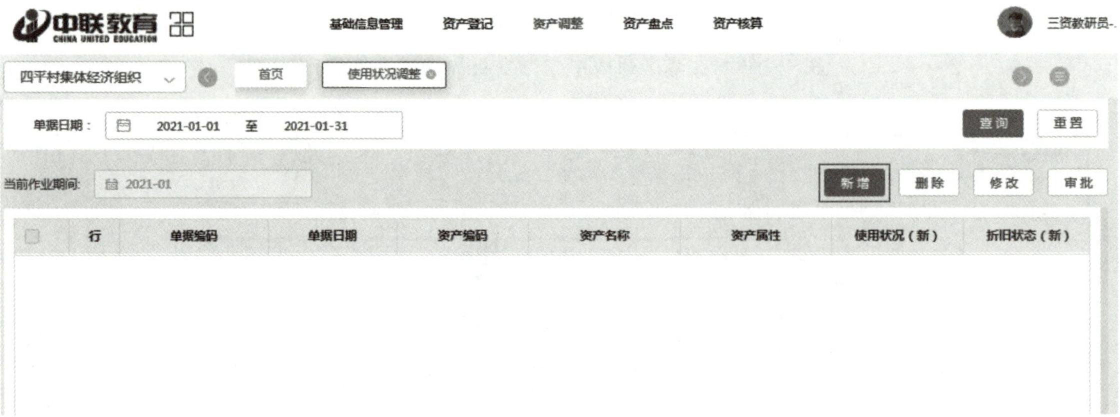

图4－69　使用状况调整操作页面单击【新增】

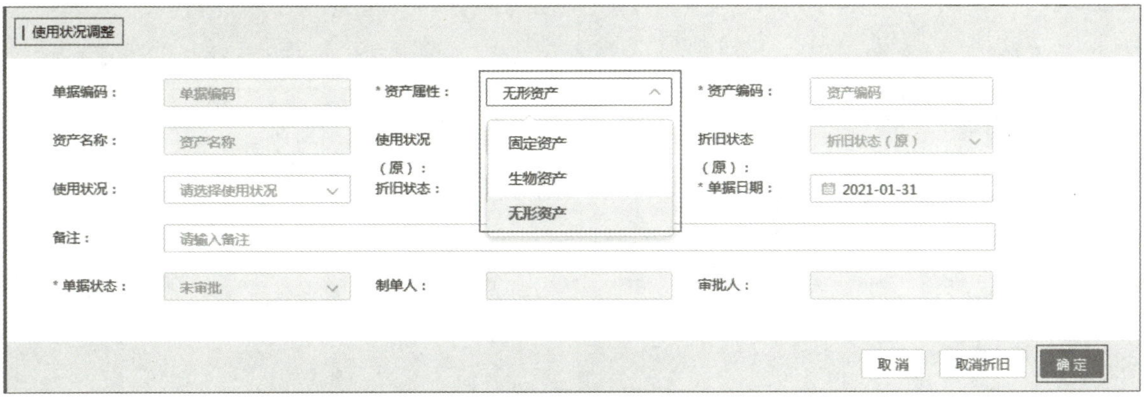

图 4－70　使用状况调整页面录入无形资产使用状况

（四）无形资产调拨

在资产管理模块首页，单击上方【资产调整】或左侧【资产业务处理】—【资产调拨】，进入"资产管理—资产调拨"的操作页面，如图 4－71 所示。

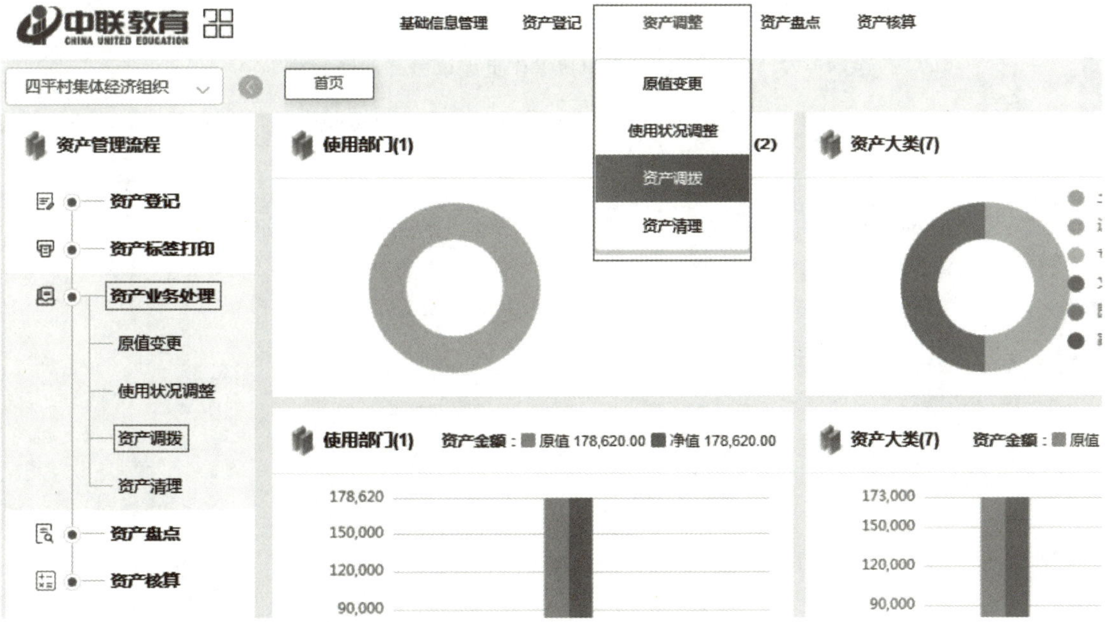

图 4－71　资产管理模块首页点击资产调拨

在资产管理【资产调拨】页面，单击【新增】按钮，进入资产调拨操作窗口页面，填写无形资产调拨资料，单击【确定】按钮，如图 4－72、图 4－73 所示。

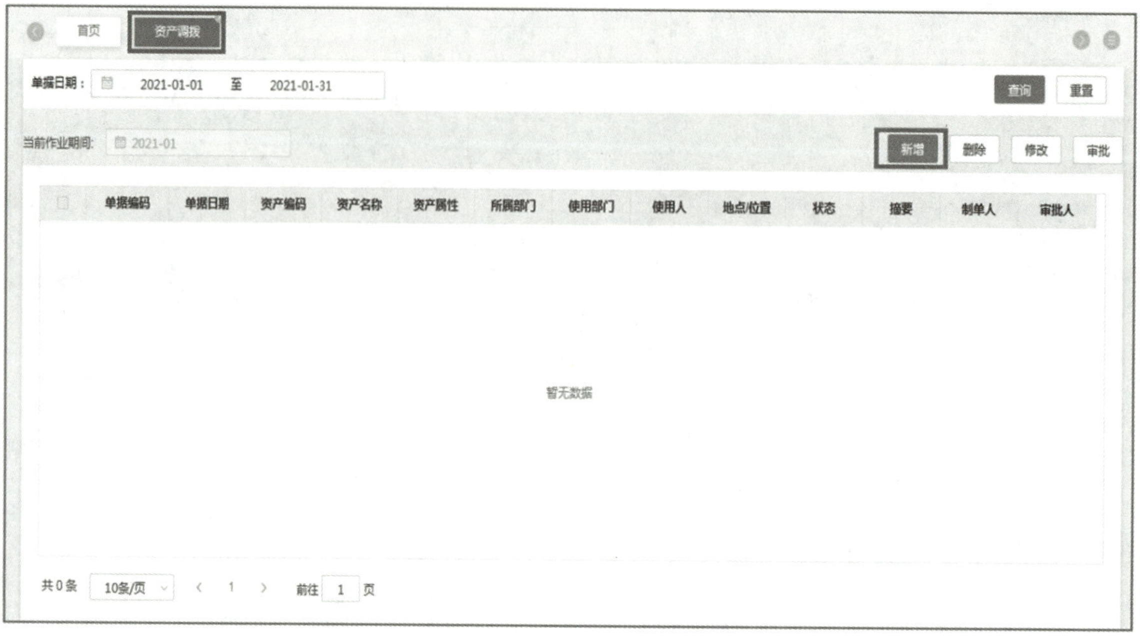

图 4－72 教育平台资产调拨操作页面单击【新增】按钮

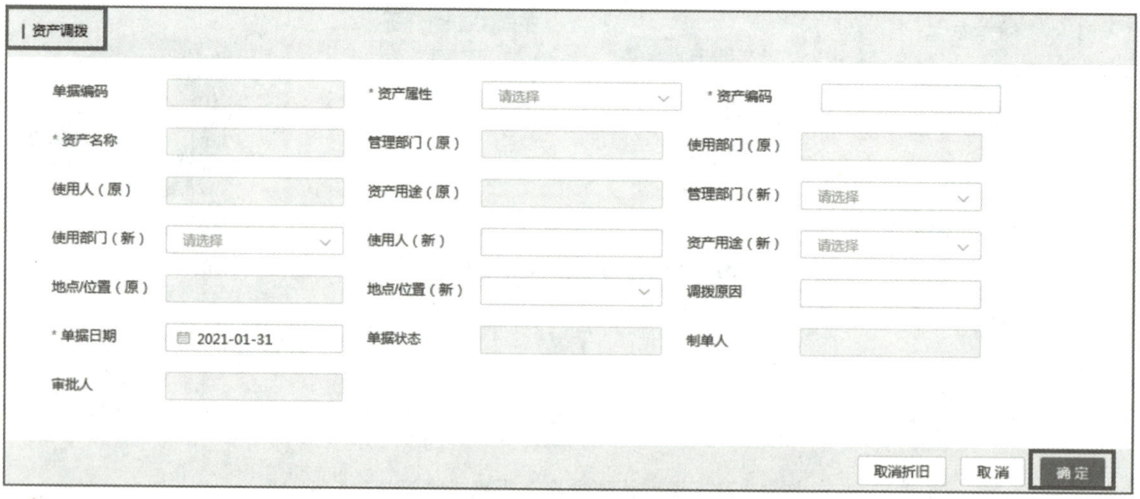

图 4－73 资产调拨页面录入无形资产调拨资料

三、无形资产登记与变动案例操作流程

【例 4－22】案例操作页面	无形资产登记操作流程
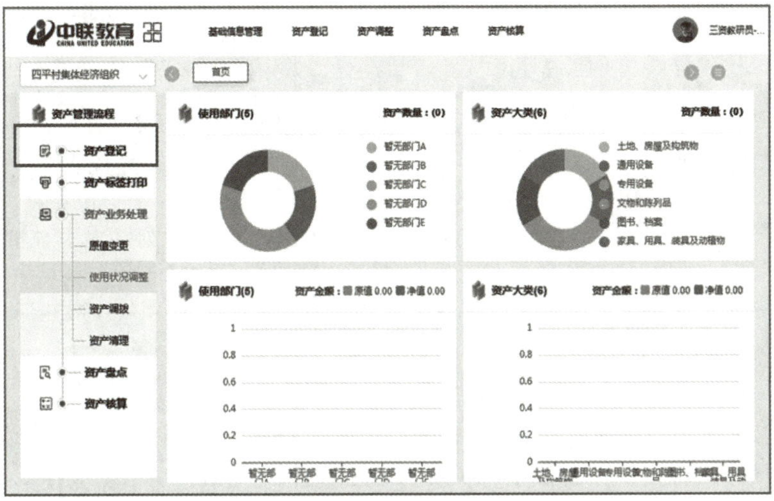	【例 4－22】： 在教育平台首页，单击【智慧农业三资—综合实训】—点击【应用中心】—单击【资产管理】—进入“资产管理”页面—单击【资产登记】菜单，进入“资产登记”操作页面
	在“资产登记”操作页面，在【基本信息】登记页面—单击【资产大类】—选择【无形资产】—选择【专利】—单击【确定】
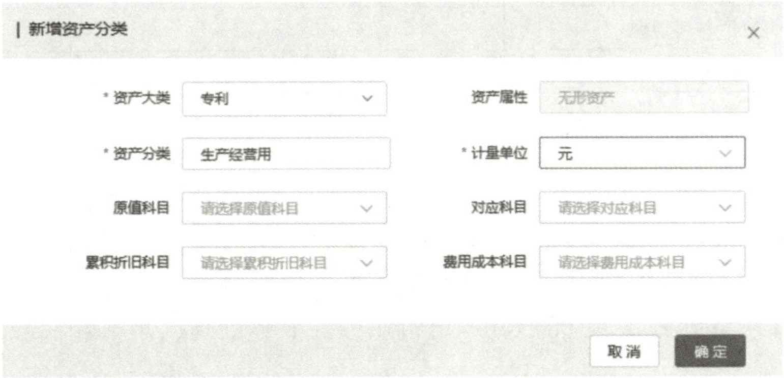	在“资产登记”基本信息操作页面，单击【资产分类】—选择“资产分类”，如果需要增加资产分类，就单击【新增资产分类】—填写【资产分类】—选择【计量单位】—可选择【原值科目】—可选择【对应科目】—可选择【累计折旧科目】—可选择【费用成本科目】—单击【确定】

续表

【例 4－22】案例操作页面	无形资产登记操作流程
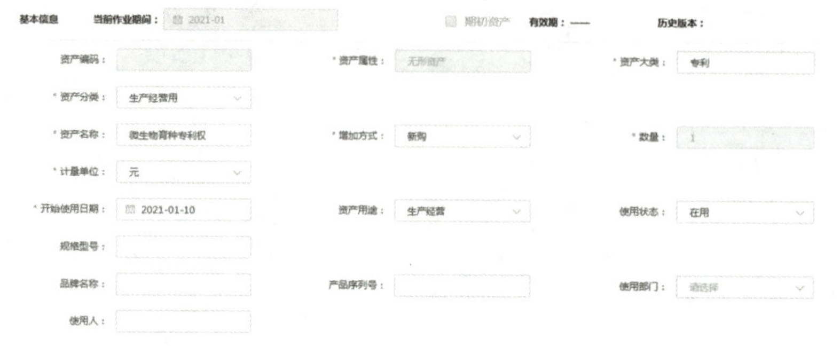	新增资产分类后，返回“资产登记”基本信息操作页面，选择刚刚新增的【资产分类】—填写【资产名称】—选择【增加方式】—填写【数量】—选择【计量单位】—填写【开始使用日期】—选择【资产用途】—选择【使用状态】—选填【规格型号】【品牌名称】【产品序列号】【使用部门】【使用人】等相关信息—上传资料图片
	在“资产登记”页面，拖动鼠标至财务信息处，登记【财务信息】—选择【价值类型】—选择【折旧方法】也就是摊销方法—选择【折旧状态】—选择【首月是否折旧】—填写【资产原值】—填写【残值率】—填写【预计使用年限】—选填【累计减值金额】等信息—单击【保存】

任务评价：

“无形资产登记与变动处理”任务评价表

工作任务清单	完成情况	评价等级
无形资产增加变动的业务类型和账务处理		
自行研发无形资产入账价值的判断		
无形资产减少变动的业务类型和账务处理		
采用“直线法”计算无形资产月摊销额		
编制“无形资产摊销计算表”并做账务处理		

备注：能完成打“√”，对应等级为合格；不能完成打“×”，对应等级为不合格。

任务拓展：

四平村 2021 年 1 月经村民大会决议，对外出租 100 亩地的土地使用权，每月收取租金收入 80 000 元，每月摊销成本为 48 000 元，假设你是四平村报账员，请你根据相关资料（见图 4－74、图 4－75），完成 2021 年无形资产出租业务的账务处理，填入相关数据至表 4－3。

承　包　费　收　据　　　　№0008051

2021 年 1 月 10 日

交款人（单位）：华宇农业科技有限责任公司			收款方式 银行转账	
人民币（大写） 玖拾陆万元整			￥ 960000.00	
承包项目及事由 承包土地 2021 年的租金				
农村集体经济组织财务印鉴	财务负责人	村会计	经办人	收款人 李为民

第三联 单位记账

（印章：四平村村民委员会　2021 年 1 月 10 日　转讫）

图 4－74　承包费收据

农村集体经济土地租赁合同

说明：本合同书适用于合同双方经友好协商签署合同，约束合同双方的履行责任、合作终止协议以及相关业务明确规定，保证权利双方合法权益不受损害，可用作电子存档或实体印刷，使用时请详细阅读条款。

出租方：四平村村民委员会（以下简称甲方）

承租方：华宇农业科技有限责任公司（以下简称乙方）

为了农业科学技术的推广，改变传统陈旧的农业耕作形式，甲方将个人所有的农用耕地租给乙方，用于农业科技的开发应用。根据《中华人民共和国土地管理法》《中华人民共和国合同法》及相关法律、法规和政策规定，甲乙双方本着平等、自愿、有偿的原则，签订本合同，共同信守。

一、土地的面积、位置

甲方自愿将位于 黑龙江省民主 乡 四平村 面积 100 亩（具体面积、位置以合同附图为准）农用耕地承租给乙方使用。附图已经甲乙双方签字确认。

二、土地用途及承租形式

1. 土地用途为农业科技园艺开发、推广、培训、服务及农业种植和养殖。

2. 承租形式：企业承租经营。

三、土地的承租经营期限

该地承租经营期限为 5 年，自 2021 年 2 月 1 日至自 2026 年 2 月 1 日止。

四、承租金及交付方式

1. 该土地的承租金为每亩每年人民币 玖仟陆佰元整 ，承租金每年共计人民币 玖拾陆万元整 。

2. 每年 2 月 1 日前，乙方向甲方全额缴纳本年度的承租金。

五、甲乙双方的权利和义务（见附件2）

六、乙方应保持双方所签订的土地用途使用，不得擅自更改，否则甲方有权解除合同。

本合同一式两份，具同等法律效力，自双方签字之日起生效。

甲方（签字）：赵四平　　　　乙方（签字）：钱华宇

电话：13211223344　　　　电话：13513355566

时间：2021 年 1 月 10 日　　　　时间：2021 年 1 月 10 日

（印章：四平村村民委员会）　　（印章：华宇农业科技有限责任公司）

图 4－75　农村集体经济土地租赁合同

【试一试】

表 4－3

	业务类型	账务处理
无形资产出租业务	取得租金收入	
	分摊摊销成本	

任务四　在建工程登记与变动处理

任务目标：

（1）能够收集工程建设项目相关发票、财政票据、银行回单等纸质原始凭证并进行初步分类与整理，正确进行甄别。

（2）对纸质原始凭证进行拍照或扫描上传电子影像文件，或导入原始电子发票，对单据电子影像进行识别与核验操作，按审批流程进行审批操作。

（3）能够利用三资管理的资产管理系统进行在建工程变动的处理。

任务情境：

一、任务场景

三资共享中心员工于 2021 年 × 月 × 日接到四平村交来的在建工程相关业务票据，经认真审核无误后签收。

二、任务布置

三资共享中心员工按照业务要求对四平村工程项目的原始单据整理分类并进行制单处理。具体要求如下：

（1）对工程票据进行分类、汇总；

（2）对每张纸质票据进行影像采集并人工校验；

（3）利用三资平台进行在建工程项目登记、增减变动相关操作及记账凭证填制与审核。

任务准备：

一、知识准备

（一）在建工程基础知识

党的十八大以来，党中央坚持农业农村优先发展总方针，全面推进乡村振兴，农村经济持续快速发展，使农村基础设施建设投入不断增加，农村集体经济组织在建工程项目也越来越多，精准核算和监督工程项目的会计处理也越发重要。

【思政案例】

村里开起“议事会”：“村 BA”火了，下一步咋干？

“希望‘村 BA’能实实在在地带动村子发展”“能不能开好赛事，同时也做点青年培训”……初冬时节，天气转寒，贵州省黔东南苗族侗族自治州台江县台盘村村委会会议室里的讨论气氛却非常热烈。

11 月 16 日一大早，台盘村迎来一批特殊的客人——学习贯彻党的二十大精神贵州省委宣讲团。上午 10 点，宣讲会准时开始，20 多位村民代表和宣讲团成员面对面直接交流。

会议室外的村委会大院，围着一处宽阔的篮球场。“现场亲眼看过‘村 BA’的球场，火热的篮球征战场面还历历在目啊。”贵州省委宣讲团成员、省委宣传部常务副部长谢念以此为话头开场。

台盘村是一个苗族村寨，全村 272 户 1 186 人，92% 是苗族。今年夏天，由当地村民举办的乡村篮球赛由于观众氛围异常火热，引起网络关注，被网友亲切地称为“村 BA”。

“2020 年，台盘村 71 户 294 人贫困人口全部脱贫。如今，台盘村又迈出了乡村振兴的新步伐。我们今天就一起从党的二十大报告里找一找咱村未来发展的‘指南针’。”谢念结合入村所见，将报告中与台盘村息息相关的内容进行了逐条阐释，“‘促进群众体育和竞技体育全面发展’‘全面推进乡村振兴’‘统筹乡村基础设施和公共服务布局’……报告里这些重要部署，就是贵州省、台江县、台盘村发展的新思路、新契机！”

村民们听得聚精会神，而当宣讲团讲到“如何将党的二十大精神贯彻落实到台盘村”时，大家讨论的热情高涨。

今年 38 岁的村民岑江龙是台盘村篮球协会会长，也是乡村篮球赛的组织者之一。听了宣讲，岑江龙深有感触地说：“我们村有浓厚的体育文化，这些年一直举办乡村篮球赛，下一步咱们怎么能把体育做成突破口让村子富起来？”

针对这个问题，一同前来宣讲的台江县委书记陈震接过话茬。他说，近些年，台盘村依托乡土体育文化和少数民族文化，加强体育与旅游的融合发展，是一条很好的路子。现在台盘村的“村 BA”就是一块好招牌，今后台盘村可以继续办好篮球赛事，发展休闲旅游，也可以探索青少年篮球研学、培训等，带动周边餐饮、住宿产业发展，让老百姓的腰包鼓起来。

感受到交流的坦诚氛围，60 岁的村民李正奎也讲出自己的担忧和期盼。“村 BA”火起来以后，游客一下子增加了，但村里还没有像样的民宿、宾馆，基础设施也不健全。李正奎说：“希望‘村 BA’能实实在在地带动村子发展，把绿化搞一搞，开几家具有咱们苗族风情的民宿，让游客有个休息的地方。”

在篮球场附近开饭店的杨斌也有自己的盘算。今年七八月份举办“村 BA”的那段时间，杨斌店里的生意非常好，但是比赛结束后就没了客人。“现在一年到头只能做两个月的热闹生意，比赛能不能长期办？这样我们开饭店也有固定客源。”杨斌说。

对村民提出的意见和想法，宣讲团成员和当地干部仔细记录，逐一进行解答。

“比赛火热起来以后，有很多问题应该提上日程。党的二十大提出，统筹乡村基础设施和公共服务布局，建设宜居宜业和美乡村。县里给我们村定了发展的方向，就是全力打造以‘村 BA’为核心的农文旅体融合示范区，让和美乡村的目标更加清晰。”台盘村驻村第一书记张德说。

对村民关心的普遍性问题，宣讲中也给予了回应。“比赛火爆也暴露出球场观众席、卫生间、停车场等不足的短板。咱台盘村先后召开 4 次村民代表大会进行讨论。根据村民意见，篮球场基本保持原味呈现，只在安全性、舒适性上做了加法。”张德边说边打开手边的工作手册，把下一步争取申办贵州省乡村篮球赛决赛，以及村里将发展枇杷、金秋梨、黄牛等产业的计划等向村民代表和盘托出。

他认真细致地回答换来在场村民的频频点头和阵阵掌声。近两个小时的宣讲会在愉快的氛围中结束，一些村民不愿离去，继续与村干部畅谈着台盘村的未来。

临近中午，天气更晴，球场上洒满阳光。从村委会会议室望出去，刚改扩建完成的“村 BA”篮球场面貌焕然一新，更衣室、卫生间、沐浴室、会客间一应俱全……这一切仿佛正在等待着一场规模更加盛大的赛事到来。

（来源：新华社，2022 年 11 月 25 日）

农村集体经济组织工程项目在“在建工程”账户中进行核算。“在建工程”账户是用来核算农村集体经济组织进行工程建设、设备安装、农业基本建设设施大修理等发生的实际支出。该账户借方登记农村集体经济组织各项在建工程发生的各项支出，贷方登记工程竣工已验收交付使用转出的工程成本，期末余额在借方，表示农村集体经济组织尚未完工或虽已完工但尚未办理竣工决算的工程项目实际支出。购入不需要安装的机器设备，不通过本账户核算，通过“固定资产”账户核算。

（二）在建工程核算范围

（1）外购需要安装的固定资产。“在建工程”账户要归集固定资产在安装完毕达到预定可使用状态时发生的实际成本，包括实际支付的购买待安装资产的价款、运输费、保险费、装卸费和其他相关税费，以及安装调试过程中的费用支出。

（2）自营方式建造的固定资产。自营方式建造的固定资产是指农村集体经济组织自行组织工程物资的采购，自行组织施工人员施工的建筑工程和安装工程。“在建工程”账户要归集建筑固定资产、兴建农业基本建设设施等工程项目购买专用物资，工程建设过程中支付各项工程费用，工程施工人员工资等工程成本，即工程项目过程中直接材料、直接人工、直接机械施工费等的计量。

（3）出包方式建造的固定资产。出包工程是指农村集体经济组织通过招标等方式将工程项目发包给建造商，由建造商组织施工的建筑工程和安装工程。“在建工程”账户核算的工程成本是农村集体经济组织支付给建造承包商的工程结算款。

（4）改建、扩建的固定资产。改扩建项目是指农村集体经济组织利用原有资产与资源，投资形成新的生产、服务设施，扩大或完善原有生产、服务系统的工程，包括改建、扩建、迁建和停产复建等项目。“在建工程”账户要核算改建、扩建资产的账面净值，改扩建过程中发生的各种费用支出。

（三）农村集体经济组织项目建设管理流程（见图 4－76）

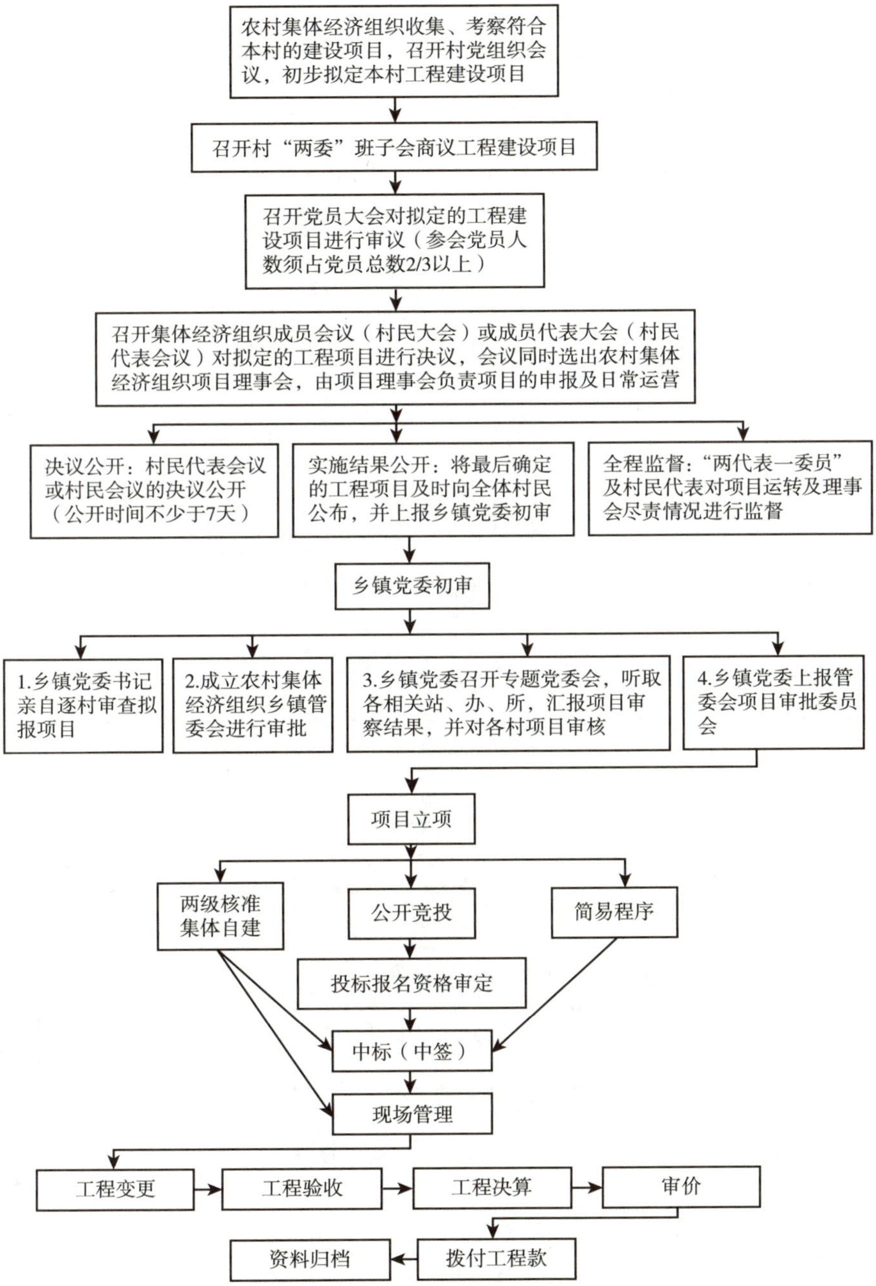

图 4－76　农村集体经济组织项目建设管理流程图

（四）相关法律法规

《财政票据管理办法》（财政部令第 70 号）（2012 年）
《会计基础工作规范》（中华人民共和国财政部令第 98 号）（2019 年修订）
《农村集体经济组织财务制度》（财农［2021］121 号）
《村集体经济组织会计制度》（财会［2004］12 号）

二、业务要领

工程项目的登记及在建工程的增减变动通过“在建工程”账户进行归集核算。

（一）在建工程登记与变动涉及的常用原始凭证票样（见图 4－77、图 4－78）

固 定 资 产 验 收 交 接 单

年　　月　　日

资产名称	规格型号	来源	数量	设备价值或工程造价	使用年限	预计残值
安装费	运费	建筑或安装单位		交工日期		附件
验收部门		验收人员		使用部门		

图 4－77　固定资产验收交接单票样

大额（转账）支出报账单

申请单位：（公章）　　报账日期：　年　月　日　　编号：

支出项目名称	支出资金性质	原始单据张数（张）	申请报销金额（元）
申请报销金额合计	人民币：　佰　拾　万　仟　佰　拾　元　角　分　¥：		
复核报销金额合计	人民币：　佰　拾　万　仟　佰　拾　元　角　分　¥：		
代理服务机构复核意见	复核人：　日期：　年　月　日		
资金性质	1. 正常性经费　2. 专款　3. 一事一议资金 4. 公积公益金　5. 应付福利费		
备　注			

第二联 登记备查账

村报账员：　　代理服务机构会计：　　代理服务机构出纳：

图 4－78　大额（转账）支出报账单票样

（二）在建工程的核算

1. 安装工程

农村集体经济组织购买需要安装才可使用的固定资产，按取得的增值税发票（增值税普通发票、增值税电子普通发票）、运输业统一发票等有关单据确定买价和运杂费、包装费、保险费、缴纳的有关税金等采购费用再加上安装调试费作为固定资产成本。

【例4－29】 2021年1月10日，四平村因加工农产品需要，“两委”集体研究并经村民代表大会表决同意，购入一台需要安装的农产品加工生产线，增值税发票价税合计194 000元，发生运杂费1 000元，支付安装费5 000元，款项均以银行存款支付。

①按增值税发票支付价款和运杂费。

借：在建工程——安装工程（农产品加工生产线）	195 000	
贷：银行存款		195 000

②支付安装费。

借：在建工程——安装工程（农产品加工生产线）	5 000	
贷：银行存款		5 000

③安装完成交付使用。

借：固定资产——生产经营用（农产品加工生产线）	200 000	
贷：在建工程——安装工程（农产品加工生产线）		200 000

2. 建造工程

农村集体经济组织自行建造固定资产有自营建造和出包建造两种方式。

（1）农村集体采用自营方式建造固定资产：

【例4－30】 2021年1月15日，四平村向上级申请专项资金用于村养老院用房建设，上级财政部门拨付养老院建房专项资金300 000元，用于购入工程用物资200 000元（工程物资全部领用），应付施工人员工资80 000元，另支付工程发生的监理费、租用施工设备费20 000元。

①收到上级拨付的专项资金。

借：银行存款——专项存款	300 000	
贷：专项应付款——养老院建房专项资金		300 000

②购入工程用物资。

借：库存物资——工程材料	200 000	
贷：银行存款——专项存款		200 000

③领用工程材料。

借：在建工程——建造工程（养老院建房）	200 000	
贷：库存物资——工程材料		200 000

④施工人员工资及费用。

借：在建工程——建造工程（养老院建房）	100 000	
贷：应付款——施工人员工资		80 000
银行存款——专项存款		20 000

⑤工程完工投入使用。

借：固定资产——公益用（养老院用房）	300 000	
贷：在建工程——建造工程（养老院建房）		300 000

⑥结转专项应付款。

借：专项应付款——养老院建房专项资金	300 000	
贷：公积公益金——拨款转入		300 000

同时结转拨款转入：

借：公积公益金——拨款转入　300 000

　　贷：公积公益金——公积金　300 000

【知识链接】

农村集体经济组织应付给其管理人员及固定员工的报酬总额应记入“应付工资”科目；对于农村集体经济组织与外单位和外部个人发生的临时工资报酬应记入“应付款”科目。

（2）农村集体采用出包方式建造固定资产：

【例 4－31】 2021 年 1 月 17 日，四平村“两委”集体研究并经村民代表大会表决同意，经乡镇人民政府初审同意，县农民负担监督部门审批，通过一事一议、上级拨款方式修建村内水泥路，农村集体经济组织符合筹资、筹劳条件的成员共 2 000 人，按人均 100 元标准向农户收取筹资款，上级财政拨入修路款 600 000 元；村路修建采用出包方式，在管委会的监督下，公开招标，盛霖道路维修有限公司中标；2021 年 1 月 20 日开工，1 月 30 日，按合同规定结算工程进度款 300 000 元；3 月 15 日，村路建设完工，交付使用，结清工程余款 500 000 元。

①一事一议筹资方案审批后。

借：内部往来——某农户　200 000

　　贷：一事一议资金——修建村内道路　200 000

②实际收到农户筹资款并存入银行。

借：现金　200 000

　　贷：内部往来——某农户　200 000

借：银行存款——专项存款　200 000

　　贷：现金　200 000

③收到上级财政拨入修路款。

借：银行存款——专项存款　600 000

　　贷：专项应付款——四平村修路专项资金　600 000

④1 月 30 日按工程进度结算工程进度款。

借：在建工程——建造工程（村内道路）　300 000

　　贷：银行存款——专项存款　300 000

⑤3 月 15 日结清工程余款。

借：在建工程——建造工程（村内道路）　500 000

　　贷：银行存款——专项存款　500 000

⑥工程完工达到预定可使用状态。

借：固定资产——公益用（村内道路）　800 000

　　贷：在建工程——建造工程（村内道路）　800 000

⑦同时结转一事一议资金、专项拨款。

借：一事一议资金——修建村内道路　200 000

　　专项应付款——四平村修路专项资金　600 000

　　贷：公积公益金　800 000

【知识链接】

农村集体经济组织工程项目建设支出会计处理分为两种情况：一是在建工程完工后形成固定资产，例如新建房屋、建筑物等，会计中称为资本化支出，在工程验收交付使用时，从“在建工程”科目结转到“固定资产”科目；二是在建工程完工后不形成固定资产，例如修路、堤坝修护等农业基本设施维护，会计中称为费用化支出，在工程验收完工时，从“在建工程”科目结转到“经营支出”“其他支出”等科目，若工程费用化支出大于等于10万元，应先转入“固定资产”科目，然后通过计提折旧陆续摊销到各费用中。

3. 改扩建工程

【例4－32】 2021年1月30日，四平村经村民大会决议，对农村集体粮食仓库进行扩建，在管委会的监督下，公开招标，永逸建筑集团有限公司中标；该粮库原值230 000元，已提折旧50 000元，扩建过程中残料变价收入为15 000元，支付扩建费用100 000元。

①粮库停用交付扩建工程。

借：固定资产——未使用（粮库）	180 000	
累计折旧	50 000	
贷：固定资产——生产经营用（粮库）		230 000

②取得残料变价收入。

借：银行存款	15 000	
贷：在建工程——改扩建工程（粮库）		15 000

③支付扩建费用。

借：在建工程——改扩建工程（粮库）	100 000	
贷：银行存款		100 000

④扩建工程完工交付使用。

借：固定资产——生产经营用（粮库）	265 000	
贷：固定资产——未使用（粮库）		180 000
在建工程——改扩建工程（粮库）		85 000

任务实施：

一、在建工程票据的整理

（1）对工程票据进行分类、汇总；

（2）对工程票据内容的完整性、真实性、合法性及票据文字数字的正确情况、清晰情况进行审核。

二、在建工程票据的影像采集及校验

对每张纸质票据进行影像扫描、拍照采集并进行校验。

三、对在建工程登记、增减变动相关操作及记账凭证填制与审核

利用三资平台进行在建工程登记、增减变动相关操作及记账凭证填制与审核。

任务评价：

"在建工程登记与变动处理"任务评价表

工作任务清单	完成情况	评价等级
安装工程的原始票据整理、审核和账务处理		
自营工程的原始票据整理、审核和账务处理		
出包工程的原始票据整理、审核和账务处理		
改扩建工程的原始票据整理、审核和账务处理		
三资平台对在建工程业务的处理		

备注：能完成打"√"，对应等级为合格；不能完成打"×"，对应等级为不合格。

任务拓展：

2021 年 1 月 26 日，四平村因农产品生产需要，经村"两委"集体研究并经村民代表大会表决同意，外购一条需要安装的农产品加工生产线，增值税发票价税合计 98 310 元，支付安装费 7 630 元。假设你是四平村报账员，请你根据相关资料（见图 4－79、图 4－80），完成大额转账支出报账单和固定资产验收单的填报（见图 4－81、图 4－82）。

【资料】

××增值税电子普通发票

全国统一发票监制章　国家税务总局　××税务局

机器编号：255547123458

发票代码：012001944667
发票号码：07741277
开票日期：2021年01月26日
校 验 码：05349 12345 98765 12117

购买方
名　　称：四平村村民委员会
纳税人识别号：N2321001MF60001212
地 址、电 话：团结镇四平村　56780099
开户行及账号：农商银行团结支行　6210001234560001588

密码区
07>06++245+0-60786027>8-+/*5
0<-0</90>269382-1>382*01<77+
<+1458/6<0925457*6-54+0>>7<2
7*<<5841+<01>013131+73-1>/20

货物或应税劳务、服务名称	规格型号	单位	数量	单价	金额	税率	税额
*通用设备*农产品加工生产线	BT-121	条	1	87000.00	87000.00	13%	11310.00
合　计					￥87000.00		￥11310.00
价税合计（大写）	⊗ 玖万捌仟叁佰壹拾元整				（小写）￥98310.00		

销售方
名　　称：哈尔滨市恒顺机械有限责任公司
纳税人识别号：230107034768993
地 址、电 话：松北区中源大道7号　0451-57911223
开户行及账号：工商银行松北支行　976801200345600111

备注：哈尔滨市恒顺机械有限责任公司　230107034768993　发票专用章

收款人：XXX　　复核：XXX　　开票人：XXX　　销售方：（章）

图 4－79

××增值税电子普通发票

（全国统一发票监制章 国家税务总局 ××税务局）

机器编号：255547123458

发票代码：012001944667
发票号码：07741236
开票日期：2021年01月26日
校 验 码：05349 12345 98765 12557

购买方	名　　称：四平村村民委员会 纳税人识别号：N2321001MF60001212 地 址、电 话：团结镇四平村　56780099 开户行及账号：农商银行团结支行　6210001234560001588	密码区	07>06++245+0-60786027>8-+/*5 0<-0</90>269382-1>382*01<77+ <+1458/6<0925457*6-54+0>>7<2 7*<<5841+<01>013131+73-1>/20

货物或应税劳务、服务名称	规格型号	单位	数量	单价	金额	税率	税额
*建筑服务*农产品加工生产线安装费				7000.00	7000.00	9%	630.00
合　　计					￥7000.00		￥630.00
价税合计（大写）	⊗ 柒仟陆佰叁拾元整				（小写）￥7630.00		

销售方	名　　称：哈尔滨市恒顺机械有限责任公司 纳税人识别号：230107034768993 地 址、电 话：松北区中源大道7号　0451-57911223 开户行及账号：工商银行松北支行 976801200345600111	备注	（哈尔滨市恒顺机械有限责任公司 230107034768993 发票专用章）

收 款 人：XXX　　　复　核：XXX　　　开 票 人：XXX

图 4－80

【试一试】

大额（转账）支出报账单

申请单位：（公章）　　　报账日期：　年　　月　　日　　　　编号：

支出项目名称	支出资金性质	原始单据张数（张）	申请报销金额（元）
申请报销金额合计	人民币：　佰　拾　万　仟　佰　拾　元　角　分　¥：		
复核报销金额合计	人民币：　佰　拾　万　仟　佰　拾　元　角　分　¥：		
代理服务机构复核意见	复核人：　　日期：　　年　　月　　日		
资金性质	1. 正常性经费　2. 专款　3. 一事一议资金 4. 公积公益金　5. 应付福利费		
备　注			

第二联　登记备查账

村报账员：　　　　代理服务机构会计：　　　　代理服务机构出纳：

图 4－81

固定资产验收交接单

年　　月　　日

资产名称	规格型号	来源	数量	设备价值或工程造价	使用年限	预计残值

安装费	运费	建筑或安装单位	交工日期	附件

验收部门		验收人员		使用部门	

图 4 - 82

实战演练

5 单元五 农村集体经济组织资产清理

职业能力目标：

1. 知识目标

（1）了解《财政票据管理办法》《会计基础工作规范》《农村集体经济组织财务制度》等相关法律法规。

（2）掌握资产清理的账务方法。

2. 技能目标

（1）能够收集发票等票据，并进行分类、整理与甄别。

（2）能够对资产清理进行账务处理。

3. 素养目标

坚守诚信、客观公正，培养严谨认真的工作态度和良好的职业道德。

典型工作任务：

（1）固定资产的清理。

（2）农业资产的清理。

（3）无形资产的清理。

（4）在建工程的清理。

实施途径：

（1）通过学习资产清理的账务处理，教育学生要认真核实各项资产，对各项清理数据依法记录、真实反映。

（2）通过对固定资产、农业资产、无形资产、在建工程清理知识的学习，培养实事求是的工作态度。

情境概览：

某县农村三资共享服务中心（以下简称“三资共享中心”）是为下属乡镇单位提供三资管理代理的中心，该中心共设四个工作岗位，即票据岗、核算岗、管家/审核岗和分析岗。三资共享中心根据票据岗接到四平村的资产清理业务的票据，进行登记，并交由核算岗进行资产清理业务相关账务处理。

任务一 固定资产的清理

任务目标：

（1）能够收集确定出售、报废、毁损、盘亏、处理固定资产净损失的实存账存对比表及处理审批表；收集清理费用支出单据和清理收入单据等纸质原始凭证并进行初步分类与整理，正确进行甄别。

（2）对纸质原始凭证进行拍照或扫描上传电子影像文件，或导入原始电子发票，对单据电子影像进行识别与核验操作，按审批流程进行审批操作。

（3）能够利用三资管理的资产管理模块进行固定资产减少的登记。

（4）能够利用三资管理的会计核算模块进行账务处理。

任务情境：

一、任务场景

三资共享中心员工于2021年×月×日接到四平村转来的固定资产清理相关业务单据，经查验无误后签收。

二、任务布置

三资共享中心员工按照业务要求对四平村固定资产清理相关业务原始单据整理分类并进行制单、审核处理。

任务准备：

一、知识准备

（一）固定资产清理的规定

为保证集体资产的安全、完整和有效使用，农村集体经济组织应当加强对固定资产的管理和控制。农村集体经济组织发生固定资产需处置时如报废、出租、转让、对外投资等，应经农村集体经济组织成员大会或代表会讨论通过，并进行公示，并严格履行会计手续，及时进行账务处理。

（二）相关法律法规

《中华人民共和国发票管理办法》（国务院令第 709 号）（2019 年修订）
《财政票据管理办法》（财政部令第 70 号）（2012 年）
《会计基础工作规范》（中华人民共和国财政部令第 98 号）（2019 年修订）
《农村集体经济组织财务制度》（财农［2021］121 号）
《村集体经济组织会计制度》（财会［2004］12 号）

（三）固定资产清理的工作流程（见图 5－1）

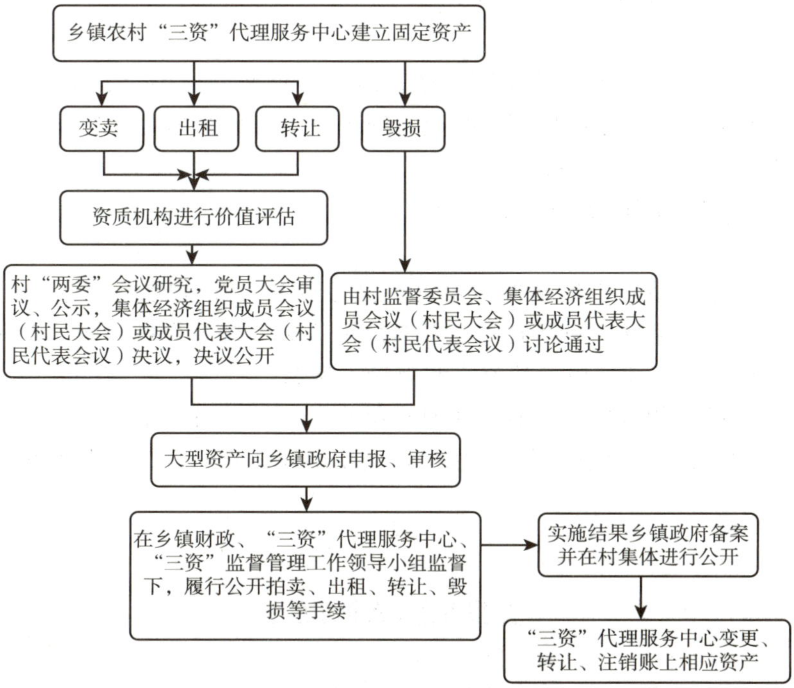

图 5－1　固定资产清理工作流程图

二、业务要领

（一）对经济活动业务的审核

1. 出售固定资产业务

（1）初步核实每一笔业务，并说明出售固定资产的原因，交由村委会按照规定的审批权限审批，转入清理的原始凭证，必须有资产使用人和保管人签名。

（2）取得收入的票据，必须有收款人签章。

（3）支付清理费用的票据项目齐全。

2. 固定资产报废或毁损业务

（1）初步核实每一笔业务，并说明报废或毁损固定资产的原因，交由村委会按照规定的审批权限审批，转入清理的原始凭证，必须有资产使用人和保管人签名。

（2）取得清理收入的票据，必须有收款人签章。

（3）支付清理费用的票据项目齐全。

3. 对外投资固定资产业务

（1）初步核实每一笔业务，并说明对外投资固定资产的原因，交由村委会按照规定的审批权限审批，转入清理的原始凭证，必须有资产使用人和保管人签名。

（2）取得投资协议或合同。

（3）支付清理相关费用的票据项目齐全。

4. 固定资产捐赠转出业务

（1）初步核实每一笔业务，并说明捐赠转出固定资产的原因，交由村委会按照规定的审批权限审批，转入清理的原始凭证，必须有资产使用人和保管人签名。

（2）对外捐赠的固定资产移交手续。

（3）支付清理相关费用的票据项目齐全。

5. 盘亏固定资产业务

（1）初步核实财产清查中发现的固定资产盘亏业务，并查明固定资产盘亏的原因，制定出相应措施，借以确保财产物资的安全完整，然后交由村委会按照规定的审批权限审批，对于盘亏的原始凭证，必须有资产清查人和保管人签名。

（2）由村委会按照规定的审批权限出具审批意见书且项目齐全。

（3）由相关部门给予赔偿的证明，包括现金赔偿和保险赔偿，须有收款人签章。

（二）固定资产处置涉及的原始单据（见图 5－2 至图 5－8）

固定资产处置报账单

单位名称：（公章）　　报账日期：　年　月　日　　编号：

处置日期	处置类型	品名	规格	型号	购置日期	原值（元）	残值（元）
处置类型	1. 盘亏　2. 毁损　3. 处理　4. 其他						

第二联　登记备查账

村报账员：　　代理服务机构会计：　　代理服务机构复核人：

图 5－2　固定资产处置报账单票样

现金收入报账单

单位名称：（公章）　　　　报账日期：　年　月　日　　　　编号：

缴存银行日期		票据号码		资金来源	
原始凭证种类			原始凭证张数		
摘　要					
金　额	人民币：　佰　拾　万　仟　佰　拾　元　角　分　¥：				
备　注					
资金来源：1.经营收入类　2.补助收入类　3.专款收入类　4.发包及上交收入类 5.借入债务类　6.一事一议资金类　7.其他收入类　8.代收款项类　9.其他类					

第二联　登记备查账

村报账员：　　代理服务机构会计：　　代理服务机构复核人：　　代理服务机构出纳：

图5－3　现金收入报账单票样

银行收款通知单

单位名称：（公章）　　　　报账日期：　年　月　日　　　　编号：

收款日期	对方单位	资金来源	金额（元）
合计金额	人民币：　万　仟　佰　拾　元　角　分　¥：		
备　注			
资金来源：1.经营收入类　2.补助收入类　3.专款收入类　4.发包及上交收入类 5.借入债务类　6.一事一议资金类　7.其他收入类　8.代收款项类　9.其他类			

第二联　登记备查账

村报账员：　　代理服务机构会计：　　代理服务机构复核人：　　代理服务机构出纳：

图5－4　银行收款通知单票样

备用金支出报账单

申请单位：（公章）　　　　报账日期：　年　月　日　　　　编号：

支出项目名称	支出资金性质	原始单据张数（张）	申请报销金额（元）
申请报销金额合计	人民币：　万　仟　佰　拾　元　角　分　¥：		
复核实际报销金额合计	人民币：　万　仟　佰　拾　元　角　分　¥：		
代理服务机构复核意见	复核人：　日期：　年　月　日		
资金性质	1.正常性经费　2.专款　3.一事一议资金 4.公积公益金　5.应付福利费		
备　注			

第二联　登记备查账

村报账员：　　代理服务机构会计：　　代理服务机构出纳：

图5－5　备用金支出报账单票样

补充备用金申请书

申请单位：（公章）　　申请日期：　年　月　日　　编号：

<table>
<tr><td>申请金额</td><td>人民币：　万　仟　佰　拾　元　角　分
¥：</td><td rowspan="3">代理服务机构
复核意见

复核人：
日期：　年　月　日</td></tr>
<tr><td>单位审批
意见</td><td>负责人签名：　　日期：　年　月　日</td></tr>
<tr><td>申请后
存款余额</td><td>人民币：万 仟 佰 拾 元 角 分
¥：</td></tr>
</table>

第二联 登记备查账

村报账员：　　代理服务机构会计：　　代理服务机构出纳：

图 5－6　补充备用金申请书票样

大额（转账）支出报账单

申请单位：（公章）　　报账日期：　年　月　日　　编号：

支出项目名称	支出资金性质	原始单据张数（张）	申请报销金额（元）
申请报销金额合计	人民币：　佰　拾　万　仟　佰　拾　元　角　分　¥：		
复核报销金额合计	人民币：　佰　拾　万　仟　佰　拾　元　角　分　¥：		
代理服务机构复核意见	复核人：　　日期：　年　月　日		
资金性质	1.正常性经费　2.专款　3. 一事一议资金 4.公积公益金　5.应付福利费		
备　注			

第二联 登记备查账

村报账员：　　代理服务机构会计：　　代理服务机构出纳：

图 5－7　大额（转账）支出报账单票样

大额（转账）支出申请书

申请单位：（公章）　　申请日期：　年　月　日　　编号：

<table>
<tr><td>支出项目</td><td colspan="4"></td></tr>
<tr><td>申请金额</td><td colspan="4">人民币：　佰　拾　万　仟　佰　拾　元　角　分
¥：</td></tr>
<tr><td>申请后存款余额</td><td colspan="4">人民币：　佰　拾　万　仟　佰　拾　元　角　分
¥：</td></tr>
<tr><td rowspan="2">转账业务填写</td><td>收款单位全称</td><td colspan="3"></td></tr>
<tr><td>开户行</td><td></td><td>账号</td><td></td></tr>
<tr><td>单位理财小组
审核意见</td><td colspan="2">复核人签名：
日期：　年　月　日</td><td>单位负责人
审批意见</td><td>负责人签名：
日期：　年　月　日</td></tr>
<tr><td>代理服务机构
复核意见</td><td colspan="4">复核人：　　日期：　年　月　日</td></tr>
<tr><td>备注</td><td colspan="4"></td></tr>
</table>

第二联 登记备查账

村报账员：　　代理服务机构会计：　　代理服务机构出纳：

图 5－8　大额（转账）支出申请书票样

（三）固定资产出售、报废和毁损

固定资产清理的核算是通过设置“固定资产清理”账户进行的。该账户借方登记转入清理的固定资产净值和发生的清理费用，贷方登记被清理固定资产的变价收入及应由保险公司或过失人承包的损失赔偿。清理完毕，其净收益或净损失应从其借方或贷方分别转入“其他收入”账户的贷方或“其他支出”账户的借方。期末借方或贷方余额，表示尚未清理完毕的固定资产的净损失或净收益。在“固定资产清理”账户下，按被清理固定资产设置明细账户，进行明细分类核算。

【例 5-1】 2021 年 1 月 10 日，四平村将一台不需用的播种机对外出售，其账面原值为 250 000 元，已计提累计折旧 23 750 元，协议价为 260 000 元，出售价款已存镇中心账户。以现金支付设备清理费及运费 500 元。

会计分录如下：

（1）生产设备转入清理时：

借：固定资产清理	226 250	
累计折旧	23 750	
贷：固定资产		250 000

（2）取得出售收入时：

借：银行存款	260 000	
贷：固定资产清理		260 000

（3）以现金支付清理费用时：

借：固定资产清理	500	
贷：现金		500

（4）结转该生产设备的清理净损益时：

借：固定资产清理	33 250	
贷：其他收入		33 250

【知识链接】

（1）以现金结算方式收取残值收入的，需要填制“现金收入报账单”，附有关收入收据等原始凭证办理报账；（2）通过银行转账方式从银行账户中支付处置费用：需要填制“大额（转账）支出报账单”，附有关处置费用支出收据、发票等原始凭证办理报账；（3）结转清理净损失时，记入“其他支出”账户。

【例 5-2】 2021 年 1 月 14 日，因意外灾害损坏村委会办公室 1 间，其账面原值 25 000 元，已提折旧 4 750 元，以现金支付清理费用 1 000 元，残值收入 2 000 元存入银行，保险公司承担赔偿损失 4 000 元暂欠。

会计分录如下：

（1）注销报废固定资产，转入清理：

借：固定资产清理	20 250	

累计折旧	4 750	
贷：固定资产		25 000

（2）收到残值收入，存入银行时：

借：银行存款	2 000	
贷：固定资产清理		2 000

（3）以现金支付清理费用时：

借：固定资产清理	1 000	
贷：现金		1 000

（4）保险公司同意赔偿损失时：

借：应收款——保险公司	4 000	
贷：固定资产清理		4 000

（5）结转清理后的净损失：

借：其他支出	15 250	
贷：固定资产清理		15 250

（四）固定资产对外投资转出

农村集体经济组织对外投资转出固定资产时应按评估确认或合同、协议约定的价格借记“长期投资”账户，按已提折旧数额借记“累计折旧”账户，按投资转出的固定资产的账面原值贷记“固定资产”账户，按评估确认的价值或合同、协议约定价值与净值之间的差额贷记或借记“公积公益金”账户。

【例5－3】2021年1月16日，四平村将一辆农用车向村罐头厂进行投资，农用车原值是60 000元，已提折旧是28 500元，双方协商的价格是40 000元。

借：长期投资——村罐头厂	40 000	
累计折旧	28 500	
贷：固定资产		60 000
公积公益金		8 500

任务实施：

一、固定资产清理页面的进入

在智慧农村三资—综合实训平台首页点击【资产管理】—【进入系统】进入资产管理模块，单击【资产清理】进入固定资产清理的操作页面，如图5－9至图5－11所示。

图 5－9　智慧农村三资—综合实训平台页面

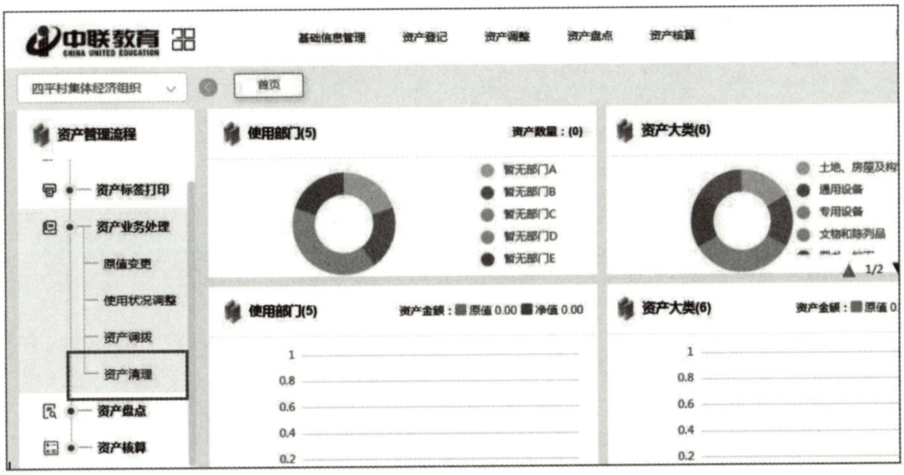

图 5－10　资产管理模块首页

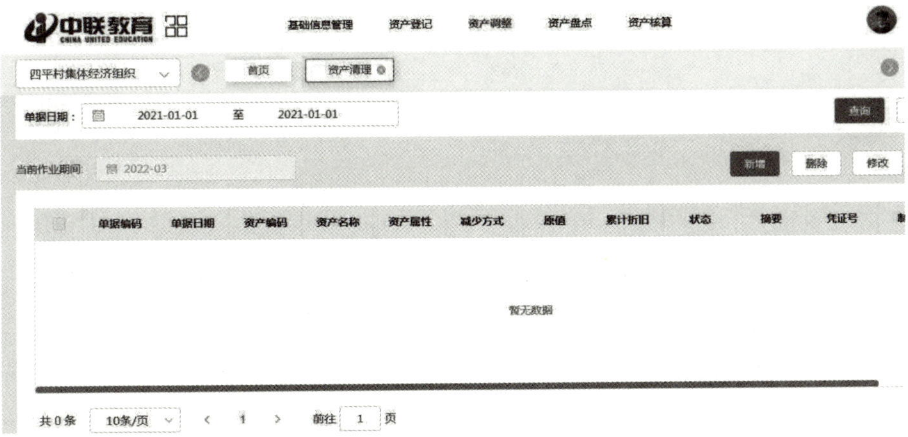

图 5－11　资产清理页面

二、固定资产清理操作

（一）填制固定资产清理单

在【资产清理】页面—单击【新增】—填写资产清理单—相关信息填写完毕后点击【保存】，如图 5－12、图 5－13 所示。

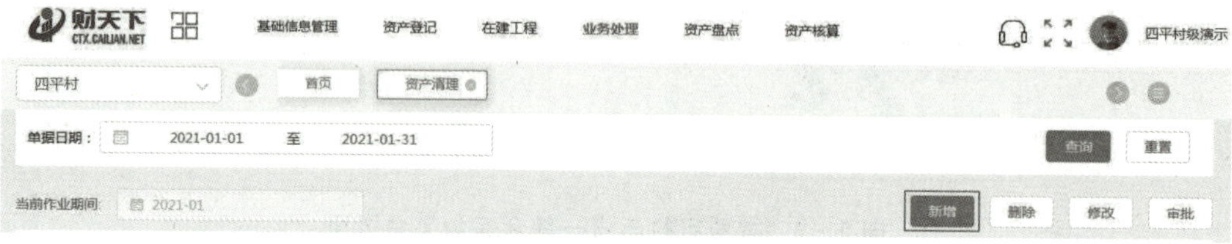

图 5－12　选择新增资产清理单页面

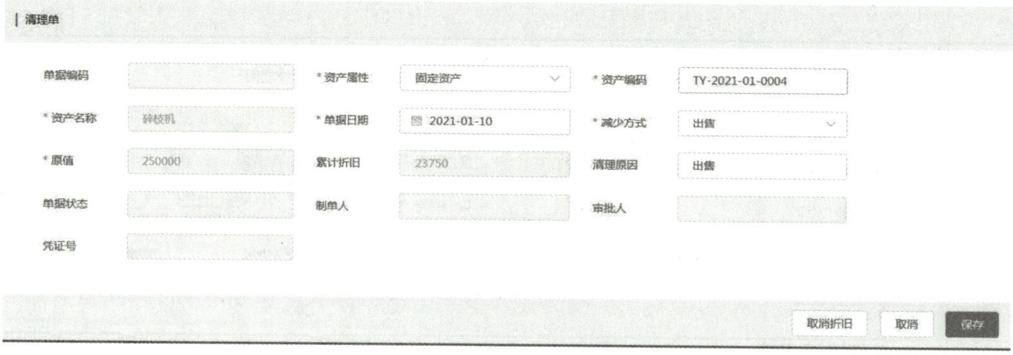

图 5－13　填制固定资产清理单页面

（二）审批资产清理单

审批权限操作员登录资产管理模块进入固定资产清理页面，选择资产清理单，如图 5－14、图 5－15 所示。

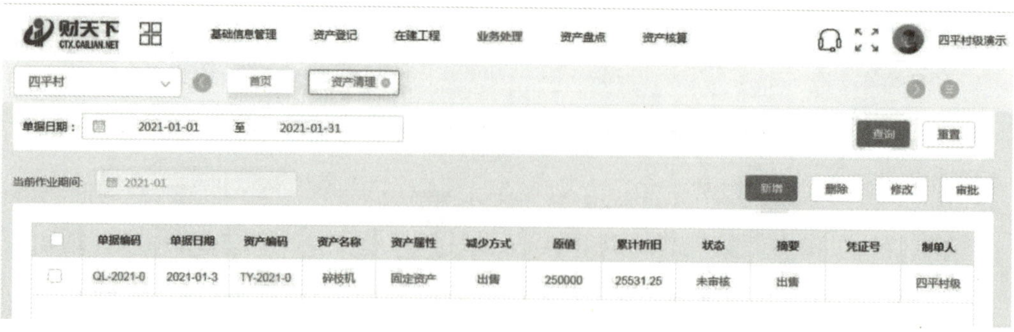

图 5－14　选择要审批的固定资产清理单页面

图 5－15　审批固定资产清理单页面

三、资产清理的凭证生成

在资产管理页面首页点击【资产核算】—【资产凭证】—选择【资产清理】—选中要生成凭证的记录—点击【生成凭证】—保存，如图 5－16、图 5－17 所示。

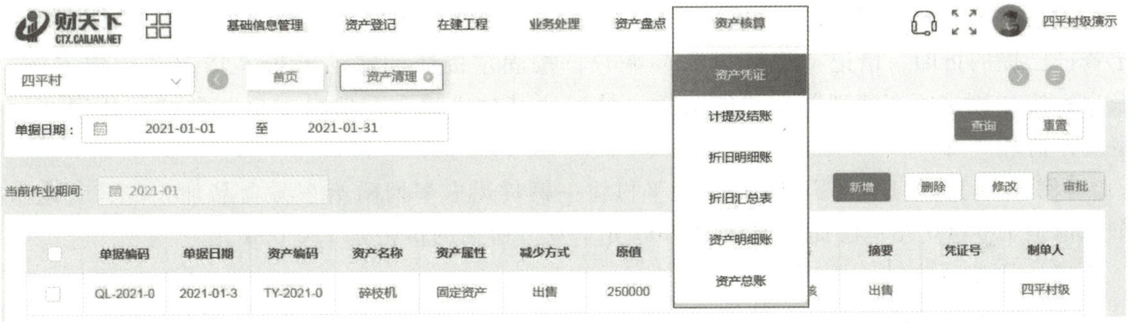

图 5－16　选择资产凭证页面

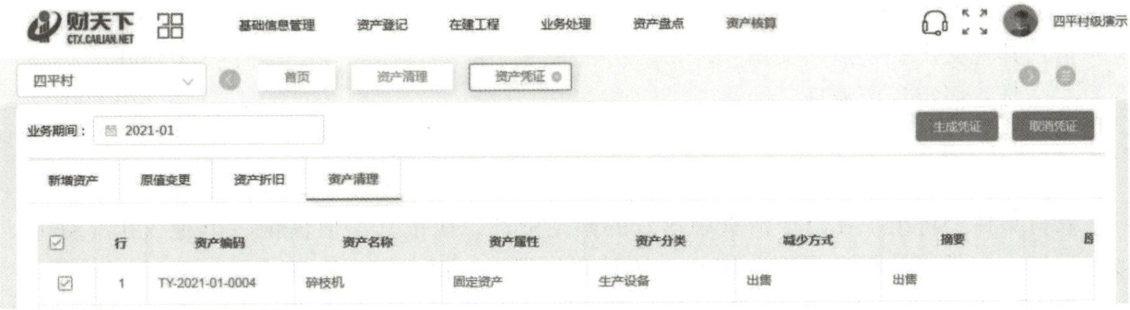

图 5－17　生成凭证页面

任务评价：

"固定资产清理"任务评价表

工作任务清单	完成情况	评价等级
纸质票据采集		
纸质票据分类		
纸质票据查验		
固定资产出售、报废和毁损的账务处理		
固定资产对外投资的账务处理		

备注：能完成打"√"，对应等级为合格；不能完成打"×"，对应等级为不合格。

任务拓展：

一、固定资产捐赠转出

捐赠转出的固定资产，应按固定资产的净值，借记"固定资产清理"账户，按该项固定资产已提的折旧，借记"累计折旧"账户；按固定资产的账面原价，贷记"固定资产"账户；按"固定资产清理"账户的余额，借记"其他支出——捐赠支出"账户，贷记"固定资产清理"账户。

【例 5－4】 2021 年 1 月 18 日，四平村将一辆货运卡车捐赠给东方食品加工厂，货运卡车原值是 150 000 元，已提折旧是 30 000 元，双方协商的价格是 120 000 元。

（1）固定资产转入清理时：

借：固定资产清理　　120 000

　　累计折旧　　30 000

　　贷：固定资产　　150 000

（2）结转清理净损益时：

借：其他支出——捐赠支出　　120 000

　　贷：固定资产清理　　120 000

二、固定资产盘亏

农村集体经济组织在财产清查中盘亏的固定资产，应按其净值借记"其他支出"账户，按已提折旧额借记"累计折旧"账户，按其原价贷记"固定资产"账户。

【例 5－5】 2021 年 1 月 31 日，进行固定资产清查中，盘亏生产设备一台，原价 5 000 元，已提折旧 1 000 元，保险公司赔偿 2 000 元。

借：其他支出　　2 000

　　累计折旧　　1 000

　　应收款——保险公司　　2 000

　　贷：固定资产　　5 000

三、固定资产盘盈

农村集体经济组织在财产清查中盘盈的固定资产，应按其净值借记“其他收入”账户，按已提折旧额贷记“累计折旧”账户，按其原价借记“固定资产”账户。

【例 5－6】 2021 年 1 月 31 日，四平村在进行固定资产清查过程中，发现账外一台抽水泵，估计作价 4 500 元，八成新。

借：固定资产　　4 500
　　贷：累计折旧　　3 600
　　　　其他收入　　900

任务二　农业资产的清理

任务目标：

（1）能够收集发票、财政票据、银行回单等纸质原始凭证并进行初步分类与整理，正确进行甄别。

（2）对纸质原始凭证进行拍照或扫描上传电子影像文件，或导入原始电子发票，对单据电子影像进行识别与核验操作，按审批流程进行审批操作。

（3）能够利用三资管理的资产管理模块进行资产减少的登记。

（4）能够利用三资管理的会计核算模块进行账务处理。

任务情境：

一、任务场景

三资共享中心员工于 2021 年 × 月 × 日接到四平村转来的农业资产清理相关业务单据，经查验无误签收。

二、任务布置

三资共享中心员工按照业务要求对四平村农业资产清理相关原始单据整理分类并进行制单、审核处理。

任务准备：

一、知识准备

通过农业资产清理，可以全面摸清农村集体农业资产的存量、结构、分布和运用效益情况。农业资产清理主要以村自查为主，全面进行清理。要以村会计账为依据，坚持账内账外相结合、实物盘点同核实账务相结合，以物对账，以物查物，清理一项登记一项，坚持公示，公示期满，要按照相关规定，召开村民代表会议，对清理结果进行确认后并上报。

农业资产死亡或毁损时，按规定程序批准后，按实际成本扣除应由责任人或保险公司赔偿的金额后的差额，应记入其他收入或其他支出。

相关法律法规：

《中华人民共和国发票管理办法》（国务院令第 709 号）（2019 年修订）

《财政票据管理办法》（财政部令第 70 号）（2012 年）

《会计基础工作规范》（中华人民共和国财政部令第 98 号）（2019 年修订）

《农村集体经济组织财务制度》（财农［2021］121 号）

《村集体经济组织会计制度》（财会［2004］12 号）

二、业务要领

（一）对经济活动业务的审核

1. 出售农业资产业务

（1）初步核实每一笔业务，并说明出售农业资产的原因，交由村委会按照规定的审批权限审批，取得收入的票据，必须有收款人签章。

（2）结转成本的业务原始凭证必须有保管人员签章。

2. 农业资产死亡或毁损业务

（1）初步核实每一笔业务，并说明死亡或毁损农业资产的原因，交由村委会按照规定的审批权限审批，转入清理的原始凭证，必须由资产使用人和保管人签名。

（2）取得清理收入的票据，必须有收款人签章。

3. 对外投资农业资产业务

（1）初步核实每一笔业务，并说明对外投资农业资产的原因，交由村委会按照规定的审批权限审批，转入清理的原始凭证，必须由资产使用人和保管人签名。

（2）取得投资协议或合同。

（二）农业资产清理涉及的原始单据

见本单元固定资产业务相关单据。

（三）牲畜（禽）资产的清理

农村集体经济组织牲畜（禽）资产的清理主要是指对幼畜及育肥畜和产役畜的对外销售、死亡和毁损以及对外投资等情况进行会计处理。

1. 出售牲畜（禽）资产

幼畜及育肥畜和产役畜对外销售时，按照实现的销售收入，借记“现金”“银行存款”“应收款”等账户，贷记“经营收入”账户；同时，按照销售牲畜的实际成本，借记“经营支出”账户，贷记“牲畜（禽）资产”账户。

【例 5－7】2021 年 1 月 6 日，四平村将育肥猪一批出售给某肉食品厂，售价每头 500 元，共 100 头，该批育肥猪的购买成本 15 000 元，饲养费用 22 000 元。货款收回存入银行。

确认收入时：

借：银行存款　　50 000

　　贷：经营收入　　50 000

结转成本时：

该批育肥猪的总成本 = 15 000 + 22 000 = 37 000（元）

借：经营支出　　37 000

　　贷：牲畜（禽）资产——幼畜及育肥畜　　37 000

【例 5－8】2021 年 1 月 7 日，农村集体经济组织出售育肥牛 10 头，收到现金 20 000 元。该批育肥牛的购买成本 9 000 元，饲养费用 7 000 元。

确认收入时：

借：现金　　20 000

　　贷：经营收入　　20 000

结转成本时：

育肥畜（禽）牛 10 头总成本 9 000 + 7 000 = 16 000（元）

借：经营支出　　16 000

　　贷：牲畜（禽）资产——幼畜及育肥畜——牛　　16 000

2. 牲畜（禽）资产死亡或毁损

农村集体经济组织的牲畜死亡或毁损时，经规定程序批准后，按过失人及保险公司赔偿的金额，借记“内部往来”“应收款”等账户，如发生净损失，借记“其他支出”账户；如为净收益，则贷记“其他收入”账户，同时转出死亡或毁损牲畜的账面价值。

【例 5－9】2021 年 1 月 8 日，四平村饲养幼牛时，由于饲养人员的疏忽，致使 5 头幼牛死亡，账面价值为 10 000 元，经四平村成员集体研究决定，由饲养人员（非本村村民）赔偿 8 000 元，其余列入其他支出。

借：应收款——某饲养人　　8 000

　　其他支出　　2 000

　　贷：牲畜（禽）资产——幼畜及育肥畜　　10 000

【例 5－10】2021 年 1 月 9 日，在出售育肥猪当天夜里，由于本村饲养员张丰失职，未出售的育肥猪跑丢了一头，经批准由饲养员赔偿损失，年底发工资时扣除。该猪的账面价值为 900 元。

若饲养员赔偿为 1 100 元（赔偿金额大于账面价值 200 元），则：

借：内部往来——张丰　　1 100

　　贷：牲畜（禽）资产——幼畜及育肥畜　　900

　　　　其他收入　　200

若饲养员张丰赔偿 300 元（赔偿金额小于账面价值 600 元）。

则会计分录为：

借：内部往来——张丰 300

其他支出 600

贷：牲畜（禽）资产——幼畜及育肥畜 900

（四）林木资产的清理

1. 出售林木资产

农村集体经济组织按规定程序批准林木采伐出售时，不分经济林木和非经济林木，都按照实现的销售收入，借记“现金”“银行存款”“应收款”等账户，贷记“经营收入”账户；同时，按照出售林木的实际成本，借记“经营支出”账户，贷记“林木资产”账户。

【例 5－11】 2021 年 1 月 10 日，四平村经批准采伐白桦树一批，收到价款 110 000 元，转存信用社。该批白桦树实际成本为 70 000 元。

确认销售收入时：

借：银行存款 110 000

贷：经营收入 110 000

结转成本时：

借：经营支出 70 000

贷：林木资产——非经济林木——白桦树 70 000

【例 5－12】 2021 年 1 月 11 日，经批准将围村路两旁的 220 棵杨树全部采伐出售，收到现金 6 600 元。该批杨树购入价格为 2 200 元，发生培植费 1 500 元。

收取价款时：

借：现金 6 600

贷：经营收入 6 600

结转成本时：

杨树成本 2 200（买价）+1 500（培植费）=3 700（元）

借：经营支出 3 700

贷：林木资产——非经济林木——杨树 3 700

2. 林木资产死亡或毁损

农村集体经济组织林木资产死亡毁损时，经批准，过失人赔偿的金额记入“现金”“银行存款”“内部往来”“应收款”等账户的借方，按照林木资产死亡毁损时的账面价值，记入“林木资产”账户的贷方，将赔偿金额及残值收入与账面价值的差额记入“其他收入”账户贷方或“其他支出”账户借方。

【例 5－13】 2021 年 1 月 11 日，因果园雇用的外村临时打药人员王平的失误，造成 60 棵梨树受药害死亡，每棵梨树账面成本 56 元。

假如当事人每棵树包赔 80 元，并收到现金：

借：现金 4 800

贷：林木资产——经济林木——梨树 3 160

其他收入 1 640

假如当事人每棵树赔偿 15 元，赔偿款从年终工资扣除：

借：应收款——王平　900

　　其他支出　2 160

　　贷：林木资产——经济林木——梨树　3 160

【例 5－14】 2021 年 1 月 15 日，四平村因发生火灾，烧毁非经济林木杨树 15 亩，其账面价值为 30 000 元。

如果保险公司同意赔偿 85%，护林员刘明应赔偿 10%，其余损失记入其他支出：

借：应收款——保险公司　25 500

　　内部往来——刘明　3 000

　　其他支出　1 500

　　贷：林木资产——非经济林木——杨树　30 000

如果保险公司是按市场价格 40 000 元的 90% 赔偿，其余资料不变，则赔偿额超过成本的部分应记入其他收入：

借：应收款——保险公司　36 000

　　内部往来——刘明　3 000

　　贷：林木资产——非经济林木——杨树　30 000

　　　　其他收入　9 000

任务实施：

农业资产清理的操作需要从“智慧农村三资—综合实训平台”资产管理模块进入，完成农业资产清理的操作，具体方法可参照固定资产清理操作流程进行。

任务评价：

“农业资产清理” 任务评价表

工作任务清单	完成情况	评价等级
牲畜（禽）资产清理的账务处理		
林木资产清理的账务处理		

备注：能完成打“√”，对应等级为合格；不能完成打“×”，对应等级为不合格。

任务拓展：

一、牲畜（禽）资产的对外投资

农村集体经济组织在生产经营过程中，可以依据自身情况，开展对外投资业务。以幼畜、育肥畜和产役畜对外投资时，按照合同、协议确定的价值，借记“长期投资”账户，贷记“牲畜（禽）资产”账户，合同或协议确定的价值与牲畜（禽）资产账面余额之间的差额借记或贷记“公积公益金”账户。

【例 5－15】2021 年 1 月 20 日，四平村用 20 头役马向四平生态旅游区投资，该批役马 2020 年 1 月由幼畜转为产役畜，成本 4 000 元，已经使役 1 年，预计尚可使用 4 年，役马净残值率为 5%。双方协议确定的价值为 70 000 元，役马已经转出。

役马投资时已摊销成本＝80 000×（1－5%）÷5＝15 200（元）

役马投资时的账面价值＝80 000－15 200＝64 800（元）

役马对外投资：

借：长期投资　　70 000
　　贷：牲畜（禽）资产——产役畜　　64 800
　　　　公积公益金　　5 200

若双方协议确定的价值为 60 000 元，则：

借：长期投资　　60 000
　　公积公益金　　4 800
　　贷：牲畜（禽）资产——产役畜　　64 800

若双方协议确定的价值为 64 800 元，则：

借：长期投资　　64 800
　　贷：牲畜（禽）资产——产役畜　　64 800

二、林木资产对外投资

农村集体经济组织以林木资产对外投资时，应按照合同、协议确定的价值，借记“对外投资”账户，贷记“林木资产”账户，合同或协议确定的价值与林木资产账面余额之间的差额，借记或贷记“公积公益金”账户。

【例 5－16】2021 年 1 月 25 日，四平村用一批苹果树和一批松树对外投资，这批苹果树的成本为 7 000 元，松树的成本为 5 000 元。

如投资合同确定的价值为 12 000 元：

借：长期投资　　12 000
　　贷：林木资产——经济林木——苹果树　　7 000
　　　　　　　　——非经济林木——松树　　5 000

如投资合同确定的价值为 15 000 元：

借：长期投资　　15 000
　　贷：林木资产——经济林木——苹果树　　7 000
　　　　　　　　——非经济林木——松树　　5 000
　　　　公积公益金　　3 000

如投资合同确定的价值为 10 000 元：

借：长期投资　　10 000
　　公积公益金　　2 000
　　贷：林木资产——经济林木——苹果树　　7 000
　　　　　　　　——非经济林木——松树　　5 000

任务三　无形资产的清理

任务目标：

（1）能够收集发票、财政票据、银行回单等纸质原始凭证并进行初步分类与整理，正确进行甄别。

（2）对纸质原始凭证进行拍照或扫描上传电子影像文件，或导入原始电子发票，对单据电子影像进行识别与核验操作，按审批流程进行审批操作。

（3）能够利用三资管理平台的资产管理模块进行无形资产减少的登记。

（4）能够利用三资管理平台的会计核算模块进行账务处理。

任务情境：

一、任务场景

三资共享中心员工于 2021 年 × 月 × 日接到四平村转来的无形资产清理相关业务单据，经查验无误签收。

二、任务布置

三资共享中心员工按照业务要求对四平村无形资产清理相关原始单据整理分类并进行制单、审核处理。

任务准备：

一、知识准备

（一）无形资产科目的设置

财政部财会【2004】12 号《村集体经济组织会计制度》未设置“无形资产”账户。如果农村集体经济组织在日常的管理与经营活动中，涉及无形资产业务的，可以自行设置“无形资产”账户，用来核算其无形资产的增减变动情况。“无形资产”账户应按照无形资产的类别、项目等进行明细核算，期末余额在借方，反映农村集体经济组织拥有的无形资产的原价。

（二）相关法律法规

《中华人民共和国发票管理办法》（国务院令第 709 号）（2019 年修订）

《财政票据管理办法》（财政部令第 70 号）（2012 年）

《会计基础工作规范》（中华人民共和国财政部令第98号）（2019年修订）

《农村集体经济组织财务制度》（财农［2021］121号）

《村集体经济组织会计制度》（财会［2004］12号）

二、业务要领

（一）对经济活动业务的审核

1. 出售无形资产业务

（1）初步核实每一笔业务，并说明出售无形资产的原因，交由村委会按照规定的审批权限审批，转入清理的原始凭证，必须有资产使用人和保管人签名。

（2）取得收入的票据，必须有收款人签章。

（3）支付清理费用的票据项目齐全。

2. 无形资产报废业务

（1）初步核实每一笔业务，并说明报废或毁损无形资产的原因，交由村委会按照规定的审批权限审批，转入清理的原始凭证，必须有资产使用人和保管人签名。

（2）取得清理收入的票据，必须有收款人签章。

（3）支付清理费用的票据项目齐全。

3. 无形资产对外投资业务

（1）初步核实每一笔业务，并说明对外投资无形资产的原因，交由村委会按照规定的审批权限审批，转入清理的原始凭证，必须有资产使用人和保管人签名。

（2）取得投资协议或合同。

（3）无形资产清理涉及的原始单据（见本单元固定资产业务相关单据）。

（二）出售无形资产

根据会计制度规定：出售无形资产取得的收入应记入“其他收入”账户，出售时所发生的成本和费用应记入“其他支出”账户。

（三）无形资产报废

无形资产预期不能再为农村集体经济组织带来服务潜力或经济利益的，应当按照规定报经批准后将该无形资产的账面价值予以核销。核销时，借记“经营支出”或“其他支出”等账户，贷记“无形资产”账户。

【例5-17】2021年1月25日，四平村的一项非专利技术已经被另一项非专利技术所替代，经批准予以转销，账面价值为80 000元。

借：经营支出	80 000	
贷：无形资产——非专利技术		80 000

任务实施：

一、无形资产清理页面的进入

无形资产清理的操作需要从“智慧农村三资—综合实训平台”资产管理模块进入，具体操作流程如下：

在智慧农村三资—综合实训平台首页光标移至【资产管理】，单击【进入系统】进入资产管理模块，光标移至【资产清理】，单击【资产清理】进入无形资产清理的操作页面，如图5－18至图5－20所示。

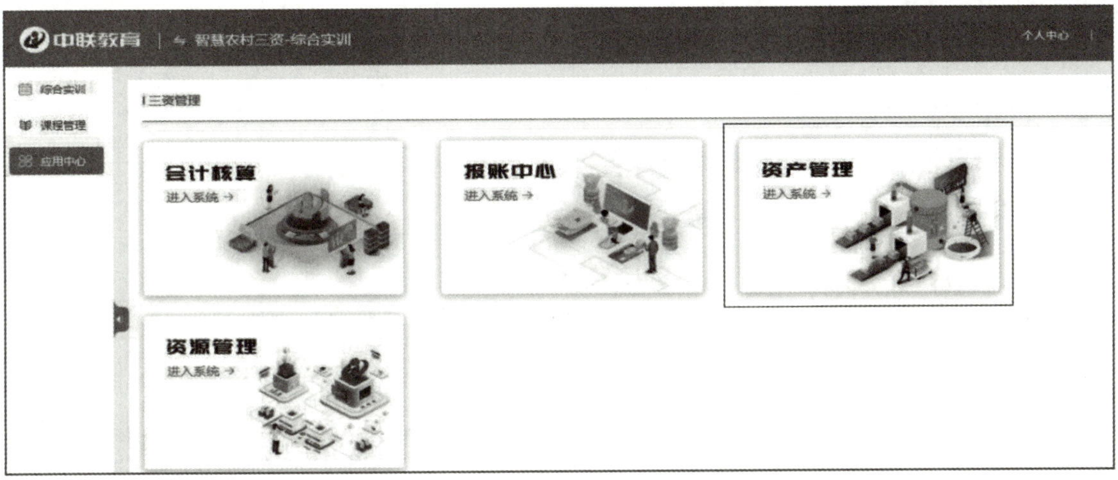

图5－18　智慧农村三资—综合实训平台页面

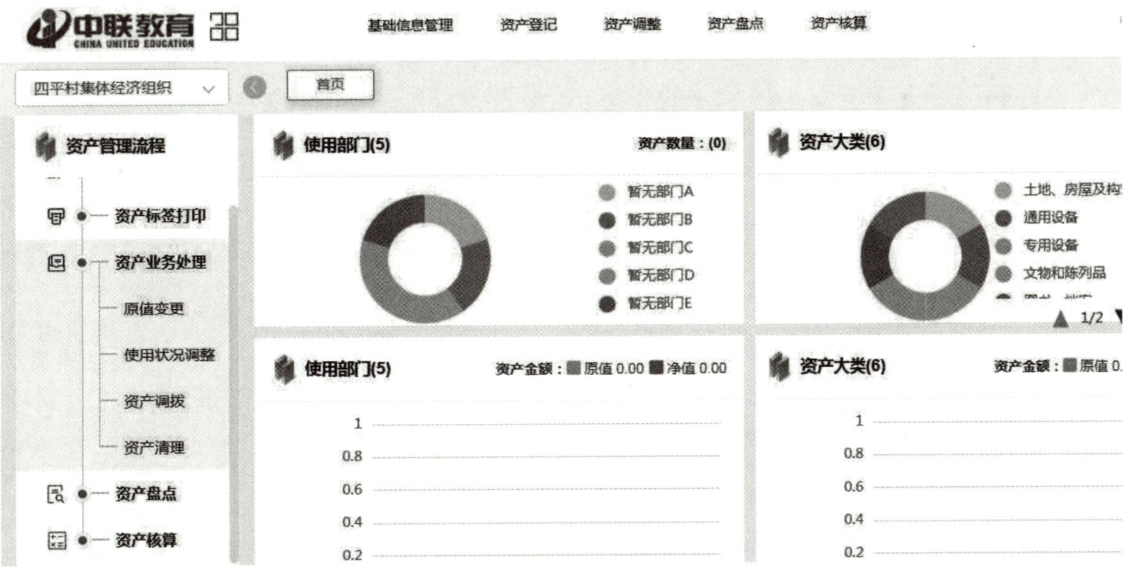

图5－19　资产管理模块首页

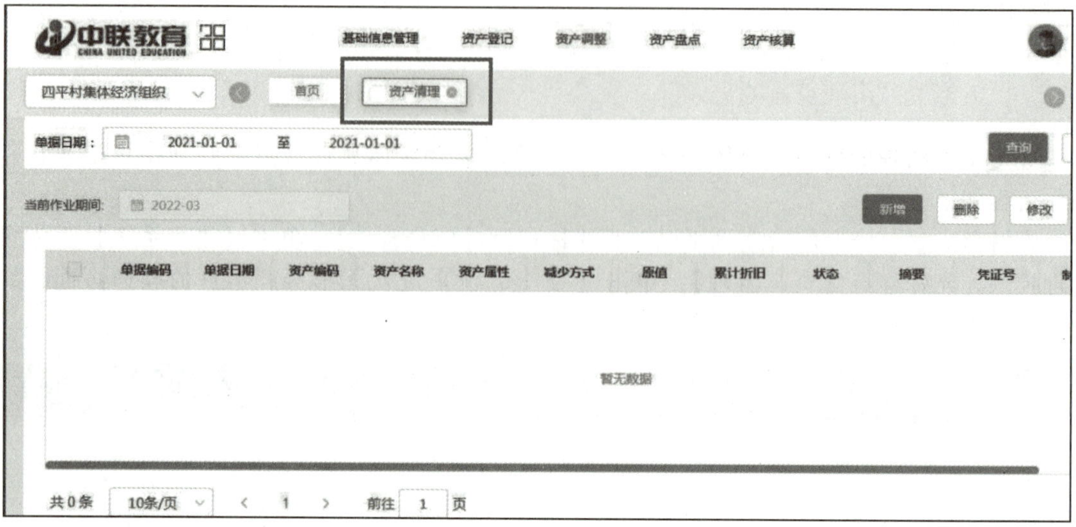

图 5－20 资产清理页面

二、无形资产清理操作

（一）无形资产清理单的填制与审批

在【资产清理】页面—单击【新增】—填写资产清理单—填写完毕后点击【保存】—【审批】资产清理单，如图 5－21 至图 5－24 所示。

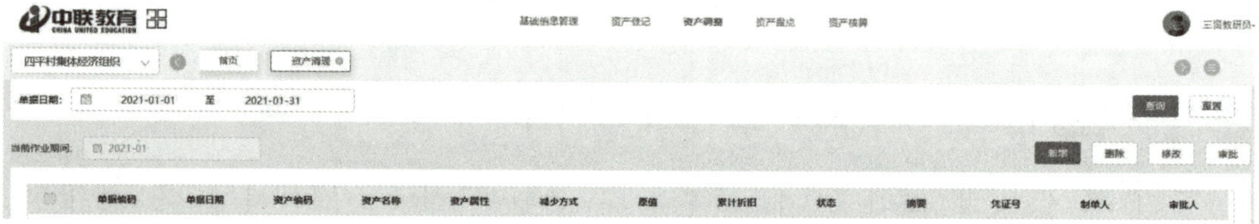

图 5－21 选择新增资产清理单页面

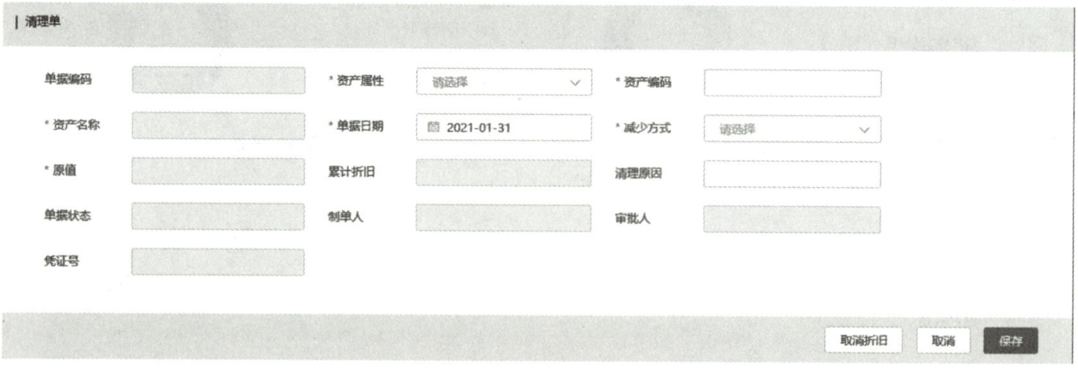

图 5－22 填制无形资产清理单页面

图 5－23 保存无形资产清理单页面

图 5－24 无形资产清理单审批完成页面

（二）无形资产清理的凭证生成

在资产管理页面点击【资产核算】—【资产凭证】—选择【资产清理】—选中要生成凭证的记录—点击【生成凭证】—保存，如图 5－25 所示。

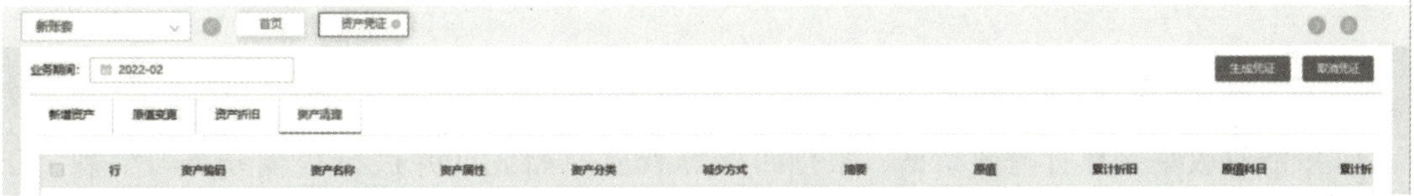

图 5－25 生成凭证页面

任务评价：

“无形资产清理”任务评价表

工作任务清单	完成情况	评价等级
无形资产清理的账务处理		
三资平台无形资产清理操作		

备注：能完成打“√”，对应等级为合格；不能完成打“×”，对应等级为不合格。

任务拓展：

一、无形资产对外投资

农村集体经济组织也可用入账的无形资产对外投资。对外投资的无形资产应作为长期投资处理，其中投资作价与账面价值的差额计入公积公益金。

填制“无形资产处置报账单”，附有关投资合同、协议、资产转移手续等原始凭证办理报账。

（1）借：长期投资

　　贷：无形资产

　　　　公积公益金

（2）借：长期投资

　　　　公积公益金

　　贷：无形资产

二、无形资产对外捐赠

借：其他支出

　　贷：无形资产

　　　　现金/银行存款

任务四　在建工程的清理

任务目标：

（1）能够收集发票、财政票据、银行回单等纸质原始凭证并进行初步分类与整理，正确进行甄别。

（2）对纸质原始凭证进行拍照或扫描上传电子影像文件，或导入原始电子发票，对单据电子影像进行识别与核验操作，按审批流程进行审批操作。

（3）能够利用三资管理平台的资产管理模块进行在建工程减少的登记。

（4）能够利用三资管理平台的会计核算模块进行账务处理。

任务情境：

一、任务场景

三资共享中心员工于2021年×月×日接到四平村转来的在建工程清理相关业务单据，经查验无误后签收。

二、任务布置

三资共享中心员工按照业务要求对四平村在建工程清理相关原始单据整理分类并进行制单处理。

任务准备：

一、知识准备

（一）在建工程的计价原则

（1）在建工程按实际消耗的支出或支付的工程价款计价。

（2）形成固定资产的在建工程完工交付使用后，记入固定资产。

（3）不形成固定资产的在建工程项目完工后，记入经营支出或其他支出。

（4）在建工程部分发生报废或毁损，经规定程序批准后，按照扣除残料价值和过失人及保险公司赔款后的净损失，计入工程成本。

（5）单项工程报废以及由于自然灾害等非正常原因造成的报废或毁损，其净损失记入其他支出。

（6）由于设计原因导致工程报废的，可以参照以上规定，但应注意取得充足的原始证明资料作为附件备查。

（二）相关法律法规

《中华人民共和国发票管理办法》（国务院令第709号）（2019年修订）

《财政票据管理办法》（财政部令第70号）（2012年）

《企业资产损失税前扣除管理办法》（国税发［2009］88号）

《会计基础工作规范》（中华人民共和国财政部令第98号）（2019年修订）

《农村集体经济组织财务制度》（财农［2021］121号）

《村集体经济组织会计制度》（财会［2004］12号）

二、业务要领

（1）根据国家税务总局颁布的《企业资产损失税前扣除管理办法》，在建工程停建、废弃和报废、拆除损失，其账面价值扣除残值后的余额部分，依据下列证据认定损失：国家明令停建项目的文件；有关政府部门出具的工程停建、拆除文件；对报废、废弃的在建工程项目出具的鉴定意见和原因说明，单项数额较大的在建工程项目报废，应当有专业技术鉴定部门的鉴定报告；工程项目实际投资额的确定依据。

（2）在建工程自然灾害和意外事故毁损损失，其账面价值扣除残值、保险赔偿及责任赔偿后的余额部分，依据下列证据认定损失：有关自然灾害或者意外事故证明；涉及保险索赔的，应当有保险理赔说明；内部有关责任认定、责任人赔偿说明和核准文件。

（3）在建工程报废或毁损的账务处理要求。如果在建设期间，农村集体经济组织的在建工程发生损毁或报废的情况属于正常原因造成的，需要减去残料价值和过失人或保险公司等赔款后的净损失，记入继续施工的工程成本。例如，1 号工程报废，记入继续施工的 2 号工程，会计分录为：

借：在建工程——2 号工程

　　应收款等

　　贷：在建工程——1 号工程

在非建设期间，农村集体经济组织的在建工程发生损毁或报废的情况属于正常原因造成的，在筹建期间，经过批准后将净损失计入管理费用；在非筹建期间，经过批准后将净损失计入其他支出。

筹建期间：

借：管理费用

　　应收款

　　贷：在建工程

非筹建期间：

借：其他支出

　　应收款

　　贷：在建工程

任务实施：

针对在建工程报废或者损毁，农村集体经济组织要先查明这些工程是什么原因导致损毁或报废，还应考虑的是该项业务发生的时间是否在在建工程期间等，之后才能根据不同的情况，进行相应的账务处理。具体操作时应注意：

（1）初步核实每一笔业务，并说明报废或毁损在建工程的原因，交由村委会按照规定的审批权限审批，转入清理的原始凭证，必须有资产使用人和保管人签名。

（2）取得在建工程清理收入的票据，必须有收款人签章。

（3）支付清理费用的票据项目及相关人员签章要齐全。

任务评价：

“在建工程清理”任务评价表

工作任务清单	完成情况	评价等级
纸质票据采集		
纸质票据分类		
纸质票据查验		
在建工程清理的账务处理		

备注：能完成打“√”，对应等级为合格；不能完成打“×”，对应等级为不合格。

任务拓展：

农村集体经济组织非正常原因造成的报废或毁损，其账面价值扣除残值、保险赔偿及责任赔偿后的净损失记入当期损益“其他支出”账户，进行如下账务处理：

借：其他支出

　　应收款等

　　贷：在建工程

实战演练

6 单元六 农村集体经济组织资源管理

职业能力目标:

1. 知识目标

（1）了解农村集体资源的含义。

（2）熟悉农村集体资源承包、租赁合同的录入。

（3）能够制订财务计划。

（4）掌握资源台账的登记，所有权、经营权、收益权等三权确认。

2. 技能目标

（1）产权初始登记、变动和注销登记。

（2）合同的录入与查询。

（3）掌握各项收入、各项支出、各类资产、各类资源、债权债务、收益分配等财务信息管理与查询。

3. 素养目标

（1）养成爱岗敬业、维护国家利益、诚实守信、热爱劳动的品格，履行道德准则和行为规范。

（2）培养坚持准则，不做假账，诚实守信的会计职业道德。

典型工作任务:

（1）正确进行资源台账的登记、产权台账的登记、合同的管理，便于管理单位记录、整理所需的管理过程中的数据和文件，提高工作效率，便于各部门的动态数据和文件的获取，确保动态数据和文件的真实可靠。

（2）能够对纸质原始凭证进行拍照或扫描上传电子影像文件，或导入原始电子发票，对单据电子影像进行识别与核验操作，按资源台账登记流程、产权台账登记流程、合同管理进行登记操作。

（3）能够利用三资管理的资源管理系统完成资源台账登记、产权台账登记、合同管理的操作。

实施途径:

（1）通过学习资源台账的登记，所有权、经营权、收益权等三权确认可以引入会计的监督职能，以及参与管理、强化服务的会计职业道德。

（2）通过各项财务信息的整理与查询，宣传党的廉洁自律准则，反对享乐主义、奢靡之风，促成清正廉洁的政治本色。

情境概览:

某县农村三资共享服务中心（以下简称“三资共享中心”）是为下属乡镇单位提供三资管理代理的中心，该中心共设四个工作岗位，即票据岗、核算岗、管家/审核岗和分析岗。

任务一　资源台账登记

任务目标:

（1）资源台账登记是便于管理单位记录、整理所需的管理过程中的数据和文件，提高工作效率，便于各部门的动态数据和文件的获取，确保动态数据和文件的真实可靠。

（2）能够对纸质原始凭证进行拍照或扫描上传电子影像文件，或导入原始电子发票，对单据电子影像进行识别与核验操作，按台账登记流程进行登记操作。

（3）能够利用三资管理的资源管理系统完成相关台账登记的操作。

任务情境:

一、任务场景

2021 年上半年，云光县农村产权交易平台发包的集体资源共成交 1 985 宗，流转土地面积达 12.7 万亩，成交额 3 239.4 万元，溢价率 11.54%，为集体增加收入 334.1 万元；农村闲置资产出租及林木所有权转让成交额 375 万元，溢价率为 41.2%，为集体增加收入 109.4 万元；货物、服务、工程建设等农村集体资金招标采购中标额 1 653.8 万元，节资率达 5.5%，为集体节约资金 55.3 万元。这些数据资料需要在资源台账上予以登记。

二、任务布置

三资服务中心员工李明按要求完成资源台账登记工作：

（1）受理提交农村集体资源台账登记的申请资料；

（2）审核农村集体资源台账申请登记资料的真实性、合法性；

（3）系统进行记载，登记相关台账。

任务准备:

一、知识准备

(一)农村集体资源的含义

农村集体资源是指农村集体拥有的物力、财力、人力等各种物质要素的总称，分为自然资源和社会资源两大类。农村集体资源管理，主要是指对农村集体自然资源的管理。

(二)农村集体资源的内容

(1)自然资源。自然资源是指属于集体所有的土地、林地、山岭、草地、荒地、滩涂、水面、矿藏等，包括农户承包地、宅基地、集体机动地、荒沟、荒山、荒丘、鱼池、塘堰、沟渠、场地等。

(2)社会资源。社会资源是指人力资源、信息资源、人文旅游资源以及经过劳动创造的各种物质财富，如技术、人文自然景观等。

(三)农村集体资源的管理

农村集体资源具有分布广泛性、项目品种多元性、计量单位多样性、取得收入不固定的特点。对集体资源加强管理，主要是对农村集体所有存量资源进行登记造册，建档立案，对资源开发利用全程监督。

对确权办证的集体资源，以确权登记为依据，未确权登记的以清查核资为基础建立资源台账。资源台账主要内容包括资源的名称、类别、坐落、四至、面积等。

没有采取家庭承包方式，而实行承包、租赁经营的集体资源，主要登记资源承包、租赁单位(个人)的名称、地址，承包、租赁资源的用途，承包费或租赁金，期限和起止日期等。

农村集体资源的承包、租赁应该签订书面合同，明确双方的权利、义务、违约责任等。合同应当使用县级以上业务主管部门统一监制的文本。

建设用地收益归集体经济组织所有，主要用于发展集体生产经营、兴办公益事业等，其分配方案应经本集体经济组织成员会议或成员代表会会议讨论通过，并报乡镇人民政府和土地管理部门备案。

二、业务要领(关键点)

(1)受理提交农村集体资源台账登记的申请资料。

(2)审核农村集体资源台账申请登记资料的真实性、合法性。

(3)系统进行记载，登记相关台账。

任务实施：

一、业务流程（见图 6－1）

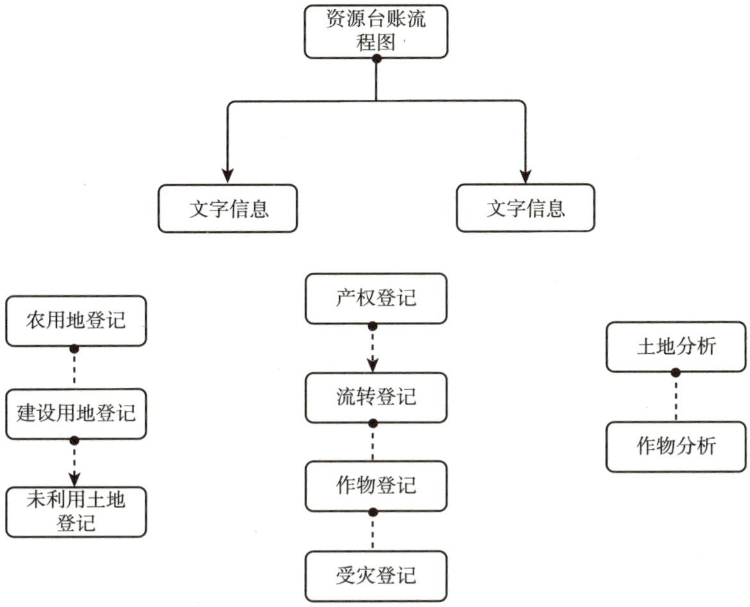

图 6－1　农村集体经济资源台账登记业务流程图

二、业务案例

某省农村产权交易中心（以下简称农交中心）充分发挥市场化平台功能优势，加快农村各类资源流转，配合各级农业农村部门健全农村土地流转服务体系，促进农村集体资产资源项目通过农交中心交易平台公开转让和阳光采购，为该省农村集体增收节资。

其中，云光县农村产权交易平台在 2021 年上半年发包的集体资源共成交 1 985 宗，流转土地面积达 12.7 万亩，成交额 3 239.4 万元，溢价率 11.54%，为集体增加收入 334.1 万元；农村闲置资产出租及林木所有权转让成交额 375 万元，溢价率为 41.2%，为集体增加收入 109.4 万元；货物、服务、工程建设等农村集体资金招标采购中标额 1 653.8 万元，节资率达 5.5%，为集体节约资金 55.3 万元。这些数据资料需要在资源台账上予以登记。为此，县“三资”服务代理中心安排员工李明负责这项工作。

员工李明接手后，首先完成提交农村资源台账登记的申请资料的受理工作，凡是符合申请条件的，都予以受理，然后对资料内容进行仔细审核，有疑问的部分，向提交资料的人员详细询问，并向有关的村“两委会”发函了解情况，确保资料的真实性、合法性。

在经过多方了解、核查，确定资料无误后，录入“农村三资”服务系统的资源台账。实现了对可利用资源登记造册、建档立案、逐项登记，对资源管理实施全程监督，便于随时查询。

农村集体三资管理系统通过网络的形式，加强农民群众对财务等工作的监督，扩大知情权、参与权、监督权，实现民主化管理；采用信息技术促进优化农村资源配置、推动传统农业向现代农业转型，使之成为培育现代农民的有效途径。最终借由平台的力量，改善农村信息滞后、发展缓慢的现状，推进农村信息化建设，提升农村财政管理水平，实现农民增收，使我国的农村建设走向新的里程。

任务评价：

"资源台账登记"任务评价表

工作内容清单		完成情况	评价等级
明确登记任务	明确资源登记范围		
	选择数据时间周期		
	下载清理表格模板		
采集或录入资源登记的数据	准确选择数据采集来源		
	采集导入		
	审核保存		
完成资源登记的账务处理	凭证生成及审核		
	凭证修改及查询		
查询各项资源的登记动态情况	资源分类明细表查询		
	资源变动明细表及统计表查询		

备注：能完成打"√"，对应等级为合格；不能完成打"×"，对应等级为不合格。

任务拓展：

一、农村集体资源性资产管理制度

（1）资源登记簿制度。法律规定属于集体所有的土地、林地、草地、荒地、滩涂等集体资源性资产，应当建立集体资源性资产登记簿，逐项记录。资源性资产登记簿的主要内容包括：资源的名称、类别、坐落、面积等。实行承包、租赁经营的集体资源性资产，还应当登记资源承包、租赁单位（个人）的名称、地址，承包、租赁资源的用途，承包费或租赁金，期限和起止日期等。农村集体建设用地以及发生农村集体建设用地使用权出让事项等要重点记录。

（2）公开协商和招标投标制度。集体所有且没有采取家庭承包方式的土地、林木、山岭、园地、荒地、滩涂、水面等资源性资产的承包、租赁，应当采取公开协商或者招标投标的方式进行。以公开协商方式承包、租赁集体资源的，承包费、租赁金由双方议定。以招标投标方式承包、租赁集体资源的，承包费、租赁金应当通过公开竞标、竞价确定。招标方案必须履行民主程序。在招标中，同等条件下，本集体经济组织成员享有优先中标权。招标投标方案、招标公告、招标合同和相关资料应当报乡镇农村经营管理部门备案。同时要建立健全村级工程建设的招投标制度。

（3）资源承包、租赁合同管理制度。集体资源的承包、租赁应当签订书面合同或协议，统一编号、统一管理。合同应当使用统一文本，明确双方的权利、义务、违约责任等。上交的收入归集体经济组织所有，纳入账内核算并定期公开。经济合同及有关资料应及时归档并报乡镇农村经营管理部门备案。

（4）集体建设用地收益专项管理制度。农村集体建设用地是集体资产和资源的重要组成部分，其收益归集体经济组织所有，主要用于发展生产、增加集体积累、集体福利和公益事业等方面，改善农民的生产生活条件，不得用于发放干部报酬、支付招待费用等非生产性开支。农村集体建设用地收益要纳入账内核算，严格实行专户存储、专账管理、专款专用、专项审计监督。

二、农村集体资源性资产台账

本台账由“农村集体所有资源性资产表”和《农村集体资源性资产总账》《农村集体统一管理资源性资产明细登记簿》《农村集体经营用资源性资产明细登记簿》共同组成。

农村集体资源性资产台账

任务二 产权台账登记

任务目标：

（1）能够对各项产权纸质原始凭证进行初步分类与整理，并进行正确甄别。

（2）对纸质原始凭证进行拍照或扫描上传电子影像文件，或导入原始电子发票，对单据电子影像进行识别与核验操作，按产权台账登记流程进行登记操作。

（3）能够利用三资管理的资源管理系统进行产权台账登记。

任务情境：

一、任务场景（以土地资源三权为例）

平西村村民张某三年前与村委会签订了为期30年的土地承包合同，但近两年他一直在县城做生意，没有时间管理土地，今年春天张某与邻居李某协商后，签订了土地转包协议，将承包土地转包给李某经营。

二、任务布置

三资服务中心员工李明按要求完成产权台账登记工作：

（1）受理提交农村产权台账登记的申请资料；

（2）审核农村产权台账申请登记资料的真实性、合法性；

（3）系统进行记载、登记相关产权台账。

任务准备：

一、知识准备

农村土地确权是指土地所有权、土地使用权和他项权利的确认、确定，简称确权。是依照法律、政策的规定确定某一范围内的土地（或称一宗地）的所有权、使用权的隶属关系和他项权利的内容。开展农村土地确权工作是为了完善二轮土地承包关系，为建立真实、规范的土地承包管理档案作为依据。明确了农村集体土地确权登记发证的范围，即覆盖到全部农村范围内的集体土地，包括属于农民集体所有的建设用地、农用地和未利用地，不得遗漏。

农村土地确权登记填表时一定要注意以下问题：

（1）同一地块承包农户登记表按地块填写，同一地块填写一张。

①长宽要按实际测量的数值填写。

②此表一般在同一地块按由北向南、由东向西顺序逐户填写。

③四至界限用固定坐标，例如，东边（道路）、西边（张三）、南边（渠）、北边（李四）。逐户登记：例如，1 号地块第一户张三、第二户李四，填表时按张三接李四的顺序填写。

④其中附属地面积为承包地块面积的其中数，只填面积，不填长宽。

（2）农村土地承包经营权登记信息申请表按农户填写。

①表内户主姓名、出生年月日填写要与户口本上的一致，发包方为村民小组。

②与户主关系依次填配偶、长子、次子、女、媳，不能填妻、子妻等以此类推。

③注意此表填写时没有分地的人不填入此表，死亡人口不填入此表。

④承包总面积为承包地块面积合计数。

⑤表内关系：承包总面积 = 人均应分地亩数 × 分地人数 + 附属地面积。

⑥承包起止日期不填。

⑦承包地块信息与同一地块登记表信息对应一致。

（3）集体预留机动地和四荒资源情况记录表要分别填表登记。

①登记地类一栏填写机动地或四荒地。

②面积按实测面积填写。

③四至界限同上。

④使用情况填写招标、拍卖、公开协商等。

⑤使用者填写承包者姓名。

（4）农村土地确权和不动产登记的区别。

①农村土地确权确定的是土地的所有权和使用权。每宗地的土地权属要经过土地登记申请、地籍调查、核属审核、登记注册、颁发土地证书等土地登记程序，才能得到最后的确认和确定。

依照我国《土地管理法》第十六条的规定，确权的权利主体为乡级或县级以上人民政府，也就是说只有乡级或县级以上人民政府才具有确认所有权和使用权的权力。

土地管理部门作为人民政府的职能部门，具体承办确权工作，对确权的意见和建议，要报同级人民政府做出决定。

②不动产登记一般是指房屋的所有权登记，房屋一般为不动产。不动产登记是《中华人民共和国物权法》确立的一项物权制度，是指经权利人或利害关系人申请，由国家专职部门将有关不动产物权及其变动事项记载于不动产登记簿的事实，是一种作为物权的公示手段。

二、业务要领（关键点）

（1）受理提交农村产权台账登记的申请资料；

（2）审核农村产权台账申请登记资料的真实性、合法性；

（3）系统进行记载、登记相关产权台账。

任务实施：

一、业务流程

（一）农村产权登记流程（以房屋产权案例为例）

不动产统一登记制度是基于健全市场经济需求的。当取得房屋的产权后，只有办理了房产证，房屋才真正确定归属。根据《房屋登记办法》的规定，农村房屋登记，办理房产证依照以下流程。

根据《房屋登记办法》的规定，因合法建造房屋申请房屋所有权初始登记的，应当提交下列材料：

（1）登记申请书；

（2）申请人的身份证明；

（3）宅基地使用权证明或者集体所有建设用地使用权证明；

（4）申请登记房屋符合城乡规划的证明；

（5）房屋测绘报告或者村民住房平面图；

（6）其他必要材料。

申请村民住房所有权初始登记的，还应当提交申请人属于房屋所在地农村集体经济组织成员的证明。所以，想要办理农村房产证的，首先需要准备好以上的材料。对于材料不是很清楚的，可以到当地房屋管理部门咨询。

（二）农村产权证办理流程

（1）申请人提交材料。

（2）受理、提交农村房产证办理需要提交的材料后，工作人员会受理。

（3）公告。

（4）审核。

（5）收费。

（6）记载于登记簿。农村房屋宅基地房产证办理的流程非常简单，一般情况下按照工作人员的指示办理即可。在此需要提醒的是，一定要办理农村房屋宅基地证，因为这个房产证不仅是房屋所有人的证明，当遇到拆迁时，也会影响到赔偿。不会办理的，可以多咨询房屋管理部门的工作人员。

二、业务案例

平西村村民张某最近有件闹心的事。三年前他与村委会签订了为期 30 年的土地承包合同，但近两年他一直在县城做生意，没有时间管理土地，今年春天张某与邻居李某协商后，签订了土地转包协议，将承包土地转包给李某经营。

村委会得知后，以此事没有征得村委会同意为由，认定转包协议无效，并说张某要是不打算继续承包了，村委会就要提前收回这块土地。张某不同意提前将土地交回村里，双方为此争执不下。

张某起诉到法院，请求法院保护其对所承包土地的转包权。法院依据《农村土地承包法》的相关规定判定：张某与李某签订的土地转包协议不需经村委会同意，只要到村委会备案即可。

可以明确，张某与李某签订的土地转包协议是有效的。《农村土地承包法》第十条明确规定："国家保护承包方依法、自愿、有偿地进行土地承包经营权流转。"该法第三十二条规定："通过家庭承包取得的土地承包经营权可以依法采取转包、出租、互换、转让或者其他方式流转。"第三十四条又规定："土地承包经营权流转的主体是承包方。承包方有权依法自主决定土地承包经营权是否流转和流转的方式。"该法第三十七条规定："土地承包经营权采取转包、出租、互换、转让或者其他方式流转，当事人双方应当签订书面合同。采取转让方式流转的，应当经发包方同意；采取转包、出租、互换或者其他方式流转的，应当报发包方备案。"

根据上述规定，张某与邻居李某签订的是土地转包协议，不必经原发包方即村委会同意，只要报村委会备案即可。村委会以张某不打算承包土地就要提前收回的说法没有法律依据。至此，张某与村委会的争执终于结束了。

任务评价：

"产权台账登记"任务评价表

工作内容清单		完成情况	评价等级
明确登记任务	明确产权登记范围		
	选择数据时间周期		
	下载清理表格模板		
采集或录入产权登记的数据	准确选择数据采集来源		
	采集导入		
	审核保存		

续表

工作内容清单		完成情况	评价等级
完成产权登记的账务处理	凭证生成及审核		
	凭证修改及查询		
查询各项产权的登记动态情况	产权分类明细表查询		
	产权变动明细表及统计表查询		

备注：能完成打“√”，对应等级为合格；不能完成打“×”，对应等级为不合格。

任务拓展：

一、农村土地承包经营权流转

农村土地承包经营权流转要按照“依法、自愿、有偿”的原则进行。要切实维护农民土地经营权流转的主体地位和自主权。承包期内，农户有权依法自主决定其承包地的流转和流转形式，任何组织和个人不得强迫和阻碍。土地承包经营权流转费用应由农户和受让方或承租方协商确定，流转收益归农户所有，任何组织和个人不得擅自截留、扣缴。不能将租赁农户的承包地进行转租和转包，不得不经农户授权代表农户签订流转合同。

二、《农村土地承包经营权证》管理

原核发的《农村土地承包经营权证》，不符合规定或填写不规范的要换发；农户承包经营权证遗失或损坏，应按规定程序补发。按法定程序经批准进行调整而导致地块、面积变动的，承包双方应及时变更承包合同，县（市、区）政府应在承包经营权证上作变更登记，确保实际承包面积“四至”（指土地、住宅等四周的界限）与承包经营权证登记内容相一致。土地被全部征收，全家迁入设区的市转为非农业户口、承包户主动放弃承包经营权等情形。

三、农村土地管理

强化土地的集中统一管理，严格实行土地用途管制制度，杜绝随意出台土地优惠政策、滥占耕地、浪费土地资源等严重损害农民利益的行为。合理确定征用土地补偿标准，按照国家有关规定给予足额补偿，任何单位和个人不得截留、挪用。要积极开展征地制度改革的探索和试点工作，认真研究解决因土地被征占而失地的农民的生产、生活安置和社会保障问题，积极探索利用补偿费等农村集体土地收益为被征地农民办理社会保险等政策措施，有效解决失地农民的后顾之忧，确保社会稳定。

四、农村土地承包政策的贯彻落实

切实加强对农村土地承包法律、政策落实情况的监督检查，重点查处随意调整土地承包关系、乱圈滥占农户承包地、强迫农户流转土地，剥夺农户土地承包经营权等行为。对因农村土地承包政策不落实而引发的案（事）件，乡镇主管部门要积极配合纪检、监察部门，按照有关规定严肃处理；情节严重的，要追究当事人及上一级党政部门主要负责人的责任。

任务三 合同管理

任务目标：

（1）能够对纸质原始合同进行拍照或扫描上传电子影像文件，或导入原始电子发票，对单据电子影像进行识别与核验操作，按合同登记流程进行登记操作。

（2）能够利用三资管理的资源管理系统完成合同管理的相关登记的操作。

任务情境：

一、任务场景

东大堡村由于过去财务人员更换频繁，导致会计账簿、凭证等资料不全，这种状况也影响到了农村“三资”的管理，有关的合同管理混乱，给镇“农村三资”服务中心提供的资料也不及时、不准确，登记的台账管理不善。

二、任务布置

三资服务中心员工李明按要求完成合同资料的受理、登记等工作：

（1）受理提交合同管理的资料；

（2）审核办理合同登记需要提交的材料，保证其真实性、合法性。

（3）系统进行记载，登记合同，便于数据统计、跟踪。

任务准备：

一、知识准备

合同管理主要是建立“合同管理台账”，进行电脑录入，动态管理，通过台账掌握各村合同的基本内容、合同金额、合同履行情况等，及时发现违纪违规问题，统一招投标管理，对招投标过程进行记录和公布，接受社会监督，促进资源使用合理。

以农村承包土地管理合同为例。农村土地承包合同是农民获得土地承包经营权的法律保证，土地承包合同管理是稳定完善农村土地承包关系、维护农民合法权益的基础性工作。县、乡农经主管部门要严格依照法律法规和政策规定，加强农村土地承包合同管理，做好承包合同签订、鉴证、档案管理等工作。严禁强行解除未到期的承包合同，维护土地承包合同的严肃性。同时要做好宣传工作，教育农民严格履行承包合同约定的权利和义务。

二、业务要领（关键点）

（1）受理提交合同管理的资料。

（2）审核办理合同登记需要提交的材料，保证其真实性、合法性。

（3）系统进行记载，登记合同，便于数据统计、跟踪。

任务实施：

一、业务流程（见图6－2）

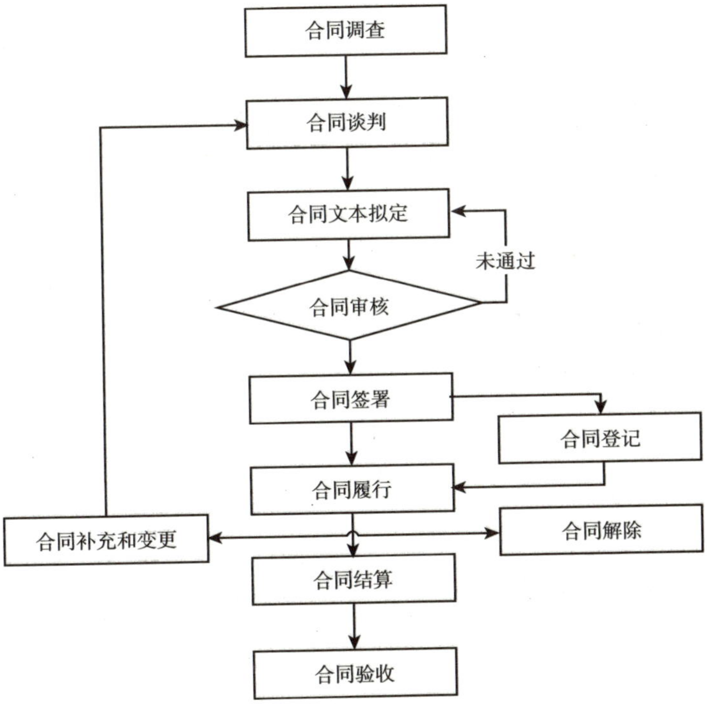

图6－2 合同管理业务流程图

二、业务案例

东大堡村由于过去财务人员更换频繁，导致会计账簿、凭证等资料不全，这种状况也影响了农村三资的管理，给镇“农村三资”服务中心提供的合同资料也不及时、不准确，登记的台账管理资料不完善，管理混乱。

今年，镇“农村三资”服务中心的领导下定决心改变三资管理基础工作薄弱、台账登记不完善、合同管理混乱的状况，先盘点目前存在的问题：一是“三资”的底子不清，各村有多少“三资”资源，情况不摸底。二是台账登记管理不全面，资金、资产还好些，而对于土地（机动地）、“四荒”等的登记就不全、不细。三是签订的有关“三资”的合同，各村未及时提交到镇“农村三资”服务中心。

这些问题的存在，一方面是工作水平和责任心的问题；另一方面，也有少数村干部不明“家底”也不想弄清“家底”，并因此以权谋私，送人情，搞暗箱操作的问题。比如某村发包鱼池 134 亩，4 年来既未向承包户签订承包合同，也未收取承包费，村里没有任何记录。

摸清底数之后，镇“农村三资”服务中心向各村下发通知，要求各村先自查有关“三资”的合同问题，漏签合同的情况，在规定时间内补签；合同资料不全的，限期补充完善。以上工作完成后，把本村全部合同资料提交给镇“农村三资”服务中心。

镇“农村三资”服务中心受理提交的合同管理资料后，审核其真实性、合法性，确定无误后在系统中登记台账，便于数据的统计、整理、跟踪。

任务评价：

“合同管理台账登记”任务评价表

工作内容清单		完成情况	评价等级
明确登记任务	明确合同登记范围		
	选择数据时间周期		
	下载清理表格模板		
采集或录入合同登记的数据	准确选择数据采集来源		
	采集导入		
	审核保存		
完成合同登记的账务处理	凭证生成及审核		
	凭证修改及查询		
查询各项合同的动态情况	合同分类明细表查询		
	合同变动明细表及统计表查询		

备注：能完成打“√”，对应等级为合格；不能完成打“×”，对应等级为不合格。

任务拓展：

资源承包租赁合同管理制度

加强合同管理的指导意见

（1）村级集体资源的有偿使用必须依法签订书面承包或租赁合同。

（2）合同文本要使用乡会计服务中心统一印制的制式合同。

（3）合同签订后，应及时将相关资料上报乡、村级集体资源管理办公室进行鉴证、备案。

（4）所有农村集体资源的承包、租赁合同必须纳入档案管理，明确专人负责，专盒、专柜存放。合同保存要达到“四防”要求，即防火、防潮、防虫、防盗。

（5）合同管理人员必须及时将纳入管理的合同资料，按要求进行收集、整理、登记、归档管理，防止资料的散失和损毁。

（6）合同的变更、转包、转让，必须经村委会同意，农民关注度高、涉及资金数额较大的重要合同必须经村民会议或村民代表会议同意，否则视为无效。

（7）村委会换届或合同保管人员变动，必须在 5 天内办理合同档案移交手续。

（8）未经村委会批准同意，任何人不得随意查阅、借阅合同原件。

（9）发生合同丢失、损毁事故，要追究合同保管人的责任。

承包合同书示范文本

实战演练

7 单元七 资源发包、流转及招投标业务处理

职业能力目标：

1. 知识目标

（1）了解《中华人民共和国招标投标法》《中华人民共和国招标投标法实施条例》《中华人民共和国村民委员会组织法》等相关法律法规。

（2）了解农村集体资源项目发包的政策和管理制度。

（3）了解农村集体资源转包、出租、转让、入股等流转政策和管理制度的主要内容。

（4）熟悉招投标业务流程，熟悉根据标准文本编制的招标方案、招标公告、招标合同和投标文件。

2. 技能目标

（1）能按预批、审批、发包、鉴证、公开等步骤执行资源发包业务处理及账务处理。

（2）能按签订协议、审批、鉴证、备案等步骤执行资源流转业务处理及账务处理。

（3）能够开展完整的招投标业务处理操作，同时按照招标与中标信息公告管理要求，熟练发布招标信息公告与中标信息公告。

3. 素养目标

（1）增强法律意识，维护国家利益，严于律己，爱岗敬业，保障国家集体财产安全。

（2）教育学生遵守法律法规，抵制诱惑，培养良好的职业道德和严谨认真的职业素养。

典型工作任务：

（1）编制资源发包项目。

（2）编制资源流转申请及合同文件。

（3）编制招标方案、公告、合同和文件。

（4）采集或录入资源清理的数据。

实施途径：

（1）通过学习农村集体资源项目发包的有关政策和管理制度，增强法律观念，依法办事。

（2）通过学习运用三资管理系统的业务处理方法，增强个人业务能力和爱岗敬业的意识。

（3）在招投标工作过程中培养严于律己，加强监督和作风，杜绝一切违法违纪行为。

（4）在资源数据的采集及录入过程中培养严谨细致的工作作风。

情境概览：

某县农村三资共享服务中心（以下简称“三资共享中心”）是为下属乡镇单位提供三资管理代理的中心，该中心共设四个工作岗位，即票据岗、核算岗、管家/审核岗和分析岗。

任务一　资源发包业务处理

任务目标：

（1）熟悉依据标准文本编制的资源发包项目申请、发包方案及合同文件。

（2）按预批、审批、发包、鉴证、公开等步骤执行资源发包业务处理。

（3）能够对各种资源发包业务进行账务处理。

任务情境：

一、任务场景

明光镇红石村制订了机动地发包方案（见图 7－1），需要三资共享中心按要求在平台发布发包方案。

农村集体机动地发包方案

为了保证我村集体资源完整，发包公开、公平、公正的原则，现制定如下发包方案：

1、村“两委会”立会，制订发包方案；

2、请示镇集体“三资代理”服务中心同意；

3、村民代表大会讨论发包方案通过表决；

4、镇集体“三资代理”服务中心复核、批复并委托评估组织评估作价、市经管局备案；

5、村内公示一周；

6、召开会议：公平、公正、竞价发包；

7、镇集体“三资代理”服务中心收取现金，资金存入农村集体资金收入专户；

8、签订合同、协议；

9、此方案一式两份，镇、村各一份。

明光镇　　红石村　　　　村负责人：

年　月　日

图 7－1　明光镇红石村机动地发包方案

二、任务布置

三资共享中心员工王杰按要求完成发包业务的处理：
（1）完成农村集体资源项目登记。
（2）编制资源发包项目申请、发包方案及合同文件。
（3）按预批、审批、发包、鉴证、公开等步骤执行资源发包业务处理。
（4）能够对各种资源发包业务进行账务处理。

任务准备：

一、知识准备

（一）相关知识

（1）资源主要包括：林地、耕地、园地、牧草地、水面等几大类。农村集体和居委会建设用地与其他单位、个人联营合作兴办乡镇企业，应当经农村集体成员会议 2/3 以上成员或成员代表会议 2/3 以上成员代表同意，并做会议记录。

（2）资源登记簿制度：法律规定属于集体所有的土地、林地、草地、荒地、滩涂等集体资源性资产，应当建立集体资源性资产登记簿，逐项记录。对可利用资源登记造册，建档立案，逐项登记，对资源管理实施全程监督，便于随时查询。资源性资产登记簿的主要内容包括：资源的名称、类别、坐落、面积等。实行承包、租赁经营的集体资源性资产，还应当登记资源承包、租赁单位（个人）的名称、地址，承包、租赁资源的用途，承包费或租赁金，期限和起止日期等。农村集体建设用地以及发生农村集体建设用地使用权出让事项等要重点记录。

（3）农村集体资源项目发包的政策和管理制度。建立“合同管理台账”，进行计算机录入，动态管理，通过台账掌握各村合同的基本内容和合同金额，以及合同履行情况等，及时发现违纪违规问题。

（4）“发包及上交收入”账户用于核算个人和单位因承包集体资源所上交的当年承包金、村（组）所属企业上缴利润的实现和结算情况。收到银行存款划转收入时：借记“银行存款”账户或“现金”账户，贷记“发包及上交收入”账户；结算尚欠款时：借记“内部往来”或“应收款”账户，贷记“发包及上交收入”账户。

（5）村级工程招标范围内的建设项目必须进行招投标或议标，任何组织不得私自建设、私自发包。禁止任何部门以专业为理由，强行承接工程项目。具体实施以市区及镇相关招投标或议标文件为准。

（二）相关法律法规

农村集体“三资”管理办法对供方资格预审文件、招标文件、采购合同等相关规定
《关于做好 2019 年农业生产发展等项目实施工作的通知》
《关于完善农村土地所有权承包权经营权分置办法的意见》

二、业务要领（关键点）

（1）登记资源的名称、类别、坐落、面积等。
（2）编制资源发包项目。
（3）按预批、审批、发包、鉴证、公开等步骤执行资源发包业务处理。
（4）对各种资源发包业务进行账务处理。

任务实施：

一、业务流程（见图7-2）

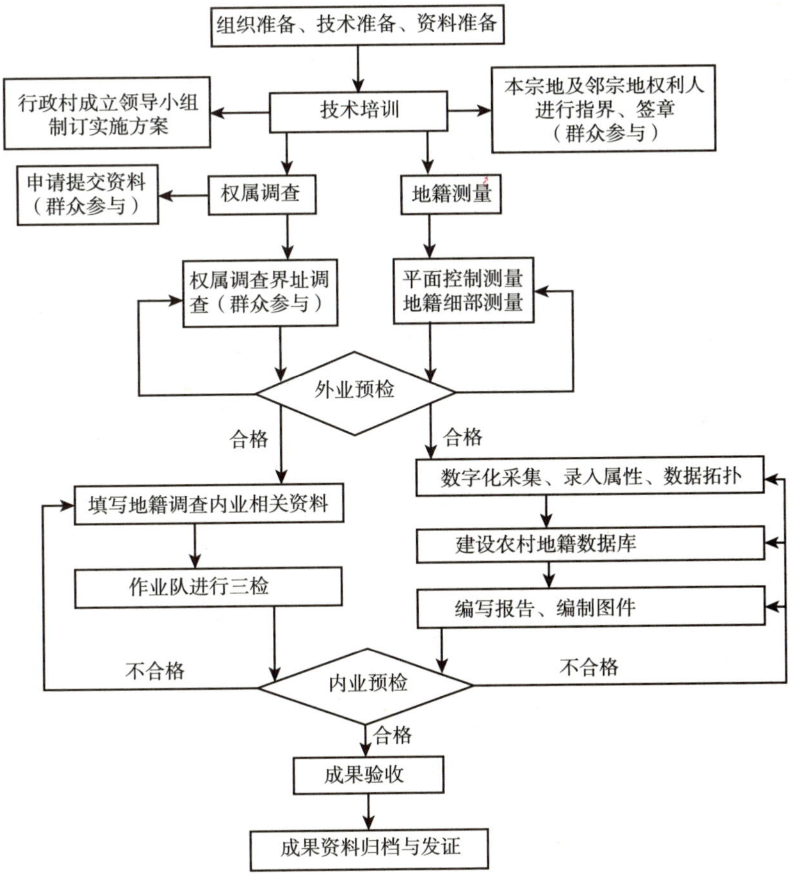

图7-2　资源发包业务流程图

二、业务案例

明光镇红石村有一块机动地，为了提高资源的使用效率，村党支部委员会与村民委员会（以下简称“两委会”）决定将其发包出去。为此，“两委会”进行了充分的组织准备、技术准备、资料准备，制定了工作步骤。

（1）在“两委会”的领导下成立了专项工作小组，查阅该机动地有关的权属、地籍等原有资料，并进行实地测量探察，在此基础上登记资源的名称、类别、坐落、面积等数据，形成该资源的完整资料。

（2）专项工作小组集体研究，拟定了《农村集体机动地发包方案》（以下简称《发包方案》），内容包含拟发包机动地的发包底价、承包期限、承包费缴纳方式等问题。形成的《发包方案》请示镇集体“三资服务”代理中心同意，并在村内公示一周。期间村民无异议。

（3）专项工作小组将公示结果及《发包方案》报经镇集体“三资服务”代理中心复核、批复。镇集体“三资服务”代理中心委托评估组织评估作价，报市经济管理局备案并安排员工编制该机动地资源的发包项目文件。

（4）镇“三资服务”代理中心员工王杰在平台上操作，按预批、审批、发包、鉴证、公开等步骤执行资源发包业务的处理，秉持公平、公正的原则竞价发标。确定中标人选后，签订机动地发包协议、进行资产交接。镇集体“三资服务”代理中心收取现金，存入村集体资金专用账户。

（5）发包业务完成后，红石村财务人员进行相关账务处理，资金使用情况接受全体村民及镇“三资服务”代理中心的监督。

农村集体资源项目发包工作流程图

任务评价：

“资源发包业务”任务评价表

序号	工作内容清单		完成情况	评价等级
1	登记资源	名称、类别、坐落、面积		
		承包、租赁单位（个人）的信息		
		准确选择数据时间周期		
2	编制资源发包项目	录入发包方案		
		录入合同文件		
		项目审核		
3	执行资源发包业务	预批、审批、发包		
		鉴证、公开		
4	发包业务账务处理	生成记账凭证		
		审核、修改		

备注：能完成打“√”，对应等级为合格；不能完成打“×”，对应等级为不合格。

任务拓展：

农村集体资产发包的七个流程

第一步，制订发包方案。村“两委”班子成员集体研究，提出拟发包的农村集体资产的发包底价、承包期限、承包费缴纳方式等问题，形成《发包方案》。按照“村财乡代管”的原则，涉及面比较广、价值比较大的农村集体资产发包，《发包方案》需要经过乡里审查批准。

第二步，表决和公告。《发包方案》提交村民代表会议进行表决，需要2/3以上的村民代表同意。表决通过后，在村子里公告。同时，明确公开竞价的时间和地点。

第三步，报名和缴纳保证金。想承包农村集体资产的单位或者个人，到《承包方案》指定的地点报名。同时，为了防止恶意竞价，村里要收取竞价保证金。期间，村里要依据《承包方案》，对报名的单位或者个人进行资格审查。审查合格的，发放《承包方案》或者《竞价方案》。

第四步，公开竞标。在《发包方案》规定的时间和地点，由经过审查，符合条件的报名人公开竞标，产生竞标结果。这个过程，通常情况下，乡里要派人全程参与监督，而且要全程录像。

第五步，竞标结果公示。竞标结束后，依据《发包方案》，在村里公示竞标结果，公布竞标人排名。公示期间，接受竞标人投诉，处理投诉问题。

第六步，签订承包协议。公示期结束后，没有反对意见，或者处理完了投诉问题。村里与实际中标人签订《承包协议》，按照《发包方案》规定收取承包费。同时，退还其他竞标人的竞标保证金。多数情况下，《发包方案》里应该规定两个内容：一是同等条件下，本村村民优先；二是同等条件下，原承包人优先。

第七步，资产交接。发包方，即村里组织农村集体资产新的承包人与原承包人到现场进行交接。村里、新承包人、原承包人要在《交接协议》上共同签字确认。

第八步，村里收取的承包费要坚持公开程序，经过村民代表会议表决，接受全体村民监督。

任务二　资源流转业务处理

任务目标：

（1）熟悉依据标准文本编制资源流转申请及合同文件。

（2）按签订协议、审批、鉴证、备案等步骤执行资源流转业务处理。

（3）能够对各种资源流转业务进行账务处理。

任务情境：

一、任务场景

还未开春，赤岭区青山镇开平村的村民张某，已经开始谋划农产品加工厂的建设了，工厂将建在村小学东侧的一块地上。这块2 300平方米的地不是张某自己家的，而是农村集体产权的一块“四荒”地，他刚刚通过网上竞拍的形式获得了使用权（模板见图7－3）。该市规定，农村产权流转交易及集体经济共有资产资源的交易，必须在网上进行公开竞价。张某竞拍获得使用权的这块地，也是该市开展农村产权流转交易后首批业务中的一宗项目。

农村集体资源承包合同

发包方：______村民委员会（以下简称甲方）

承包方：______________________（以下简称乙方）

1、乙双方根据《农业部农业承包合同条例》等有关法规、《农业部关于进一步加强农村集体资金资产资源管理指导的意见》（农经发[2009]4 号）等国家政策的规定和村民（村民代表）大会讨论通过的承包（租赁）方案，双方协商一致订立本合同：

一、 承包资源情况

甲方将其集体资源___________亩（详情见下表）承包给乙方从事（主营项目）_________________农业生产经营。

承包资源详细情况表

总面积_______亩，其中：水田_______亩，旱地______亩，林地亩，水面______亩，块数___块。						
资源名称	类别	面积	四至界限			
			东	南	西	北

注：资源类别指：水田、旱地、林地、水面等

二、 承包期限

承包期限为　　年，即　　年　　月　　日起至　　年　　月　　日止。

三、 承包价格与支付方式

承包费用采用现金支付方式（先交承包费后签订合同，一年一交），即：每亩每年由乙方支付给甲方承包费　　　　　元，每年共计　　元，大写（　　　　　　）人民币。

图 7－3

二、任务布置

三资共享中心员工王杰按要求完成资源流转业务的处理：

（1）依据标准文本编制资源流转申请及合同文件。

（2）按签订协议、审批、鉴证、备案等步骤执行资源流转业务处理。

（3）能够对各种资源流转业务进行账务处理。

任务准备：

一、知识准备

（一）相关知识

（1）农村集体资源转包、出租、转让、入股等流转的政策和管理制度。转包和出租是

指：承包方可以在一定期限内将部分或者全部土地承包经营权转包或者出租给第三方，承包方与发包方的承包关系不变。转包和出租的期限由转包方和第三方商定，但是不能超过承包的剩余期限。发包方和承包方的合同关系不变，转包或者出租行为不用经发包方同意，只需向发包方备案。出租和转包的区别是：①转包的期限可以超过20年，但是出租的期限不能超过20年；②出租后，未经同意，不得再转租。转让是指：承包方有稳定的非农职业或者有稳定的收入来源的，经发包方同意，可以将全部或者部分土地承包经营权转让给其他从事农业生产经营的农户，由该农户同发包方确立新的承包关系，原承包方与发包方在该土地上的承包关系即行终止。所以转让是自愿的，已经退出了原承包合同承包关系。入股是指：承包方之间为发展农业经济，可以自愿联合将土地承包经营权入股，从事农业合作生产。入股主要是为了农业合作社等联合体，发展规模农业经济，将承包经营权入股，以此获得农业收益。

（2）对未进行家庭承包的“四荒”地、果园、养殖水面等农村土地经村、组会议讨论研究，2/3以上村民代表同意，按公开、公平、公正的原则，可以采取招标、拍卖、协商等方式进行发包，承包方依法取得土地承包经营权证后，可以采取转让、出租、入股、抵押或者其他方式规范流转。

（3）资源承包、租赁合同管理制度：集体资源的承包、租赁应当签订书面合同或协议，统一编号、统一管理。合同应当使用统一文本，明确双方的权利、义务、违约责任等。上交的收入归集体经济组织所有，纳入账内核算并定期公开。经济合同及有关资料应及时归档并报乡镇农村经营管理部门备案。

（4）集体建设用地收益专项管理制度：农村集体建设用地是集体资产和资源的重要组成部分，其收益归集体经济组织所有，主要用于发展生产、增加集体积累、集体福利和公益事业等方面，改善农民的生产生活条件，不得用于发放干部报酬、支付招待费用等非生产性开支。农村集体建设用地收益要纳入账内核算，严格实行专户存储、专账管理、专款专用、专项审计监督。

（二）相关法律法规

根据《财政部税务总局关于租入固定资产进项税额抵扣等增值税政策的通知》（财税〔2017〕90号）：“四、自2016年5月1日至2017年6月30日，纳税人采取转包、出租、互换、转让、入股等方式将承包地流转给农业生产者用于农业生产，免征增值税。本通知下发前已征的增值税，可抵减以后月份应缴纳的增值税，或办理退税。”

二、业务要领（关键点）

（1）编制资源流转申请及合同文件。

（2）执行资源流转业务处理。

（3）资源流转业务账务处理。

任务实施：

一、业务流程（见图7-4）

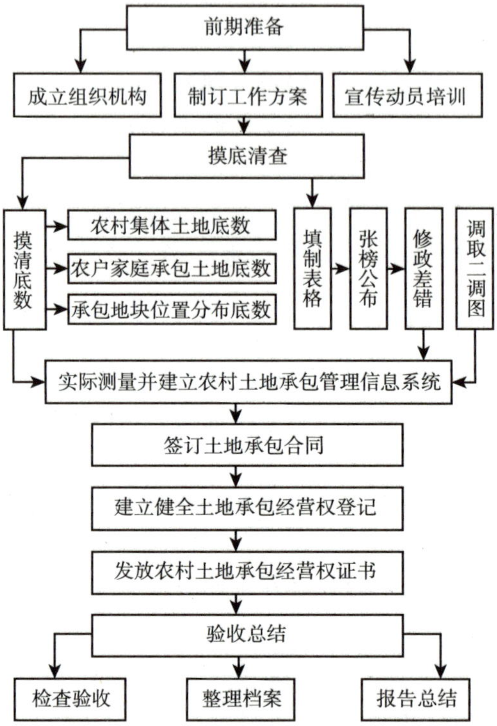

图7-4 资源流转业务流程图

二、业务案例

青山镇开平村有一块2 300平方米“四荒”地，经“两委会”讨论研究，决定承包出去用于农业产品生产经营，这一决定也得到了2/3以上村民的同意，于是开始启动前期准备工作。

在“两委会”的领导下成立了专项工作小组，制订工作方案，进行摸底清查，确定了该地是农村集体土地，无产权纠纷，随上报镇集体“三资服务”代理中心复核、批复。镇集体“三资服务”代理中心安排员工编制该块土地的资源流转项目文件。

镇“三资服务”代理中心员工王杰依据标准文本编制资源流转申请及合同文件，包含经营登记、流转信息、收付款计划等内容，然后秉持公平公正的原则安排网上竞拍活动。

经过紧张有序的竞拍流程，村民张某获得了该块“四荒”地的使用权，按照约定与村里签订了在土地上新建食品加工厂的合同，解决附近村民的粮食加工问题及吸收农村闲散劳动力就业。

资源流转业务完成后，开平村财务人员进行相关账务处理，资金使用情况接受全体村民及镇“三资服务”代理中心的监督。村委会保管有关合同文本，并做好整理归档。

流转合同示范文本

任务评价：

“资源流转业务”任务评价表

序号	工作内容清单		完成情况	评价等级
1	资源流转申请	申请		
		收付款计划		
		经营登记－流转信息		
2	编制资源流转合同文件	合同新增		
		合同确认		
		合同维护，完成修改、审批、变更、验收、终止、查询、预警等操作		
3	执行资源流转业务	业务确认		
		收付款管理		
4	资源流转业务账务处理	凭证处理、审核		
		资源查询		

备注：能完成打“√”，对应等级为合格；不能完成打“×”，对应等级为不合格。

任务拓展：

流转交易的具体范围

（1）集体所有的房屋、建筑物、机器设备、农业机械、农业基础设施、集体投资兴办的企业及其资产交易。

（2）集体经营性建设用地、宅基地使用权交易。

（3）集体机动地（校田地）承包经营；集体林地、草原、水面和“五荒”（荒山、荒地、荒草、荒水、荒滩）资源承包经营。

（4）农村集体受承包农户委托统一组织的土地经营权流转。

（5）村组集体水利设施使用权转让。

（6）村屯环境卫生管护、垃圾清运（冬季清雪）承包；绿化美化环境所需大宗物资采购。

（7）集体建设项目（工程）招标和产业项目招商（出租）等。

任务三　招标投标业务处理

任务目标：

（1）熟悉招投标业务流程，根据标准文本编制招标方案、招标公告、招标合同。

（2）能够按照招标与中标信息公告管理要求，熟练发布招标信息公告与中标信息公告。
（3）能够开展完整的投标业务处理操作。

任务情境：

一、任务场景

×市×镇丁村卫生所需要采购一批一次性透析用血液回路管，目前采购资金已落实，拟通过公开招标的方式确定供应商，完成医疗器械供货业务。

二、任务布置

三资共享中心员工王杰按要求完成招投标业务的处理：
（1）编制招投标方案、公告、合同和文件；
（2）招标业务处理；
（3）投标业务处理；
（4）发布招标信息公告与中标信息公告。

任务准备：

一、知识准备

（一）相关知识

（1）统一招投标管理，对招投标过程进行记录和公布，接受社会监督，促进资源使用合理。农村集体所有且没有采取家庭承包方式的耕地、林地、园地、草场、荒山、荒地、荒坡、荒滩、水面等资源承包、租赁的，其承包、租赁方案应经农村集体和居委会成员会议或成员代表会议讨论决定，并采取公开协商或者招标投标的方式进行。

（2）公开协商和招标投标制度：集体所有且没有采取家庭承包方式的土地、林木、山岭、园地、荒地、滩涂、水面等资源性资产的承包、租赁，应当采取公开协商或者招标投标的方式进行。以公开协商方式承包、租赁集体资源的，承包费、租赁金由双方议定。以招标投标方式承包、租赁集体资源的，承包费、租赁金应当通过公开竞标、竞价确定。招标方案必须履行民主程序。在招标中，同等条件下，本集体经济组织成员享有优先中标权。招标投标方案、招标公告、招标合同和相关资料应当报乡镇农村经营管理部门备案。

（3）土地流转中的合同与三资管理中的合同管理模块不相同。土地流转是专门管理土地流转的，合同管理一般是针对集体性资源、村级资产及政府采购、基建活动进行管理。

（二）相关法律法规

《中华人民共和国招标投标法》（中华人民共和国主席令第86号）（2017年修订）
《中华人民共和国招标投标法实施条例》（中华人民共和国国务院令第709号）（2019年）

二、业务要领（关键点）

（1）编制招投标方案、公告、合同和文件；
（2）招标业务处理；
（3）投标业务处理；
（4）发布招标信息公告与中标信息公告。

任务实施：

一、业务流程（见图 7－5、表 7－1）

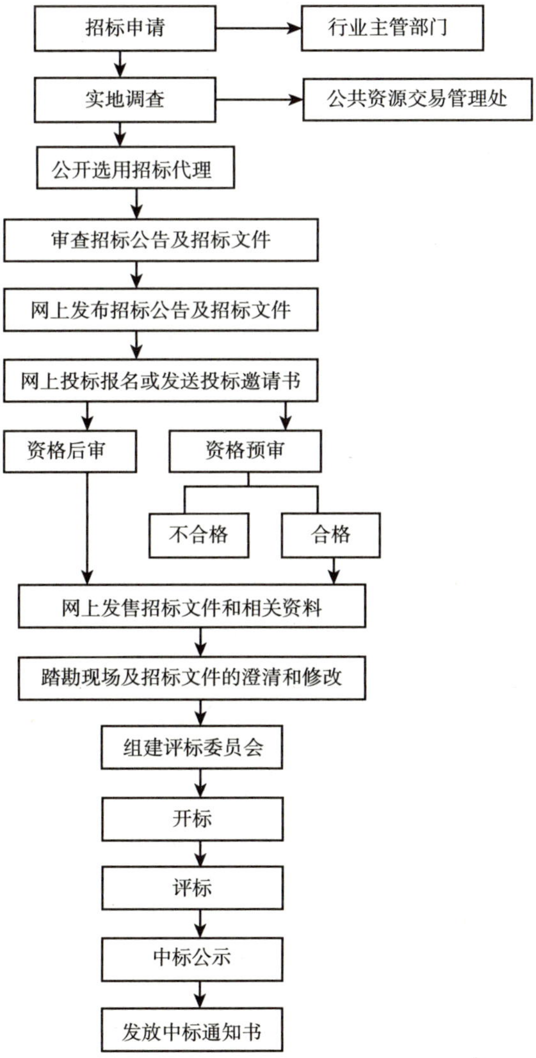

图 7－5　招标投标业务流程图

表 7-1 投标项目工作流程

序号	工作内容	责任人	备注
1	查询招标公告	全体	
2	联系报名	投标人	
3	编制标书	投标人	可找协助人
4	投标、开标、答疑	投标人	可找协助人
5	查询、领取中标通知书	投标人	
6	与甲方签合同	投标人、技术人	
7	与供货方签合同	投标人、技术人	
8	落实发货物流	技术人、投标人	
9	向财务请款支付	技术人、投标人	
10	接货检验	技术人	
11	送货、安装、调试、施工	技术人	
12	甲方验收	技术人	
13	甲方付款	技术人、投标人	
14	售后服务	技术人	

注：1. 投标小组负责人简称“投标人”，技术小组负责人简称“技术人”。
2. 责任人为 2 人的环节，第 1 人负主要责任。
3. 如有追加环节（例如对甲方提供培训），再酌情指定人员。

二、业务案例

招投标业务（招标文件登记表）

×市×镇丁村卫生所因业务需要，打算采购一批一次性透析用血液回路管，目前采购资金已落实，拟通过公开招标的方式确定供应商，完成医疗物资供货业务。

卫生所将所需医疗物资开列清单提交给村“两委会”备查，并根据清单草拟了一份招标方案，上报镇集体“三资服务”代理中心批复。镇集体“三资服务”代理中心安排员工审查方案内容，编制招标文件、招标公告，并在三资服务平台上发布，接受投标意向单位的咨询。

在村“两委会”和镇集体“三资服务”中心派员监督下，按照发包公告规定的时间和地点，由经过审查符合条件的报名人公开竞标，产生竞标结果并公示。中标单位按要求缴纳保证金，村卫生所审查该企业资质确认无误后，与其签订医疗物资供货合同。

供货单位按照合同规定的时间和规格要求送货，村卫生所验收无误后，支付该批医疗物资款项。

注：招标公告见【任务拓展】。

任务评价：

“招标投标业务”任务评价表

序号	工作内容清单		完成情况	评价等级
1	编制招投标方案、公告、合同和文件	准确选择投标与招标类型		
		准确录入相关信息		
		上传相关文件附件		
2	招标业务处理	审核方案		
		审核招标信息		
		招标付款		
3	投标业务处理	中标确认		
		收款确认		
4	发布招标信息公告与中标信息公告	发布招标信息		
		发布中标信息		

备注：能完成打“√”，对应等级为合格；不能完成打“×”，对应等级为不合格。

任务拓展：

一、供方资格预审文件

申领招标文件登记表

<table>
<tr><td>参与项目</td><td></td><td>项目编号</td><td colspan="3"></td></tr>
<tr><td>企业名称</td><td></td><td>项目负责人</td><td></td><td>联系方式</td><td>（可留多个）</td></tr>
<tr><td>通信地址</td><td></td><td>传　真</td><td></td><td>邮　箱</td><td></td></tr>
<tr><td colspan="3">参与项目所需资质条件</td><td colspan="3">是否符合条件（购买人勾选）</td></tr>
<tr><td colspan="3">（一）符合《中华人民共和国政府采购法》第二十二条资格条件：
1.具有独立承担民事责任的能力；
2.具有良好的商业信誉和健全的财务会计制度；
3.具有履行合同所必需的设备和专业技术能力；
4.有依法缴纳税收和社会保障资金的良好记录；
5.参加政府采购活动前 3 年内，在经营活动中没有重大违法记录；
6.法律、行政法规规定的其他条件。
（二）供应商成立时间截止投标时不少于 3 年，且为非外资独资或外资控股的企业。
（三）单位负责人为同一人或者存在直接控股、管理关系的不同供应商，不得同时参加同一包的采购活动。生产型企业生产场地为同一地址的，销售型企业之间股东有关联的，一律视为有直接控股、管理关系。供应商之间有上述关系的，应主动声明，一经核实，将给予列入不良记录名单、3 年内不得参加军队采购活动的处罚。
（四）本项目不接受联合体投标。</td><td colspan="3">符合□　　不符合□</td></tr>
<tr><td>备　注</td><td></td><td>申领人签字</td><td>（手签）</td><td colspan="2">电话：（可留多个）</td></tr>
</table>

二、招标公告

招标公告

我村卫生所就以下项目进行国内公开招标，采购资金已全部落实，欢迎符合条件的供应商参加投标。

项目名称：一次性透析用血液回路管采购项目

项目编号：HNYY－YYHC－2020－036

项目概况：

<table>
<tr><th>包号</th><th colspan="2">货物名称</th><th>技术要求</th><th>计量单位</th><th>年使用量</th><th>交货期限</th></tr>
<tr><td>1包</td><td colspan="2">一次性透析用血液回路管</td><td>详见具体内容阐述</td><td>根</td><td>500</td><td>自接到招标方通知后30天内</td></tr>
<tr><th colspan="2">技术参数类别</th><th colspan="5">具体内容阐述</th></tr>
<tr><td colspan="2">* 核心技术指标</td><td colspan="5">1. 血路管仅能一次性使用于体外血液净化
2. 产品应与麦森尤斯4008血液透析机使用，用于体外血液净化
3. 一次性使用，流动蒸汽灭菌</td></tr>
<tr><td colspan="2">• 关键技术指标</td><td colspan="5">1. 产品由废液收集袋，再循环接头，预冲器，传感器保护罩组成
2. 泵管规格8mm，动脉壶规格22mm，静脉壶规格22/30mm</td></tr>
<tr><td colspan="2">挂网情况</td><td colspan="5">本项目投标产品须为海南省集采平台挂网产品，否则按无效标处理</td></tr>
</table>

一、投标人资格条件

（一）符合《中华人民共和国政府采购法》第二十二条资格条件：

1. 具有独立承担民事责任的能力；
2. 具有良好的商业信誉和健全的财务会计制度；
3. 具有履行合同所必需的设备和专业技术能力；
4. 有依法缴纳税收和社会保障资金的良好记录；
5. 参加政府采购活动前3年内，在经营活动中没有重大违法记录；
6. 法律、行政法规规定的其他条件。

（二）供应商为在中华人民共和国境内合法注册的独立法人企业（注册满三年），且为非外资独资或外资控股企业。

（三）单位负责人为同一人或者存在直接控股、管理关系的不同供应商，不得同时参加同一包的采购活动。生产型企业生产场地为同一地址的，销售型企业之间股东有关联的，一律视为有直接控股、管理关系。供应商之间有上述关系的，应主动声明，否则将给予列入不良记录名单、3年内不得参加军队采购活动的处罚。

（四）本项目不接受联合体投标。

二、招标文件申领时间、地点、方式

（一）申领时间：2020年01月8日至01月14日（08：00—12：00，14：30—18：00）（北京时间、节假日除外）。

（二）申领方式：×市×镇网站下载或到丁村卫生所现场领取。现场领取时，投标人指定专人现场领取，不接受邮寄等其他方式。

（三）投标人申领招标文件时需提供以下材料：

1. 投标人申领招标文件前需在×市×镇网站注册并进行本项目投标报名，否则无法网上下载招标文件；

2. 营业执照、组织机构代码证、税务登记证复印件（三证合一提供营业执照即可）；

3. 法定代表人授权书（含法定代表人和被授权人身份证复印件）；

4. 严格按要求填写好的“申领招标文件登记表”。

上述所有材料每页均加盖单位公章，扫描为PDF格式打包为压缩文件作为邮件附件发送至受理人邮箱。邮件主题（项目名称——项目编号——公司名称），邮件内容要求（公司名称，授权代理人姓名及联系方式，传真号码，对接邮箱）。邮件主题、内容及附件必须严格遵守上述对于邮件主题、内容及附件的要求。受理人审核无误后，将允许投标人下载《招标文件》。

（四）《招标文件》申领受理人联系方式/招标人联系方式：

联系人：张工

电　话：010－30000000

邮　箱：zbzy@163.com

（五）因防疫工作要求，重点区域来办理投标等工作相关人员必须符合国家防疫政策，否则不予受理业务事宜。

1. 提交答疑截止时间、答疑回复时间。

提交答疑截止时间：2021年02月4日18时00分（北京时间）。

答疑回复时间：2021年02月8日18时00分（北京时间）。

2. 递交投标文件时间和截止时间及地点、方式。

递交投标文件时间：2021年03月5日09时30分至2021年03月16日10时00分（北京时间）。

投标截止时间：2021年03月5日10时00分（北京时间）。

递交投标文件地点：×市×镇网站下载或到丁村卫生所。

投标方式：指定专人递交投标文件，不接受邮寄等其他方式。

3. 开标时间、地点。

开标时间：2021年0月　日10时00分（北京时间）。

开标地点：×市×镇网站下载或到丁村卫生所。

4. 招标人联系方式。

联系人：黄工

联系电话：010－30000003

地　　址：×市×镇网站下载或到丁村卫生所

开户名称：×市×镇丁村村民委员会

开户银行：建行营业部（网转：建行×市×镇分行）

银行账号：37001000000000000301－2001（投标保证金缴纳账户）

任务四　资源清理

任务目标：

（1）了解有关资源管理的政策和管理制度，熟悉资源管理的范围和流程。

（2）正确地采集或录入资源清理的数据。

（3）能够完成资源清理的账务处理。

（4）能够随时查询各项资源的清理处置等动态情况。

任务情境：

一、任务场景

2020 年末，镇集体“农村三资”服务中心进行资源清查工作，对所有农村三资资源清理情况进行采集、录入，完成有关账务处理，如表 7－2 所示。

表 7－2　　资源清查登记表

资源类型及名称		坐落位置	总面积	依法家庭承包面积	集体经营		承包经营					对外投资				其他占用方式			备注
					面积	年收益	面积	承包人	承包起止时间	年承包金额	支付方式	面积	年投资收益	支付方式	投资对象	已利用	闲置		
																面积	面积	评估年收益	
一	耕地																		
1																			
2																			
3																			
4																			
二	林地																		
1																			
2																			
三	园地																		
1																			
2																			
四	四荒地																		
1	荒山																		
2	荒沟																		
3	荒丘																		
4	荒滩																		
五	草地																		
1																			

二、任务布置

中心员工王杰按要求完成期末资源清查工作：

（1）采集或录入资源清理的数据。

（2）完成资源清理的账务处理。

（3）查询各项资源的清理处置等动态情况。

任务准备：

一、知识准备

（1）在农村集体资产中，清查资源是对资源进行全面摸底、计量、盘点、核实、登记，全面摸清资源存量、种类和分布情况。对有账无物、有物无账的，要分清情况，分类妥善处理；对产权不清、存在纠纷的，要依据有关规定作出权属界定；对无原始凭证的资源和涉及金额较大的资源按规定进行评估、重估。

（2）清理合同。对历年来的经济承包合同进行清理登记，查清承包期限、合同价款、合同履行等情况。对违反政策法规和显失公正的承包合同，通过法定程序予以变更、撤销或解除；在清理规范合同的基础上，建立合同管理档案，监督合同履行情况。

（3）清理债权债务。全面摸清村级债权债务状况，逐笔进行核对、登记，并向全体村民公示；对已形成的不良债务，要认真清查确认，通过采取清理往来、盘活集体资产、整顿高息借贷、剥离企业债务等多种形式进行化解。

二、业务要领（关键点）

（1）采集或录入资源清理的数据。

（2）完成资源清理的账务处理。

（3）查询各项资源的清理处置等动态情况。

任务实施：

一、业务流程

资源清理业务流程见图 7－6。

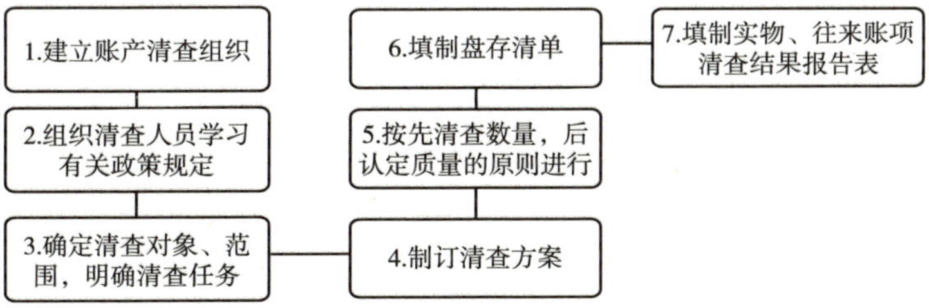

图 7－6　资源清理业务流程图

资源清理业务处理

二、业务案例

2021 年 11 月，镇集体“农村三资”服务中心进行资源清查工作，对辖区农村三资资源情况进行采集、录入，完成有关账务处理，并进行平台数字化处理，方便有工作需要的单位和个人随时查询。

为了顺利完成资源清理工作，各村“两委会”指派 1 名负责人与镇集体“农村三资”服务中心工作人员王杰对接，共同建立三资财产清查小组。清查小组建立后，首先组织全体成员学习有关政策规定，做到心中有标尺，然后确定清查对象、范围，明确清查任务，在此基础上制订清查方案。

根据清查方案开展具体工作，按照先清查数量、后认定质量的原则进行清查，在全面掌握情况的基础上填制盘存清单，并编制实物、往来账项清查结果报告表。清查小组对历年来的经济承包合同进行清理登记，查清承包期限、合同价款、合同履行等情况。全面摸清村级债权债务状况，逐笔进行核对、登记，尤其对已形成的不良债务，要认真清查确认，设法挽回损失。

经过一个多月的辛勤工作，财产清查小组圆满完成了任务，在服务平台上建立了资源清理台账，可以按照资源分类明细、资源变动明细、资源处置动态等条件随时查询数据。

任务评价：

“资源清理”任务评价表

序号	工作内容清单		完成情况	评价等级
1	明确清理任务	明确资源范围		
		选择数据时间周期		
		下载清理表格模板		
2	采集或录入资源清理的数据	准确选择数据采集来源		
		采集导入		
		审核保存		
3	完成资源清理的账务处理	凭证生成及审核		
		凭证修改及查询		
4	查询各项资源的清理处置等动态情况	资源分类明细表查询		
		资源变动明细及统计表查询		

备注：能完成打“√”，对应等级为合格；不能完成打“×”，对应等级为不合格。

任务拓展：

农村集体资源管理制度

1. 资源登记簿制度

法律规定属于集体所有的土地、林地、草地、荒地、滩涂等集体资源应当建立集体资源登记簿逐项记录。资源登记簿的主要内容：资源的名称、类别、坐落、面积等。实行承包、租赁经营的集体资源，还应当登记资源承包、租赁单位（个人）的名称、地址，承包、租赁资源的用途，承包费或租赁金，期限和起止日期等。农村集体建设用地以及发生农村集体建设用地使用权出让事项等要重点记录。

2. 公开协商和招标投标制度

集体所有且没有采取家庭承包方式的荒山、荒沟、荒丘、荒滩，以及果园、养殖水面等集体资源的承包、租赁，应当采取公开协商或者招标投标的方式进行。以公开协商方式承包、租赁集体资源的，承包费、租赁金由双方议定。以招标投标方式承包、租赁集体资源的，承包费、租赁金应当通过公开竞标、竞价确定。招标应当确定方案，载明招标人的名称和地址，明确项目的名称、数量、用途、期限、标底等内容；招标方案必须履行民主程序。在招标中，同等条件下，本集体经济组织成员享有优先中标权。招标投标方案、招标内容、招标合同和相关资料应当报乡（镇）财经所备案。

3. 资源承包、租赁合同管理制度

集体资源的承包、租赁应当签订书面协议，统一编号，实行合同管理。合同应当使用统一文本，明确双方的权利、义务、违约责任等。上交的收入归集体经济组织所有，纳入账内核算并定期公开。经济合同及有关资料应及时归档并报乡（镇）财经所备案。

4. 集体建设用地收益专项管理制度

农村集体建设用地是集体资产和资源的重要组成部分，其收益归集体经济组织所有，主要用于发展生产、增加集体积累、集体福利和公益事业等方面，改善农民的生产生活条件，不得用于发放干部报酬、支付招待费用等非生产性开支。农村集体建设用地收益要纳入账内核算，严格实行专户存储、专账管理、专款专用、专项审计监督。

实战演练

8 单元八 综合管理

职业能力目标：

1. 知识目标

（1）了解农村集体经济组织内部控制制度；

（2）了解农村集体经济组织财务公开制度；

（3）了解农村集体经济组织绩效管理制度；

（4）了解农村集体经济组织会计档案管理制度；

（5）掌握绩效计划制订、执行与评价的要求及方法。

2. 技能目标

（1）掌握农村集体经济组织内部控制制度、财务公开制度、绩效管理制度、会计档案管理制度等制度管理、查询及执行；

（2）能够进行绩效计划的制订与评价报告的编制。

3. 素养目标

（1）养成爱岗敬业、维护国家利益、诚实守信、热爱劳动的品格，履行道德准则和行为规范。

（2）培养坚持准则，不做假账，诚实守信的会计职业道德。

典型工作任务：

（1）能够根据案例完成对内部控制制度、财务公开制度、绩效管理制度以及会计档案管理制度的分析与制定；

（2）绩效制订、执行与评价。

实施途径：

（1）通过各项制度的学习，便于参与管理、强化服务意识；

（2）通过各项制度的学习，宣传党的廉洁自律准则，反对享乐主义、奢靡之风，促成清正廉洁的政治本色；

（3）通过学习绩效制订、执行与评价，培养良好的职业道德。

情境概览：

农村集体经济组织是在行政村范围内，在土地等基本生产资料公有制基础上，由农民自愿联合，以联产承包责任制为主要形式，以从事经济活动为主，同时兼有社区管理职能的农村基层管理单位。在农村集体经济组织中，最高权力机构是农村集体经济组织成员大会或成员代表大会，决定村经济、财务和社区管理中的重大事项，村民委员会及农村集体经济组织是成员大会或代表大会的执行机构。

一、社会地位

双重身份的政权组织：一是管理和经营农村集体经济活动（称为农村集体经济组织）；二是管理和服务农村社会事务（村民委员会）。

二、农村集体经济组织的主要任务

（1）对承包户进行土地等主要生产资料承包经营的发包、土地使用、承包费用收取等管理工作。

（2）对农户（包括承包户、专业户）和其他经济组织（如村办企业、联营企业、农民专业合作社和农民家庭工厂等）进行组织协调和管理。

（3）贯彻落实国家对农村的各项政策，如计划生育政策、支农惠农政策、推行社会保障制度等。

（4）管理农村集体经济组织所有的集体资产，承担集体经济积累，兴办集体福利，实施村社区管理等。

三、农村集体经济组织的特征

根据农村集体经济组织演变过程，结合农村改革以来农村集体经济组织的实践发展，与其他相关组织相比，农村集体经济组织具有如下基本特征：

（1）以农民集体土地所有权为基础。从起源看，农村集体经济组织是以农民集体土地所有权为基础建立的，每个农村集体经济组织都建立在特定地域范围内农民集体所有土地的基础之上。

（2）具有地域性（社区性）。农村社区集体是按照农村一定地域即村组边界划分的，村组边界范围内的土地是集体的地域基础。

（3）具有唯一性与排他性。农村集体经济组织既然以农民集体所有的土地为基础，而特定地域范围内的土地只能由该地域范围内的农民集体所有，基于土地所有权的排他性，特定地域范围内只有一个农民集体土地所有权，只能成立一个农村集体经济组织，因而，每一个农村集体经济组织在特定地域范围内都是唯一的、排他的。

（4）成员具有相对封闭性与变动性。农村集体经济组织的地域性，决定了其成员只能是特定地域范围内享有集体土地所有权的农民，是一个相对封闭又不断变化的集体。

一方面，集体经济组织成员对外具有封闭性，只有特定地域范围内的村民，通常是长期居住、生活并且以该地域农民集体所有的土地为生活保障的村民及其后代，才能成为集体经济组织成员，该地域范围以外的村民不是集体经济组织成员，从外地进入该地域的人员一般也不能成为集体经济组织成员。

另一方面，集体经济组织成员对内又具有开放性。从成立初级合作社开始，农民以户为单位加入合作社，农户家庭人口的数量在不断变化，合作社社员数量也随之变化。

（5）具有相对稳定性。普通企业在经营过程中可能因经营不善等破产。但农村集体经济组织建立在农民土地集体所有权的基础上，坚持农村土地集体所有制又是一条不可逾越的红线，一旦农村集体经济组织破产，就可能处分农民集体所有的土地，从而影响农村土地集体所有制。为维护农村土地集体所有制，农村集体经济组织就不能像普通公司、企业那样随意破产，即农村集体经济组织具有相对稳定性。因此，农村集体经济组织不能像普通企业那样随意破产、解散和清算。

任务一　农村集体经济组织内部控制制度

任务目标：

（1）了解农村集体经济组织内部控制制度。

（2）了解规范的内部控制制度工作流程。

任务情境：

一、任务场景

20××年，小林村所在的×镇东湖街道在开展党风廉政领域的“三资”管理专项巡察时发现，该村至少有177万余元集体资金去向不明。

纸总是包不住火的。俞金多平时的豪赌行径，立马引起了巡察组的注意。当巡察组找俞金多谈话时，俞金多承认了自己挪用资金用于赌博的情况，但对具体数额却已记不清了。

“完全当成了自留地。”巡察组成员感叹。后经全面审计，俞金多自2011年起，利用职务之便，采用取现不入账、取息不入账、修改支票存根的取款金额等方式，套取村级集体资金数额达519万余元之巨。“赌债越欠越多，有时债主逼得紧了，我就从村里拿些钱先还上，省得他找到单位来。”俞金多在接受审查时说：“有时候我会编理由多报一些，有时直接更改审批单的金额，这部分多出来的钱被我用掉后，我就入在库存现金科目中。”库存现金科目主要是记录村里暂时未发放的钱或未能及时入账的票据，俞金多就是借村重点工作期间产生的死账、坏账来蒙混过关的。

这些被套取的集体资金，都被俞金多用于赌博和归还赌债。至案发时，俞金多还有140万元银行贷款未归还，每月需支付约1万元利息，需每月归还民间借贷约1万元，都是通过蚕食农村集体资金用来支付的。

二、任务布置

中心员工王杰按要求完成以下业务的处理：

(1) 完善农村集体经济组织内部控制制度。

(2) 在相关制度的标准下审核农村集体经济组织内部控制流程。

任务准备:

一、知识准备

(一) 现金管理制度

(1) 钱账分管制度。坚持管钱的不管账，管账的不管钱的原则。非出纳人员（报账员）不得经管现金收、付和现金保管业务。

(2) 现金开支的范围。①支付员工工资；②支付差旅费；③支付日常零星费用；④支付运杂费。

(3) 现金必须及时入库。农村集体收入的现金，应于当天缴入村级财务集中收付中心指定的专用账户，不得挪用、挤占和公款私存银行。

(4) 坚持日清日结。出纳员（报账员）办理现金出纳业务，必须及时登记现金日记账，做到按日清理、按日结账，结出库存现金账面余额，并与库存现金实地盘点数核对相符，是避免出现长款、短款账实不符的重要措施。如有长款、短款，应查明原因，属于账务的错误及时更正，属于人员工作疏忽或业务水平问题，一般应由过失人赔偿。

(5) 坚持现金盘点制度。应由领导以及有关业务人员定期抽查盘点，重点检查账实是否相符，有无白条抵库、有无私借公款、有无挪用公款、有无账外资金等违纪行为。

(6) 规定库存现金限额。根据农村集体的具体情况，库存现金限额为1万元，不得随意增加。

(二) 与中心往来账管理

(1) 根据中心支付员已经支付的支付申请单农村集体留存联，报账员须及时登记支出，据中心收入征缴员已经入账并打印的收入汇总清单农村集体留存联及时登记收入。

(2) 定期与村级集中收付中心对账，发现错误及时纠正。

(三) 票据管理制度

(1) 农村集体使用的票据《农村合作经济组织内部结算凭证》，是唯一的合法票据。

(2)《农村合作经济组织内部结算凭证》由村级财务集中收付中心票据管理员负责管理，报账员根据一定程序领取1~2本内部结算凭证，用完一本上交中心核销一本。

(3) 农村集体申领的《农村合作经济组织内部结算凭证》由报账员保管及使用，不得转借、转让、代开，不得拆本使用，不得自行扩大使用范围。

(4) 农村集体出租房屋厂房、发包土地水面及其他资源；提供劳务或从事其他经营活动，收取款项，必须向付款方开具内部结算凭证。农村集体从事生产、经营活动中购买商品，接受服务或其他经营活动，而支付款项，应向收款方取得发票。开具内部结算凭证时，按号码顺序填开，填写项目齐全，内容真实，字迹清楚，全部联次一次复写，并在发票联加盖单位财务章或公章。如有错开票据，必须保持票据三联齐全并加盖作废章。

（四）内部牵制制度

报账员负责办理现金收付和银行业务，登记现金和与中心往来日记账，保管库存现金和有价证券，保管有关印章、空白票据和支票。报账员不得兼管凭证生成、凭证审核、记账、报表生成等工作。

报账员负责登记中心统一的各类台账，中心将不定期抽查台账登记情况及重点查看台账附属资料的完备情况。报账员对不符合报账要求的原始凭证有权拒付。具体报账要求如下：原则上必须发票入账（500 元以下的零星开支允许使用统一印制的自制凭证），发票审批手续齐全并加盖村民理财小组章。单笔金额在 5 000 元（包括 5 000 元）以上的在经办人签字的基础上实行书记和村主任联合签字。而工程款必须附审计报告及工程合同且有工程负责人签字。

（五）资产处置制度

（1）向镇集体资产管委会提出书面申请。

（2）处置单位必须对拟处置资产进行清查，做到账、物等齐全、准确，单位负责人和清查人对清查结果的真实性、准确性负责。

（3）清查完成，由农村集体编制资产处置方案并召开村民代表大会讨论决议。

（4）向镇集体资产管委会提交处置报告、清查结果、处置方案及会议记录，镇集体资产管委会通知镇集体资产管理办公室进行复核。

（5）镇集体资产管理办公室把复核结果报镇集体资产管委会，由其对资产处置进行审批并报区农村集体资产管理办公室备案。

（6）对处置结果在村务公开栏中进行公示。

村级集体资产处置流程如图 8－1 所示。

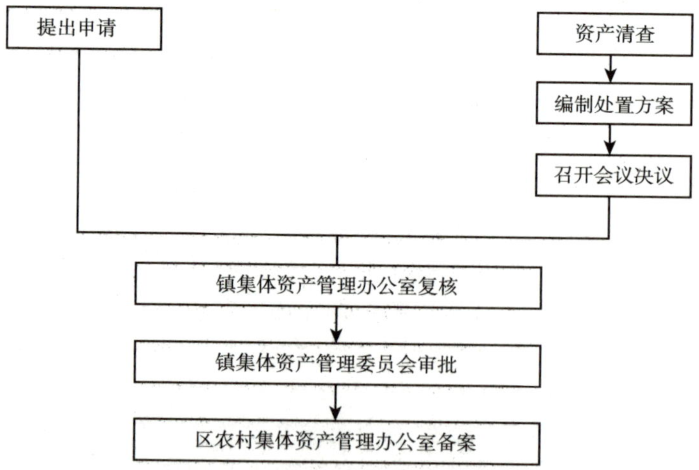

图 8－1 村级集体资产处置流程图

二、业务要领

（1）完善内部控制制度。
（2）审核内部控制流程。

任务实施：

20××年，小林村所在的×镇所有农村集体财务都已实行“三资”委托代理，其中多数村已经完成产权改革，成立了股份经济合作社，部分村尚在进行。通过清查，发现上述两类农村集体在内部控制中均存在不少问题。在开展党风廉政领域的“三资”管理专项巡察时发现由于内部控制制度不够完善，导致一系列腐败问题的出现。

针对以上情况，建议从内外两方面完善监督。首先，从农村内部来说，可以考虑成立村民审计监督委员会，同时要保证其监督职能的充分发挥。其次，从外部环境来说，从司法、社会和舆论的角度，共同形成一种公平的环境。鼓励农村建立健全内部控制制度，并要求农村充分披露内部控制信息。可以通过制定相关法律法规对上述内容进行强制，并对违法行为进行惩处。还应当充分重视外部咨询机构的作用，制定相关制度保障外部咨询机构的独立性并提高其从业人员的职业道德。

任务评价：

“农村集体经济组织内部控制制度”任务评价表

工作任务清单	完成情况	评价等级
正确分析农村集体经济组织内部控制制度出现的问题		
完善农村集体经济组织内部控制制度		

备注：能完成打“√”，对应等级为合格；不能完成打“×”，对应等级为不合格。

任务拓展：

一、财务控制的基本原则

（1）相互牵制的原则：①在划分经济业务管理机构和管理岗位时，要使不相容职务应相互分离；②在设置不同机构、岗位的职责权限时，要使它们形成相互制约的责权关系。

财务内部控制

（2）广泛约束原则：制度设计上要考虑周全，不留漏洞，全员遵守和全员监督。

（3）坚持适用的原则：符合本村情况，使之可操作，并符合法规和上级管理部门的要求。

二、财务控制的内容

（1）货币资金类资产（通过制定产品销售、物资采购控制来实现）。

（2）库存物资和农业资产类。

（3）预算控制类。

（4）对外投资控制类。

每一类控制制度要将其控制办法、管理流程和责任人包含在内。

三、财务管理制度的构成

（1）执行统一的财务制度：《村集体经济组织会计制度》《农村集体经济组织财务制度》。

（2）内部财务管理制度：各村依据统一制度制定的村内部财务管理制度，并根据情况及时修订。

四、内部财务管理制度的组成内容

①财务报销管理制度。②物品购销管理制度。③固定资产管理制度。④现金管理制度。⑤产品销售管理制度。⑥财产清查制度。⑦财务会计岗位职责。

五、财务风险的特点

农村风险比其他行业多出了自然灾害风险。

（1）商品价格风险的防范：参加农业保险、签订农产品远期销售合约等。

（2）财务操作风险（主要防范人的因素）：防范未授权交易、防范不履行正常程序私自决定的情况发生；防范主观上欺诈和违法乱纪行为。

六、防范风险的主要措施

（1）完善财务控制制度建设，以制度管人管事。

（2）关键岗位的管理人员要定期轮岗并加强培训。

（3）管理层要重视关键岗位的业务运行控制，并及时获得业务动态信息，发现问题及时解决。

任务二　农村集体经济组织财务公开制度

任务目标：

（1）了解农村集体经济组织财务公开制度。

（2）掌握财务公开制度下的会计核算。

任务情境：

一、任务场景

随着科学技术的进步，财务信息化内容更加丰富，很多地方都搭建了“三资”管理网络平台，其中一些地方还尝试了更深一步的探索，取得了一定成效。其中虎门镇借助“东莞村财”App平台，实现集体资产管理人员随时随地办公，村民股民在线查询本村财务公开数据、参与民主决策，竞投人在线报名、缴纳保证金和网上竞投，承租人随时随地掌握合同状态、线上缴纳租金，真正做到了“贴身”服务。在新冠肺炎疫情期间，在人员无法聚集的情况下，财务公开、民主表决、资产交易等业务如常运转，社区集体经济运行稳定。一些地方通过给农村集体办理银行卡，实现村级收支不使用现金，加强村级集体资金保护。晋江市通过发行“村务卡”，给每个村配置了财务专用手机，实现财务收支“网上留痕、网上监管”。江苏省南京市建立覆盖各区、镇、村的农村集体“三资”监管综合平台，与银行业务平台等互通直联，村级公务日常支出和报销都使用村务卡，杜绝了坐收坐支、虚报冒领等违纪违规行为，实现了用大数据护航村级资产。还有地方针对坐收坐支、以据抵现、不规范现金支付等顽疾，大力推进“去现金化”改革。浙江省绍兴市柯桥区通过“去现金化”改革，给村级开通网上银行“一码通”业务，实现“一码”扫描入账，既减少了报账员往返银行次数，又把支付审批事项从事后变为事前，管理更便捷、监督更高效，可谓一举两得。

二、任务布置

中心员工王杰按要求完成以下业务的处理：

（1）完善农村集体经济组织财务公开制度。

（2）在相关制度的标准下审核农村集体经济组织财务公开制度。

任务准备：

一、知识准备

（一）财务公开管理制度

财务公开的形式：各村要坚持实际、实用、实效的原则，在便于群众观看的地方设立固定的财务公开栏，同时还可以通过广播、民主听证会等其他有效形式进行财务公开。

（二）财务公开的内容

（1）财务计划：包括财务收支计划、固定资产购建计划、农田基本建设计划、兴办企业及资源开发投资计划、收益分配计划等。

（2）各项收入：包括财政转移支付收入、发包及上交收入、集体统一经营收入、一事一议筹资筹劳、土地补偿费、救济、扶贫款、罚没款物等其他收入情况。

（3）各项支出：包括生产性建设支出（包括购建生产性固定资产支出）、公益福利事业支出（包括购建公益性固定资产支出）、村干部补助及奖励、集体统一经营支出、救济、扶贫专项支出、村办公经费等明细项目支出、五保户供养支出、罚没款物等其他支出情况。

（4）各项财产：包括现金及银行存款收支情况、库存物资、固定资产、对外投资、资源及项目发包、资源及项目租赁情况、其他财产。

（5）债权债务：包括内部往来、外部单位和个人往来、银行（信用社）贷款、其他债权债务。

（6）收益分配及其他事项：包括公积公益金的提取和使用收支情况；年终收益分配。

（三）财务公开的程序

农村集体经济组织公布的财务账目必须真实可靠，公开前必须经过民主理财小组的审核，公开榜必须由村委主任、乡会计服务中心总会计、民主理财小组组长签字、加盖民主理财审核印章后，以农村集体经济组织的名义公布，公布的材料必须存档。村纪检监督小组负责对公开的内容、公开的时限进行监督。

（四）财务公开时间

全面详细的财务情况每年固定公开两次，一次是本年的 7 月 15 日，另一次是次年的 3 月 25 日。一般的财务事项至少每季度公布一次，涉及农民利益的重大问题以及群众关心的事项要及时公开。集体财务往来事项较多的村和实行了三资管理网络平台的村，财务收支情况应每月公布一次，接受村民监督。

（五）财务公开要求

（1）村级财务公开表，要统一格式，必须有电脑生成打印的公开榜。

（2）重要事项，事前、事后双公开。

（3）常规事项，按月或按季定期公开。

（4）特殊事项，随时发生随时公开。

（5）跨年度事项，当年按进展情况公开，结束时一次性公开。

（6）张榜公布的财务资料要求保留 15 天以上。

【思政案例】

云南临沧临翔区：多举措让村集体越来越富

云南省临沧市临翔区把发展壮大农村集体经济作为巩固脱贫攻坚成果接续推进乡村振兴的重要抓手，通过集体土地租赁、集体厂房出租、与企业合作等不同发展模式，广泛整合项目来源，不断提高村集体经济收入水平。

临翔区蚂蚁堆乡曼亳村是临翔区深度贫困村，有农户 524 户 2 215 人，在 2019 年底脱贫以前，村里唯一的集体经济来源是170亩的茶园土地租金，每年8 000元。实现脱贫出列后，村委想方设法要让村里富起来，便使用沪滇协作资金建造起了村集体养鸡场。养鸡场投资60万元共建设800多平方米，于2020年出租给企业进行使用，每年可出栏约4万只鸡，曼亳村从中进行分红。曼亳村第一书记罗仕平说："我们村按养鸡场收入的5%来分红，每年有3万块钱的村集体收入，村民们到养鸡场务工也增加了收入。"

为发展壮大农村集体经济，曼亳村还以厂房的形式入股缅宁府肉食品加工厂400万元，向建盖在曼亳村的茶企投资55万元进行分红，加上集体公益林和商品林等多方面的收入，2021年，曼亳村集体经济收入达37.85万元。曼亳村根据《临翔区村级集体经济收益分配管理办法（试行）》，将资金用于扩大再生产、服务群众专项经费、补充村级组织运转经费、村组干部绩效奖励4个方面。

"每个季度，我们的监督委员会都到每个小组进行'三资'公开。"曼亳村第一书记罗仕平说："我们会把资金来多少、分多少、剩多少，全部告诉老百姓，让老百姓清楚村里资金的来龙去脉。"

2021年，临翔区89个行政村集体经济经营性收入达2 975万元，村均收入达33.4万元。目前，临翔区累计实施村集体经济项目186个，累计带动集体经济增收1 500余万元。

二、业务要领

（1）分析案例。

（2）完善财务公开制度。

任务实施：

××镇位于×市驻地南100公里处，紧邻胜利河畔，共有158 700人，近年来，该镇坚持以党建为引领，因镇施策创新发展"六促一保"增收模式，有效提升了农村集体经济收入。2021年该镇农村集体总资产67.7万元，总收入66.1万元，股权总数1 546股，发放股权证542本。

该镇高标准开展村级农村财务规范管理试点工作，全面提升村级财务管理规范化水平，搭建三资管理网络平台，为农村集体持续稳定增收提供了有力保障。一是办公建设标准化。对村级财经办公场所进行标准化提升，高标准建设了农经服务大厅，设立标准化档案室，配备电脑、打印机、扫描仪等设备。二是财务管理规范化。制定村级报账流程图，实现报账流程信息化、智能化。统一财务收支管理，农村集体所有收入实现后2日内必须上交镇代管，实行收支两条线。所有村建立资产台账和资源登记簿，资产、资源管理严格按照村级事务规范化相关规定执行，有效规范了农村集体资产、资源运营、外置。三是财务公开制度化。明确公示时间，农村集体每月在审计下账2日内将上月财务活动情况进行公示，每年的7月10日和1月10日对半年、全年的财务活动进行公示。利用手机微信群、互联网终端大屏等信息化手段加强村级财务公开，确保村级财务公开不流于形式。四是村财镇管电算化。制定农村集体三资管理信息平台使用制度，探索推进村级集体经济组织开设股份经济合作社银行基本结算账户和“村务卡”银行卡片，全面实行农村财务管理电算化。村级资金由乡镇核算中心开设的村级财务代理银行账户统一管理，按村核算。五是审批管理便民化。开发运行“智慧农经”信息化监管平台，实现村级财务签字、公章使用审批等便民措施线上运行，能盖村级便民服务章。开通“银农直联”系统，所辖农村集体经济组织财务全部实行电子记账。

规范农村财务管理，特别是强化对农村“三资”管理，有利于防止“三资”流失，增强村组织增收节支能力，促进农村集体经济健康、持续发展。作为农村财务规范化管理试点乡镇，××镇先行开展了试点工作，创新实施了办公建设标准化、财务管理规范化、财务公开制度化、村财镇管信息化、审批管理便民化“五化”改革，全面提升了农村财务管理规范化水平，为农村集体经济的健康发展提供了强力保障。

根据以上案例，针对财务公开制度化方面，是否有可以改进的地方？

案例解析

任务评价：

“农村集体经济组织财务公开制度”任务评价表

工作任务清单	完成情况	评价等级
制定财务公开制度		
审核财务公开制度		

备注：能完成打“√”，对应等级为合格；不能完成打“×”，对应等级为不合格。

任务拓展：

农村集体经济组织财务公开程序

财务公开制度化

1. 公开前

财务公开前，应当由民主理财小组对公开内容的真实性、完整性进行审核，提出审查意见。财务公开资料经农村集体经济组织负责人、民主理财小组负责人和主管会计签字后公开，并报乡（镇）农村经营管理部门备案。

2. 公开中

农村集体经济组织财务公开期间，主要负责人应当及时安排专门时间，解答群众提出的质疑和问题，听取群众的意见和建议。对群众反映的问题要及时答复解决；一时难以答复解决的，要做出解释。不得对提出和反映问题的群众进行压制或打击报复。

3. 公开后

财务公开后，对公开的财务资料进行整理归档，包括文字、表格、图像、电子资料等。按照档案保管制度规定进行妥善保管。

任务三　农村集体经济组织绩效管理

任务目标：

（1）了解农村集体经济组织绩效管理的对象和内容。

（2）了解农村集体经济组织绩效的组织管理与实施。

（3）了解农村集体经济组织绩效评价结果的应用及公开。

任务情境：

一、任务场景

上海市某区地区人口64.56万人，辖9个镇及1个街道1个工业区、124个村民委员会、124个村经济合作社、2 368个村民小组。自2016年起，全面推进政社分设、政资分离，实施村社分账管理。村委会财务仍由镇代理记账站负责，村经济合作社按要求配备会计与出纳各1名，共计248名。改革以来，村经济合作社总资产及净收益呈逐年平稳增长，2017—2019年连续2年实现收益分配全覆盖。

该区为了保障村级组织基本运转，注重集体经济组织绩效管理，有以下重要举措：

（一）探索顶层设计，研究制定层次分明的配套政策

（1）制定集体经济组织成员界定与农龄统计政策。为精确确认成员资格，该区及时制定《关于进一步规范农村集体经济组织成员界定、农龄统计工作程序的通知》，充分保障集体经济组织成员依法享有农村集体资产及其经营管理的知情、表决、收益和监督等权利。经统计确认，该区现有村民37.15万人，现有成员26.01万人。

（2）出台村干部“基本报酬与兼职报酬”指导意见。针对改革过程中，大部分村“两委”班子成员与经济合作社理事会成员存在交叉任职的情况，该区委办印发《关于进一步完善本区村干部工作报酬分配机制的指导意见》，明确规定村干部报酬由“基本报酬、工作业绩奖励和新型集体经济组织兼职报酬”组成，并明确正职干部报酬与工作业绩奖励两项总额原则上不超过全区事业单位正科级当年收入平均水平，进一步完善村干部工作报酬的分配机制。

（3）健全完善“二本账”管理制度。在明确财会人员的前提下，该区进一步健全工作机制，健全村委会、合作社理事会、监事会工作制度，完善责任监督机制，明确要求统一账套设置和会计科目。专门下发《关于村经济合作社与村民委员会账务设置等相关问题的通知（试行）》，确保政社分设、政资分离分账核算后“二本账”有据可依、有章可循。同时，在实施分账管理中进一步修订和完善各项会计核算制度和财务管理制度，实现村经济合作社“账务处理网络化、领导监管实时化、村务公开自动化、资产管理精细化、财务分析格式

化、出纳报账远程化”的财务管理模式创新。

（二）落实经费保障，规范完善村社分离财务管理

（1）组织专题培训、提高业务能力。针对分账管理后，各层级管理人员和财会人员业务素质参差不齐、业务能力高低不一、分账管理模糊不清等实际情况，区农委农经站加强人员培训，组织编写政社分设、政资分离的指导教材，形成分账管理实施方案，对各镇（该工业区）经济管理事务中心分管主任、财务辅导员以及124个村经济合作社理事长、会计和出纳多次组织专题培训。提高了村经济合作社相关人员的整体素质和业务能力。同时，分两批组织“财务软件实务操作与答疑”软件培训，进一步提升财会人员熟练运用财务软件的能力。在分账管理推进中，区农业农村委和区农经站积极深入基层释疑解难，辅导各项具体业务工作开展，在推进中要求统一业务范围和业务流程，强化民主程序和操作规程，提高了政社分账管理工作质量，提升财会人员的业务能力和分账管理水平。

（2）加强队伍建设、注重质量考核。加快推进农村财会人员队伍建设，进一步提高农村财会人员地位。制定定性定量考核激励措施，拓宽专业技术职称晋升空间，夯实基层财会人员队伍建设，更好地履行基层农经监督管理工作的职责和职能，确保政社分设、政资分离工作人岗匹配、事有人干、责有人担，保持了农村财务工作的连续性、财务账目的连贯性以及财务核算的准确性。区农经站及时成立检查工作小组，深入到村，开展分账管理抽查、检查、验收等工作，及时发现问题、总结经验。

二、任务布置

（1）正确了解绩效管理要求。

（2）将农村集体经济组织的财务管理各项任务审批分配、监督检查与绩效管理结合起来，建立事前审核、事中检查、事后评价的全过程监督控制体系，将绩效评价的结果反馈运用到管理上，提高经济效益，制订绩效评价方案及制定绩效报告。

任务准备：

一、知识准备

（一）农村集体经济组织工作绩效考核办法

×××镇政府干部职工20××年绩效考核办法

为进一步强化政府机关干部工作作风建设，提高广大干部职工工作积极性，确保全镇20××年度经济社会发展目标圆满完成，根据县委、县政府绩效评估相关精神，结合我镇实际，特制定本考核办法。

一、考核对象

全体在职干部职工

二、考核原则

（1）坚持按劳分配、注重实绩、奖优罚劣的原则；

(2) 坚持实事求是、公平、公正、公开透明的原则。

三、考核领导小组

组　长：×××

副组长：×××　×××

成　员：×××　×××　×××　×××　×××　×××

领导小组下设办公室，办公室设党建站，×××兼任办公室主任，×××为办公室工作人员。

四、考核办法

(一) 资金来源

按照县委、县政府绩效评估考核办法，根据我镇在全县年终绩效考核排名确定年终绩效工资数额，在年度考核中被评为基本称职（合格）及以上等次人员发放绩效工资。资金来源原则上与各预算单位一般商品支出来源一致。

(二) 计算公式

个人实发绩效 = 县绩效考核等次对应绩效 + 个人绩效奖惩

个人绩效奖惩 = 单项工作年底绩效排名等次奖惩金额 + 所联村居绩效考核等次连带奖惩金额 + 所联村居绩效考核名次升降连带奖惩金额 + 日常工作奖惩金额 + 特别贡献奖励

(三) 考核办法

1. 单项工作年底绩效排名等次奖惩

以县级绩效评估方案中纳入考核的项目为基准，年终单项工作绩效考核等次为优秀的奖励×××元，等次为良好的不奖不惩，等次为合格的惩罚×××元。被一票否决的各扣×××元。

2. 所联村居绩效考核等次连带奖惩

年终干部职工所联村居绩效考核等次为优秀的奖励×××元，等次为良好的不奖不惩，等次为合格的惩罚×××元。中途联村的干部，按实际联村月数分摊奖惩。

3. 所联村居绩效考核名次升降连带奖惩

年终干部职工所联村居绩效考核名次在上年的基础上每上升1个名次奖×××元，每下降1个名次惩×××元。但名次下降后仍处于良好及以上等次的不予惩罚。

4. 日常工作奖惩

以各项检查、督查通报为基准数据进行奖惩。量化依据为镇党委政府、镇纪委的文字通报，上级部门的文字通报。凡因值班制度执行不严、工作作风不实、会议精神不记录不落实、联村包办工作出现失误等原因被镇级通报的，每次扣×××元，被县级通报的，每次扣×××元，被市级通报的扣×××元。未被通报但造成严重后果的扣×××元。

5. 特别贡献奖励

线上工作被评为市级先进单位的，对分管领导、站办所室负责人及专干各奖励×××元（县、市不重复奖，就高不就低）；工作经验在全县及以上推广的，对分管领导、站办所室负责人及专干各奖励×××元。

其他未尽事宜，由党委政府班子成员研究后负责解释。

20××年×月×日

（二）村级集体资金使用绩效评价试行办法

第一条　为加强村级集体资金收支管理，建立科学、规范、实用的村级集体资金使用评价体系，提高村级集体资金使用效益，根据农村集体财务管理的有关规定，制定本试行办法。

第二条　村级集体资金使用绩效评价（以下简称绩效评价）是指各级农经管理部门和村级组织根据农村集体资金管理的要求，运用科学、合理的绩效评价指标、评价标准和评价方法，对村级集体资金支出的经济性、效益性、效率性进行全面、客观、公正的评价。

第三条　绩效评价的主要依据包括国家有关农村集体财务管理的法律法规、管理制度、工作规范、村内民主议决方案及监管记录、会计核算资料、财务收支预决算报告等。

第四条　绩效评价的对象是村级集体资金，具体包括村级财政转移支付资金、村级一事一议资金、农村集体统一经营收入、上级财政到村专项补助资金、征地补偿资金、社会捐赠资金等纳入村级集体账面核算管理的资金。

第五条　绩效评价的基本内容包括村级集体资金管理制度建立与执行、资金收支预算制定、资金组织筹集到位、资金投入使用过程控制与监管、绩效目标实现程度、经济效益和社会效益、群众认知度和满意度等。

第六条　绩效评价一般以一个会计年度为一个周期。对跨年度实施的重大（重点）项目根据需要实行阶段性评价。

第七条　绩效评价分为综合评价和单项评价。综合绩效评价主要是对村级组织集体资金收支管理及使用绩效进行全面、系统的考核与评价。单项评价主要是根据各类项目资金来源、性质及项目建设管理要求，分项开展绩效评价。

第八条　镇（区）农经管理部门负责组织、指导本镇（区）绩效评价工作。村级组织应当按照本试行办法的规定首先进行自我评价，向镇（区）农经管理部门提交绩效分析报告。在此基础上，镇（区）农经管理部门进行再评价，撰写绩效评价报告，提出改进村级集体资金管理意见并督促落实。村级组织应当对绩效评价报告涉及基础资料的真实性、合法性、完整性负责。

第九条　绩效评价报告应当包括绩效评价指标体系和评价标准、为实现绩效目标所采取的主要措施、绩效目标的实现程度和实施效果、存在问题及原因分析、评价结论及建议等内容。

第十条　镇（区）农经管理部门应当及时整理、归纳、分析、反馈绩效评价结果，并将其作为加强村级集体资金管理的重要依据。对绩效评价结果较好的，镇（区）政府（管委会）可予以表扬或奖励。对绩效评价发现问题、达不到绩效目标或评价结果较差的，镇（区）政府（管委会）予以通报批评，并责令其限期整改。

第十一条　绩效评价结果应当按照农村集体经济组织财务公开的有关规定公开。

第十二条　县业务主管部门分别于六月底、十二月底组织两次绩效评价实施工作检查。采取核实资料台账、审计财务账目、走访农户等方法进行。到村抽查面不少于30%。核查结果作为单位和个人评先评优考核依据。

（三）农村集体经济组织土地整治项目绩效评价

××县农村土地整治实施办法

第一章　总　则

第一条　为科学开发、合理利用、有效保护我县土地资源，改善农业生产条件，提高土地综合效益，促进我县经济社会快速健康发展，根据《中华人民共和国土地管理法》、中共中央、国务院《关于加强耕地保护和改进占补平衡的意见》（中发〔2017〕4号）、《浙江省土地整治条例》、浙江省自然资源厅关于印发《浙江省垦造耕地项目管理办法》的通知（浙自然资规〔2021〕7号）和相关法律法规，结合我县实际情况，制定本办法。

第二条　本办法适用于2022年1月1日后立项的土地整治项目管理。

第三条　土地整治项目包含宜耕后备土地资源开发（以下简称“垦造耕地”）、建设用地复垦、旱地改水田（以下简称“旱改水”）、永久基本农田集中连片整治等项目。

第四条　土地整治项目报自然资源部备案入库后，产生的补充耕地指标由县自然资源和规划局统一管理使用。

第五条　鼓励引入社会资本实施土地整治项目。

第二章　部门职责

第六条　职责分工。

（一）县土地开发整理和农村土地综合整治工作领导小组负责全县土地整治工作的领导和重大问题协调等工作，领导小组下设土地开发整治工作推进办公室（以下简称县推进办）负责办公室日常工作管理、组织项目县级验收等工作。

（二）各乡（镇）人民政府、街道办事处负责做好项目的立项申请、政策处理、新增耕地后续种植管护等工作。

（三）项目实施单位负责土地整治项目的立项组件报批、招投标、施工管理、工程资金管理、工程变更管理、组织竣工初验、项目档案资料收集、耕地项目质量等别评定、新增耕地报备组件、耕地质量等级年度更新评价等具体工作。

（四）县自然资源和规划局参与土地整治项目的选址、立项、验收，负责土地整治的潜力调查、绩效评价、项目规划红线的审查、土地整治规划的编制、年度计划的拟定、监督管理及相关业务指导等具体工作。

（五）县农业农村局参与土地整治项目的选址、立项、验收，负责指导新增耕地种植管理、地力评定、种植验收等相关技术工作和已入库的新增耕地管理工作，配合做好新增耕地质量等别评定等工作。

（六）县水利局参与土地整治项目的选址、立项、验收，负责涉及水域工程、垦造水田项目的水资源平衡分析报告及水土保持方案的审查审批等相关工作，指导服务水利配套工程的建设及水土保持管理相关技术工作。

（七）市生态环境局分局参与土地整治项目的选址、立项、验收，负责环境保护统一监管工作，协助做好土地整治项目涉及生态保护红线的审查。

（八）县生态林业发展中心参与土地整治项目的立项、验收，负责土地整治项目的造林方案审查和复垦林地的验收工作。

（九）县财政局参与土地整治项目的立项、验收，负责土地整治项目的资金筹措与拨付管理、项目造价预算和价款结算的监督审查工作。

（十）县发改局参与土地整治项目的立项、验收，负责低丘缓坡综合开发利用的审核和报批工作。

（十一）村民委员会、村经济合作社配合参与土地整治工作，协助各乡（镇）人民政府、街道办事处做好项目的立项申请、政策处理、新增耕地后续种植管护等工作。

第七条　土地整治项目实施采用工程量预算制模式，根据《浙江省土地整治项目预算定额标准（试行）》进行工程预算编制。项目实施单位组织实施，测量单位、规划设计单位、施工单位、监理单位依照招投标相关法律法规和程序确定。

第三章　基本要求

第八条　土地整治项目选址应当符合国土空间规划、土地整治专项规划以及水土保持、生态环境保护、历史文化名城名镇名村等有关规定。

项目涉及国有土地的，应当征得土地使用权人的同意；涉及集体所有土地的，应当权属明晰、无争议，并征得土地所有权人和土地使用权人、土地承包经营权人同意。

（一）垦造耕地。立项前土地利用现状为未利用地、园地等非耕地，项目整治耕地连片规模在10亩以上。

（二）建设用地复垦。立项前土地利用现状为建设用地，项目新增耕地面积5亩以上。生态保护红线范围内的建设用地按照“宜林则林、宜草则草、宜水则水”的原则进行复垦，具体按照“浙江省自然资源厅关于支持山区26县跨越式高质量发展意见的通知（浙自然资厅函〔2021〕423号）”文件规定实施。

（三）“旱改水”。立项前地类为第三次全国土地调查认定的旱地，项目建设连片规模在10亩以上。

（四）项目实施地块将周边原有耕地一并纳入整治范围，形成连片耕地。

第九条　禁止在下列区域选址实施垦造耕地项目：

（一）第三次全国国土调查坡度25度以上的陡坡地，因依法进行工程建设、采矿等原因已经改变地形地貌的，实地已在坡度25度以下并报自然资源部备案同意的除外；

（二）生态保护红线范围内、高山远山顶部山脊区域；

（三）国土空间规划确定的城镇开发边界范围内的；

（四）第三次全国国土调查认定的林地（不包括标恢复属性的林地）；

（五）河道湖区范围、林区、牧区等不稳定利用范围内；

（六）法律法规规章禁止的其他区域。

第十条　质量要求

经整治的耕地项目基本符合农机耕作需求，达到农业机械化作业的要求。

（一）耕地标准。

1. 整治项目的田间道一般宽度3～3.5米（不包括边沟宽度）；土地开发项目单块面积15亩以上的要有田间道路通达；生产道与田间道相衔接，宽度在1米以内，通达每一个田块。

2. 新增耕地耕作层厚度30厘米以上，地块平整，田面基本没有碎石或碎屑物；地块内相对高差小于15厘米，地块宽度8米以上，内侧坡地有排水沟，排水沟应与排水渠道相连。

3. 新增耕地的田（地）坎高度小于1.8米，对地坎进行石砌加固，地坎石砌高度可比耕作层上表面略低10～30厘米；护坎坎基必须到位，坎基深度必须在地块内侧排水沟底下10厘米以上。

4. 项目区内排、灌水渠布置要合理。排水渠三面光浇筑；项目区内有永久性水源时，应尽量合理利用；项目区内无永久性水源或永久性水源不足时，应布置间歇性水源地，如蓄水池、拦水堰等，水源地与排灌系统相连接，蓄水池应均匀分布，按不小于1个/公顷、容量≥100.0m^3的规模布置。

（二）水田标准。按《丽水市垦造水田建设与管理规范》执行。

（三）其他标准。按《浙江省土地整治工程建设标准》《浙江省土地整治项目规划设计规范》执行。

第四章　项目立项

第十一条　政策处理。项目实施单位根据后备资源库选出符合条件的地块，组织自然资源、农业农村、水利、生态环境、林业等相关部门对地块进行选址审查，通过审查后项目所在乡（镇）人民政府、街道办事处和村委会对涉及地块进行政策处理。

第十二条　立项申请。项目所在村委会向其所在乡（镇）人民政府、街道办事处提出申请，涉及多个村的，分别提出申请。各乡（镇）人民政府、街道办事处根据村委会的申请，实地调查后向项目实施单位提交书面立项申请、村民代表大会决议、会议纪要、农户意见等相关材料。

第十三条　公示。项目所在乡（镇）人民政府、街道办事处对拟开发地块所在行政村内进行公示，公示期不少于5天。

第十四条　编制方案。项目实施单位委托有资质的测绘单位进行勘察测绘，委托有资质的规划设计单位进行规划设计并编制可行性方案和规划设计方案。

第十五条　评审论证。项目实施单位组织县推进办相关成员单位及项目所在乡（镇）人民政府、街道办事处的专家对项目可行性方案和规划设计方案进行评估论证，确定投资规模，并提出论证意见。

第十六条　县级立项。完成初审和评审论证程序后，项目实施单位向县推进办提交立项资料，上报县人民政府审批。

第五章　项目实施

第十七条　项目实施单位负责组织项目的实施，具体负责安全生产管理、质量进度监督、工程计量、工程预结算资料审查、项目后续管理等，定期向县推进办汇报进度。

第十八条　土地整治项目实行招投标制，项目实施单位按招投标管理办法确定施工单位。

第十九条　项目实施单位定期对土地整治项目进行安全检查，全面落实安全生产工作要求。

第二十条　施工单位严格按照有关规定制订施工方案，规范施工，建立健全安全生产台账和管理制度，确保工程施工安全。

第二十一条 工程测量、设计、监理和变更。

（一）土地整治项目委托有资质的测量、设计、监理单位进行项目的现状和竣工测量、设计和工程监理。相关中介机构由县自然资源和规划局通过规定程序确定测量单位、设计单位、监理单位各5家，项目实施单位从中自行选择。

（二）在项目实施过程中，不得变更土地整治项目规划设计。确需变更的，按照规定的审批程序报经批准后变更。

第六章 项目验收

第二十二条 竣工初验。项目竣工后，施工单位向项目实施单位提出竣工初验申请，由项目实施单位组织土地权属单位（村）及设计、监理、测量单位等对工程内容和工程质量进行初验，并出具初验意见。初验合格的，向县推进办提交县级验收申请材料。

第二十三条 县级验收。根据项目实施单位的验收申请，县推进办组织相关成员单位和项目所在乡（镇）人民政府、街道办事处的专家对项目进行验收，确认符合验收标准后县推进办出具同意通过验收的通知。

第二十四条 抽查复核、报备入库。县级验收后，项目实施单位依据规定报市自然资源和规划局及省自然资源厅抽查复核，向自然资源部申请报备入库。

第七章 资金管理

第二十五条 资金筹措。

（一）土地整治项目建设资金由项目实施单位负责筹措，有条件的可引入其他社会资本。

（二）资金来源：耕地开垦费；补充耕地指标、复垦指标和折抵指标有偿调剂款；新增建设用地有偿使用费；省级垦田造地补助资金；土地出让金中用于农业土地开发部分；土地整治专项债券资金。

（三）土地整治项目占用园地、林地、河流水面、滩涂等，必须经相关部门同意，缴纳的相关费用纳入土地整治成本。

第二十六条 资金使用。

垦造耕地和旱改水项目按实际工程量进行结算。

建设用地复垦项目工程资金分为两部分：

①主要工程。沟渠、路、坎、水池等基础设施及配套工程，按实际工程量进行结算；

②平田整地工程（含地上附着物及建筑垃圾清除工作）按项目验收新增水田面积35 000元/亩、新增旱地30 000元/亩进行收购；未在连片项目区内的单块新增耕地面积为0.1亩及以上且不足0.6亩的区块，按水田面积42 000元/亩、旱地面积36 000元/亩进行收购。

建设用地复垦为林地的经县林业部门验收通过后按10 000元/亩进行收购。

（四）政策处理费。垦造耕地和旱改水项目由所在乡（镇）人民政府、街道办事处负责政策处理，地表上的青苗和地上附着物按《县人民政府关于调整县征收土地青苗补偿和地上附着物补偿标准的通知》（云政发〔2021〕5号）的标准进行补偿，政策处理费从乡（镇）、街道工作经费支付。为项目配套建设的机耕路政策处理费，按30 000元/公里的标准另计。

拆除旧房进行建设用地复垦的，按拆除的主房建筑500元/平方米、辅助生产生活用房300元/平方米、天井200元/平方米的标准给予奖励，由县人民政府指定实施搬迁项目的单位支付；其他补偿款包含在工程合同价中，由施工单位支付。

（五）土地流转费。土地整治项目拟实施范围由农村集体统一流转5年以上，流转费从农村集体的工作经费列支。

（六）乡（镇）、街道工作经费。按测量的现状面积，项目实施单位按1万元/亩的标准拨付工作经费给项目所在乡（镇）人民政府、街道办事处包干使用。如地块政策处理亩均成本高于1万元且项目连片水田面积达到30亩以上的县推进办可以启动“一事一议”程序，经会议通过的按实际发生费用支付。

（七）农村集体工作经费。按测量的现状面积，项目实施单位按0.5万元/亩的标准拨付工作经费给项目所在农村集体用于支付流转费和日常耕地保护。

（八）其他相关费用。

项目现状测量费、竣工测量费、设计费、可研费、招标代理费、监理费、项目审计费、方案论证专家费、工程质量检测费、专家评审费、项目预决算审价费、土壤检测费、地力评定、项目种植验收委托费、耕地质量等别评定、耕地质量等级年度更新、项目组件报备入库及组织专家对项目评审、验收的费用等与土地整治相关的费用按实际发生费用列入土地整治成本，按行业标准和相关规定支付。

第八章　后期管护

第二十七条　地力培育期。土地整治项目由项目实施单位负责地力培育或承包给经营户进行地力培育，地力培育期为3年，收割的粮食作物属种植人所有。

第二十八条　补助标准。

（一）旱地。种植一季的粮食作物，每年播撒不少于1吨/亩的有机肥，按时种植的给予种植人每年不高于1 500元/亩的资金补助，由县农业农村局负责验收和补助款的拨付。

（二）水田：种植一季的水稻，冬季种植绿肥，按时种植的给予种植人每年不高于1 500元/亩的资金补助，由县农业农村局负责验收和补助款的拨付。

（三）林地：按时种植且成活率通过验收的给予种植人不高于500元/亩的抚育资金。由县生态林业发展中心负责验收和抚育款的拨付。

第二十九条　项目实施单位在新增耕地项目报备入库后移交给农业农村局纳入耕地管理，新增林地项目验收后移交给生态林业发展中心纳入林地管理，自然资源和规划局在年度调查变更及时做好地类更新工作。

第三十条　项目工程修复、整改工作。

（一）项目工程修复、整改资金由县财政局负责资金保障，项目实施单位负责实施，费用按工程实际发生上报拨付，县自然资源和规划局负责资金审核。

（二）项目工程整改由县自然资源和规划局根据上级部门的整改要求做好业务指导。

第九章　责任追究

第三十一条　在项目实施过程中，有违法违纪行为的，按《浙江省土地整治条例》等相关规定追究相关人员的责任。

第十章　附　则

第三十二条　本办法自2022年×月×日起施行。

二、业务要领

（1）正确了解绩效管理要求。

（2）制订绩效评价方案。

绩效评价方案
及评价报告

任务实施：

上海市某区地区自2016年起，全面推进政社分设、政资分离，实施村社分账管理。该区为了保障村级组织基本运转，注重集体经济组织绩效管理，采取了几项重要举措。为加强村级集体资金收支管理，建立科学、规范、实用的村级集体资金使用评价体系，提高村级集体资金使用效益，根据农村集体财务管理的有关规定，区农经站及时成立检查工作小组，深入到村，开展分账管理抽查、检查、验收等工作，及时发现问题，总结经验。绩效评价的主要依据包括国家有关农村集体财务管理的法律法规、管理制度、工作规范、村内民主议决方案及监管记录、会计核算资料、财务收支预决算报告等。

经检查发现，某些村存在农村集体资金使用不规范，无资金使用绩效评价或者绩效评价不完善的情况，请根据任务资料进行分析，撰写绩效评价方案及绩效考核评价报告。

案例解析

任务评价：

“农村集体经济组织绩效管理”任务评价表

工作任务清单	完成情况	评价等级
撰写绩效考核评价方案		
撰写绩效考核评价报告		

备注：能完成打“√”，对应等级为合格；不能完成打“×”，对应等级为不合格。

任务拓展：

20××年度乡镇（街道）村级集体经济巩固提升工作任务考核评分表

类别	序号	考核内容	评分说明	分值
基础指标类（30分）	1	巩固提升目标	①农村集体经济总收入达到20万元且经营性收入达到10万元的行政村数占比达到100%。未完成任务的不得分	6
			②年经营性收入15万元以上的行政村达到任务数的，得基本分10分	10
			③年经营性收入50万元以上的行政村达到任务数的，得基本分8分	8
			④农村集体经济债务较2021年化解30%的，得基本分4分，每高1个百分点加0.5分，最多加2分；每低1个百分点，扣0.5分，扣完为止	6

续表

类别	序号	考核内容	评分说明	分值
竞争指标类（56分）	2	集体经济总收入增速	村级集体经济村均总收入增速由高到低进行排名，第一名得满分，每低一名扣0.2分	4
	3	集体经济经营性收入	根据年末经营性收入增速（4分）和增量（2分）分别由高到低进行排名，第一名得满分，排名每低一名分别扣0.2分和0.1分。经营性收入增速未达到12%的乡镇（街道），不参与排名，全项不得分	6
	4	年经营性收入15万元以上村情况	根据年末经营性收入15万元以上村占行政村总数的比重（5分）和增量（5分）分别由高到低进行排名，第一名得满分，排名每低一名分别扣0.25分	10
	5	年经营性收入50万元以上村情况	年经营性收入50万元以上的行政村个数在完成任务基础上，每新增一个，加5分	10
	6	中央和省级扶持村收入情况	根据前三批（2019、2020、2021）中央和省级扶持村村均总收入（3分）和村均经营性收入（3分）分别由高到低进行排名，第一名得满分，排名每低一名分别扣0.1分	6
	7	年总收入100万元以上村情况	年总收入100万元以上村在2021年的基础上，每新增一个，加2分，最多加6分	6
	8	强村公司	根据乡镇（街道）强村公司村均利润由高到低进行排名，第一名得满分，排名每低一名扣0.2分	4
			根据市消薄办对乡镇（街道）强村公司盈利情况排名通报。列入前20名的，每个加2分，最多加4分；列入后20名的，每个扣2分，最多扣4分	4
	9	信息报送	每年上报村级集体经济巩固提升工作信息10篇，每少一篇扣0.2分	2
			根据全年在省级或市级消薄简报及市委组织部、市农业农村局公众号累计录用、刊发推送消薄材料数量，由高到低进行排名，第一名得满分，排名每低一名扣0.2分	4
综合创新类（14分）	10	创新工作	①在县级以上相关会议做集体经济发展典型发言的，每次加2分 ②发展集体经济做法在省级以上推广或得到省级领导肯定性批示的，每次加3分；在市级以上推广或肯定性批示的，每次加2分；在县级以上推广或肯定性批示的，每次加1分 ③参加市级集体经济发展相关比赛获得一等奖加4分，二等奖加3分，三等奖加2分。参加县级集体经济发展相关比赛获得一等奖加3分，二等奖加2分，三等奖加1分	8
	11	负面清单	①因工作推进不力，被省里或市里、县里点名通报批评或责成整改的每次扣1分 ②发现“数字消薄”“预期式消薄”等财务作假行为的，每例扣2分 ③报表等日常材料报送不及时的，每次扣0.5分 ④未发文调整优化领导分片包干的，扣1分	6
合计分值			备注：同一事项以最高项计分	

20××年度村级集体经济巩固提升行动目标任务表

乡镇（街道）	行政村数	总收入20万元且经营性收入10万元以上任务村数	经营性收入15万元以上任务村数		经营性收入50万元以上任务村数	
			20××年完成数	20××年任务数	20××年完成数	20××年任务数
合计						

20××年度部门村级集体经济巩固提升工作任务考核评分表

考核内容	分值	评分说明	得分
目标任务完成情况	60	目标任务。该项考核得分与联系村所在乡镇（街道）的考核最终得分直接挂钩	
	30	部门职责。完成省、市、县消薄办考核中组织领导、政策保障和工作措施等方面工作。未完成的，酌情扣分	
	10	信息宣传。在省级工作简报刊发材料1篇，得3分。在市委组织部、市农业农村局公众号、市级工作简报刊发推送材料1篇，得2分；在县级工作简报刊发材料1篇，得0.2分。信息报送总得分不超过10分	
加（扣）分项		①结对帮扶。结对部门筹集资金或谋划项目帮扶发展村级集体经济，加5分 ②上级肯定。消薄工作获省（部）级领导批示的，加3分；获市（厅）级领导批示的，加2分；获县（处）级领导批示的，加1分；消薄工作被中央主流媒体正面报道的，加3分；被省级主流媒体报道的，加2分；被市级主流媒体报道的，加1分 ③批评整改。被省里点名批评或责成整改的，每次扣2分。被市县点名批评或责成整改、县领导约谈的，每次扣1分 ④土地保障。建设用地指标排名全市前三，给予自然资源和规划局加10分 ⑤资金保障。集体经济巩固提升专项资金排名全市前三，给予财政局加10分	
合计分值	100	备注：同一事项以最高项计分	

任务四 农村集体经济组织会计档案管理

任务目标：

（1）了解《会计档案管理办法》修订的背景、过程、目的、法律依据，以及重大意义。

（2）了解《会计档案管理办法》的适用范围、施行时间。

（3）重点掌握《会计档案管理办法》有关会计档案管理的要求。

任务情境：

一、任务场景

近年来，随着我国经济社会的快速发展以及信息技术的广泛应用，会计档案的内容范围、承载形式、管理手段、利用方式等均发生了较大变化。

（1）随着单位信息化水平和精细化、信息化管理程度的日益提升，越来越多的会计凭证、账簿、报表等会计资料以电子形式产生、传输、保管，形成了大量电子会计档案，需要予以规范。

（2）随着我国会计法律法规的不断完善，以及国家档案信息化管理规范、标准的制定或修订，会计档案的范围、保管、利用、销毁等方面的规定需要相应予以调整或完善。

二、任务布置

（1）掌握会计档案管理方法、保管期间及交接清单。

（2）了解农村集体经济组织会计档案管理的政策要求、技术标准，以及实际工作中的具体操作。

任务准备：

一、知识准备

（一）含义及规定

农村集体经济组织的会计档案，是指农村集体经济组织在进行会计核算等过程中接收或形成的，记录和反映农村集体经济组织经济业务事项的，具有保存价值的文字、图表等各种形式的会计资料，包括通过计算机等电子设备形成、传输和存储的电子会计档案。

农村集体经济组织的会计档案，完整地记录了农村集体经济组织历年来发生的经济业务事项，是农村集体经济组织资金运作和经营管理活动的重要证明材料，具有查证、反映、监督、史料记载等重要作用。

管理农村集体经济组织的会计档案，国家有专门的技术规范与技术标准。

《会计法》第二十三条规定：各单位对会计凭证、会计账簿、财务会计报告和其他会计资料应当建立档案，妥善保管。会计档案的保管期限和销毁办法，由国务院财政部门会同有关部门制定。自 2016 年 1 月 1 日起，单位（国家机关、社会团体、企业、事业单位和其他组织）施行《会计档案管理办法》。

（二）存在的问题

现实工作中，农村集体经济组织的会计档案管理存在诸多问题，常见的问题有：

（1）会计档案管理制度不健全。有的农村集体经济组织重资金管理，轻会计档案管理，和健全会计档案立卷、归档、保管、借阅和销毁等管理制度，使农村集体经济组织的会计档案管理工作无章可循。

（2）会计档案整理立卷、装订不规范或根本就不装订。有的农村集体经济组织装订会计档案粗糙，不整齐、不均匀；或装订过界，甚至将凭证摘要都装订进去；有的装订松散不结实，粘贴不牢固，随时都有掉页的可能；有的农村集体经济组织会计档案根本就不进行装订。

（3）会计档案存放不当、保管不善。有的农村集体经济组织会计档案随意堆放，或乱堆乱放，甚至没有专门的会计档案管理橱柜，随意堆放在麻袋里、木箱里、黑暗潮湿的地下室或仓库等，以致使会计档案受潮受损、发霉或被鼠啃、虫蛀，降低了会计档案的寿命，达不到规定的会计档案保管期限。有的农村集体经济组织没有指定专人管理会计档案。

（4）会计档案利用、移交、鉴定销毁等环节办理手续不严密等。

（三）会计档案管理制度

农村集体经济组织管理会计档案的方式将会发生变化，由纸质会计档案管理逐步过渡到电子会计档案管理。

为规范农村集体经济组织会计档案的管理工作，提高农村集体经济组织会计档案的现代化管理水平，既要掌握纸质会计档案的管理技能，也要熟悉电子会计档案的管理技能，以及熟悉利用计算机、网络通信等信息技术手段管理会计档案，并能实现电子凭证的在线传递和线上应用等，与时俱进地夯实农村集体经济组织的会计档案管理工作。

（1）凡是反映本农村集体活动的章程、管理制度、农村集体村民情况、规划、年度计划、统计资料、财务审计、会计档案、劳动工资、经营情况、人事情况、会议记录、决定、委托书、协议、合同、项目方案、通知等具有参考保存价值的各种文字、图表、声像等不同形式的历史记录均属归档范围。

（2）档案管理由档案管理员负责。保证本农村集体的原始资料及单据齐全完整、安全保密和使用方便。

（3）资料的收集与整理。归档资料实行“季度收集整理”和“年度归档立卷”制度，即每年的 4 月、7 月、10 月和次年的 1 月为季度收集整理期，每年 2 月为档案资料归档立卷期。在档案资料收集整理和归档立卷期，由档案管理员分别向各部门收集应该归档的原始资料，各部门应积极支持配合。凡涉及商业机密的文件必须按规定另外归档存放。档案管理员根据有关文书立卷归档管理制度实施档案归档整理。

（4）资料的分类与归档。档案资料的分类依据文书立卷归档管理的有关规定执行。档案资料的归档每年一次，属于平时立卷归档的不在此规定范围内。

（5）档案的借阅。理事会和监事会成员借阅非密级档案可直接通过档案管理员办理借阅手续。因工作需要，本农村集体的其他人员需借阅档案的，本人提出申请，非密级的由理事会成员审批；借阅密级档案的由理事长审批，原则上只能在档案室阅览，不准再外借；本农村集体外的人员借阅档案，一律由理事长审批。借阅者要保持整洁完整，不得涂改遗失；要注意安全保密，未经允许，不得翻印、抄录、转借、遗失。

（6）档案的销毁。任何个人或部门未经允许不得销毁档案资料。档案到了销毁期，由档案管理员进行清理，写出书面销毁报告报理事会批准后执行。经批准销毁的档案，档案管理员须认真核对，将批准的档案资料销毁。审批报告和将要销毁的档案资料做好登记并归档。销毁登记表永久保存。在销毁档案资料时，必须由监事会成员监督销毁并在销毁登记表上签字。

二、业务要领

农村集体经济组织要按照《会计档案管理办法》的规定，加强对会计档案的管理。建立会计档案室（柜），实行统一管理，专人负责，做到完整无缺、存放有序、方便查找。

不具备条件的农村集体经济组织，可将其会计档案委托乡（镇）经营管理机构统一管理。

会计档案管理流程如图 8－2 所示。

1.会计年（月、季）度终了后，代理会计应及时整理会计资料档案，并分类编号、装订成册

2.村级财务档案应采用专用铁柜，做到一村一柜一锁，专人负责，统一管理，并做好防火、防盗、防潮、防蛀工作

3.健全财务档案查阅、借阅手续。因工作需要查阅借阅财务档案，须持单位介绍信，并经村委会主任签字批准后方可，做好借还登记手续

4.村级财务档案统一集中在乡镇会计代理服务中心，存放规定年限后（如三年）反还给村，由村报账员负责保管

图 8－2　会计档案管理流程图

任务实施：

××县某局会计孙某某，未履行好会计对财务档案保管职责，档案室装修期间，工作责任心不强，在档案服务部清点打包财务档案及档案室装修后财务档案重新上架的过程中，未履行好监督职责，且未及时对财务档案进行清点、登记造册，造成财务档案遗失。孙某某受到政务记过处分。

××县某局城建科原科长陈某某在任科室负责人期间，未正确履行职责，对某镇某村污水处理点公示牌上公示的不实数据未监管到位，未发现污水处理点超负荷运行，未采取提标改造措施的行为负直接责任。陈某某受到党内警告处分。

案例解析

根据以上案例，结合任务资料，运用所学知识对案例中会计档案保管不当的做法作出整改。

任务评价：

“农村集体经济组织会计档案管理”任务评价表

工作任务清单	完成情况	评价等级
会计档案管理的方法		
明确档案保管期限		
掌握会计工作交接清单		

备注：能完成打“√”，对应等级为合格；不能完成打“×”，对应等级为不合格。

任务拓展：

《会计档案管理办法》

实战演练